教育與我

吳新華 著

高雄復文圖書出版社

謹以此書獻給在天上的摯愛

就在此書出版的前夕，突然晴空霹靂。
我的摯愛幼治驟然離我而去，讓我為之肝腸寸斷，哀傷不已。

與妳結為連理是我最大的福分，
與妳相伴五十三年是最幸福的日子，
是妳成就了我上大學的夢想，
是妳豐富了我生命的內涵，
如今妳回歸西方淨土，
願妳就此離苦得樂，
期待來生與妳再續良緣，
妳是《教育與我》一書重要的推手，
讓我們留下彼此共同的回憶，
永遠愛你的新華　敬獻

一一二年四月十五日

謹以此書獻給在天上的摯愛

幸福學實踐的活樣例，生命榮光的彩繪家

新華教授準備出版《教育與我》自傳，囑咐我撰寫序言。能夠於出版前拜讀他的文稿，倍感榮幸。而閱讀時，從一開始即被他書中流暢的文筆和精彩的生命故事所吸引，這是一本非常值得閱讀的傳記。

讀完這本傳記，我的第一個很大的感受：它是一本窮苦孩子奮發上進、翻轉人生的故事書。整本書交織著學習、淬鍊、成長、服務奉獻的生命組曲，也十足體現當代幸福學的行動特質。正向心理學家提出創造人生幸福的五種行動，包括正向積極的態度、全心投入、良好的人際關係、創造生命的意義和成就感。新華教授書中所述，十足展現幸福學的這五種行動特質。他是幸福學實踐的鮮活樣例。

這本書給我的第二個感受：新華教授是個生命光與熱的散播者。不管是在學生時期、擔任小學教師時期、師院和大學服務時期，乃至於退休之後，他始終都是熱心的貢獻所學所能。在人生的各個不同階段和舞台，他總是展現生命的熱忱和能量，盡情的揮灑，將生命的光與熱散播給周遭的人、組織與社會。他是個光與熱的載體和散播者。

這本書另一個令我印象深刻之處在於：它處處蘊藏著新華教授的智慧結晶，是一座寶庫。傳記中記錄了很多新華教授面對問題的情境思考和解決策略，以及提升工作績效和創造特色的作為。例如，師範公費生米糧標售策略、幽靈蟹移動式球隊訓練、偏鄉學童學力提升作為、地震災區學童教育服務、員生消費合作社除弊興利措施、強化與讀者互動的國教輔導刊物編輯、實驗小學辦學的理念與實踐等，都展現新華教授知識和經驗的結晶。書中像是個蘊藏智慧的寶庫，仔細閱讀和思索，可以有很多收穫和啟發。

這本書還帶給我一個特別感觸：它反映台灣教育改革階段的重要史實。自傳中所述及的許多教育改革，例如，師資培育制度的變遷、九年一貫課程改革政策問題、教育現場因應教改困境的慌亂和措施等，都是教育改革珍貴的史料，對於教育改革政策的制訂與實施，甚具啟示性，可供為借鏡。

除了以上各點，這本書顯示：新華教授是社會責任實踐的先驅者。當前教育部積極推動大學教師社會責任實踐，而閱讀這本傳記，可以發現書中所述之參與九二一地震災區教育服務、協助抹香鯨標本陳列館設立、四草大眾廟全國文藝季活動、紅樹林保護學會生態保育等各項行動，都是社會責任實踐的典型。新華教授早已是大學教師社會責任實踐的奉行者，也是先驅者。

這本傳記內容充實、精采十足。感謝新華教授讓我先行研閱，分享其生命中的精華。本書出版前夕，謹恭喜新華教授！讀者展閱此書，將是一種幸福。

國立臺南大學校長

黃宗顯

永續發展教育的領航者

新華和我都是由台南市中進人台南師範的同學。在南師三年，為了《仁友》班刊的出版，我擔任主編，新華和珍亮負責插圖。在那用鋼版寫蠟紙油印的時代，插畫是個高難度的工作。透過他們兩位的妙手，讓版面增添美色。有一期新華還繪製了四格漫畫，維妙維肖，頗獲好評。

當他申請保送師大，卻選讀教育系，我當時很錯愕，為什麼不是美術系呢？原來是被教育系捷足先登，為教育選中一位永續教育的領航員。而他在美術方面的表現，在師大時，全校美術比賽中年年獲獎，大四時更得到第一名。而師大教育系刊《今日教育》採用他所繪製歷代教育家肖像為封面，頗具特色！

如今，他的美術長才有子傳承，在南大附小任內設置「夢想家兒童美術館」，推展美術教育，讓具備美術天賦的孩子在國小時代就獲得發展的機會，為美學永續發展而教育。

今年一月初，我國通過《氣候變遷因應法》，把培育氣候變遷相關人才和永續發展教育列入。對自然環境遭破壞，造成氣候變遷而影響人類生存的嚴重性，必須從小、從地方來落實。新華透過「抹香鯨事件」、「紅樹林保護協會」以及「北汕尾文藝季」的主導努力下，協助地方維護了美麗的自然環境生態，更為社區帶來繁榮與商機，加速地方社區的永續行動。這是他在學校教育之外，延續發揮長才，所點亮的光與熱。

其次，他在學校建築上，堅持回收雨水、中水的設計，頗具先見之明，令人佩服！

108 課綱強調「素養導向」的教學，讓教師們十分困擾。這是以學生為中心，重視學生賦能的教學方法。而當你讀到南師附小為建置樹屋，引導學生思考問題、解決問題，讓學生提出方案，並與校長對話時，不禁油然而生敬佩之情。因為在這一來一回的過程中，學生不只完成樹屋的建造，還學習到知識、技能與態度，這不就是我們所需要培育的「素養」！在書中看到類似這種重視過程的教學情景不勝枚舉。為學生賦能，正是永續教育的優先項目。

這是一個終生學習的時代，身為教師更要不斷學習，才能引導學生向前邁進。歷年來政府推動的教育改革，所以窒礙難行，主要是教師抗拒學習所致，若能充分溝通，取得共識，發揮教師參與的熱情，改革必然成功。例如仁光國小老師抗拒九年一貫課程研究計畫，經過與老師、家長一番溝通、澄清、說明之後，獲得全面的支持，不但順利完成研究計畫，更發展成學校本位課程的典範。

南大附小負有教育實驗任務，因而引導風潮，增進老師教學研究能力與能量責無旁貸。新華在附小設置「教學實驗室」，讓教師教學觀摩時，完全不會受到觀摩者的干擾，讓教學過程透過觀察、記錄及對話，獲得實際如實的瞭解，進而提供確實的處置，問題才能解決。其次，在教師專案研究方面，新華積極推動普遍的研究風氣，讓教師增能，符應終生學習的時代使命。

孔子提出「有教無類」，重視人人都有平等受教育的權利；更提出「因材施教」來達成個別差異的適性教育，讓潛能獲得充分發展。這是以「學生為屯心」教育工作者主要概念，在附小就能看到不少成果。其次，當前許多感覺統合發展遲緩的孩子，在學習過程中的行為觀察不易進行，若能透過「教學實驗室」得到確切的觀察結果，提供專家給予適當處遇，突破發展的困境，才能讓潛能獲得發展。

羅賓森在《讓天賦自由》一書中提到：「舞蹈家吉莉安小時候好動，學習發生困難，母親帶他找心理醫師。透過心理實驗室觀察，終於發掘他的舞蹈天賦，解除困擾，充分自由發展。」可見過動學生在教學過程中的行為表現，需要透過實際觀察記錄來做積極的處遇，這是一種必要的環境設施。

其次，新華在圖書館的改善、兒童美術館的設置，都是讓孩子的天賦得以充分發展的重要政策，符應聯合國永續發展學習環境翻轉的目標。

我們常罵人「換了工作，換了腦袋。」好像這個人無情無義。事實上，不同職位需要不同層次的思考。古代所謂「韋編三絕」，在那資訊不足時代，為了溫故知新，必須不斷的推衍，發現新涵義，解決新問題，那是哲學思考的演繹法。今天已經是資訊氾濫時代，我們必須從不同的角度來分析所有資料，歸納出問題的癥結，謀求最佳的解決策略。偏鄉的大埔國小以及資源豐厚的南大附小，兩者的經營策略明顯不同，乃因時間、地理位置而不同。就是在不同職位的任命，也有使命的差異，必須做整體問題的理解，依實際提出有效策略，透過規章及環境規劃來達成所承擔的任務。這些應該是行政或教學的基本原理，但一般人卻常忽視了。從新華接掌不同職務時，進行的現況分析，問題解決策略的細述，是很值得參考的範例，也正是永續發展教育在政策與法規環境優化方向重要的典範。

教育最終目的是促進人類的健康福祉。兒童的身心健康與幸福感才是我們最為重視的主題。九二一地震發生時，南投等地區嚴重受災，居民、學生的心理創傷亟待重建，期能恢復健康的日常生活。

我們成長過程遭受白河大地震洗禮，新華畢業後又到受災嚴重的大埔國小任教，其體認尤深。對這次災情的心理重建，他有一份特殊使命感，與陳惠萍教授分別領銜帶隊前往災區進行輔導，讓心理受創學生走出陰霾，重拾正常生活，重新正常學習，這份精神，我們應該向他們致敬！

所謂「教育無他，惟愛與榜樣」。這位一生把愛奉獻給教育、社區營造及自然環境保育工作的教育尖兵，經過他細細描述出的教育體驗，為永續教育塑造一個榜樣，供您慢慢來品味，期待您也能為這世界的永續發展共同努力。

前國立臺南高級海事水產職業學校校長
陳海雄

教育惠我一生，終生獻給教育

第二次世界大戰末期，美軍轟炸台南之前的第三天，我來到世上，誕生於四草這個貧窮且偏僻的小漁村。生逢亂世，才出生三天就被祖母抱進防空洞避難。

戰後的台灣，經濟凋敝，民生困頓。因祖父早逝，未曾留下一磚片瓦，祖母一手拉拔四個孩子長大，經常有一餐沒一頓的；吳家雖然是四草的一個大家族，但是我們第三房卻是最窮困的一支。

父親為了養家活口，又是曬鹽，又是討海捕魚，還憑著一根扁擔挑土築堤，在海埔地上圍築魚塭，真是拚了命的夜以繼日的辛勤工作，卻因為七個孩子食指浩繁，要維持一家溫飽，還是得靠舉債度日。

我上有三個姊姊、一個哥哥，下有一個妹妹、兩個弟弟；也許是哥哥一歲多就往生的緣故，所以父親特別鍾愛於我，即使工作再忙，也經常將我帶在身旁，每當工作空檔或半途休息的時候，就會為我細說家族的故事，或是他最得意的一些事，也常利用這樣的機會教導我做人做事的道理，教得更多的是漁村生活的各項技能、魚塭養殖的各項要領，以及在水中活動的各項技術和水性。

父親的教導固然讓我終生受用，但是影響我最大的則是老人家不斷的鼓勵：「靠筆來討生活比拿鋤頭畚箕輕鬆多了。」、「作青暝牛有夠痛苦，像你頂專兄有識字，社會上人家多敬重。」、「在我們四草讀第一名不算甚麼，外面的世界大得很，你必須更努力才行。」、「只要你有出息，即使要賣土地給你讀書我也願意。」……，這些話我是時時銘記在心，不敢一日或忘的。

我不斷提醒自己：一定要努力讀書，這不但是父親殷殷的期許，也將是決定個人命運的大事。於是我渴望學習，不停的閱讀，不停的買書，持續不斷的接受各式各樣的教育，也以教育為終身事業，四十餘年未曾間斷，直到退休之後，又轉進推廣生態與環境教育，不曾停息。

吳新華

目次

謹以此書獻給在天上的摯愛／吳新華 …… ii
序　幸福學實踐的活樣例，生命榮光的彩繪家／黃宗顯 …… iv
序　永續發展教育的領航者／陳海雄 …… vi
序　教育惠我一生，終生獻給教育／吳新華 …… x

一、個人的成長與教育 …… 1
—01— 不識字的父親在我心中播下讀書的種子 …… 2
—02— 「惡性補習」給了我出頭的機會 …… 6
—03— 渴望學習增強了我的競爭力 …… 12
—04— 公費教育成就了窮人家的孩子 …… 18
—05— 內人的支持實現了我的大學夢 …… 25

二、我的教育工作之路……51
—01— 我用「類惡補」助山中孩子逐夢（53.8.1-57.11.2）……52
—02— 因材施教的理想頻遭質疑（59.11.3-63.7.31）……107
—03— 引領年輕學子面對教育改革的變局（67.8.1-98.2.28）……124
三、故鄉呼喚的回應……201
—01— 抹香鯨母子的淒涼故事……203
—02— 注入歷史、人文與自然生態的另類全國文藝季……208
—03— 從自然生態的戶外教學到生態旅遊……213
四、九二一地震災區艱辛的心理重建之路……237
五、教育的理想與實踐——附小一四六一……251

一

個人的成長與教育

01 不識字的父親在我心中播下讀書的種子

我的家庭教育——父母疼我、教我、卻不寵我

父親與母親雖未曾受過教育，但是教育子女卻是十分講理，不會動不動就打或罵，也不會護短溺愛，寵壞孩子，在偏遠的小漁村裡，的確是十分罕見的。父親律己甚嚴，不抽菸、不喝酒、不賭博，以身作則，為子女的典範，這樣的一個討海人，可真是難能可貴。

從我有記憶以來，我就會游泳，父親告訴我那是他教的。每一次修築土堤收工之後，他都跳進魚塭中洗澡，順便把我拋進魚塭中，用手指頭托住我的下巴，然後叫我雙手划水，雙腳踢水，看到我開始游水了，他就放開手讓我自己在魚塭中游來游去。

小時候，每天吃晚飯前，十叔家的「門口窟仔」就變成大澡堂，男女老少都同時到這裡洗澡。小孩子哪會乖乖洗澡，不是玩騎馬打仗，就是相互追逐，所有人的游泳技術與速度都是這樣練出來的，雖然非正統的競技游泳姿勢，卻是個個像浪裡白條，速度可快得很。就憑著這一身功夫，大家潮裡來浪裡去，不論是在內、外海捕撈虱目魚苗，或是踩踏「粉蛤」，長久以來，從未曾聽說誰家的孩子在水裡頭出過事。

父親深諳水性，尤其潛水的功夫十分了得，一次潛水可待在水中十幾分鐘，大家給他一個外號叫「水鬼」，這種本事全村無人能出其右。不論立泳、仰泳、「掠篙泅」（即海盜式的側泳）、狗爬式的泅水，各式的游泳我都學得不錯，唯獨潛在水中換氣，父親示範過無數次，告訴我要領是什麼，我也嗆過無數次的水，就是無法學會，讓父親都覺得很挫折，因為我和弟弟們都沒把老人家的絕活

頂下來。

「少伯」的泳技號稱天下一絕，尤其立泳時水不過腰，揹人過河輕而易舉，且衣不沾水。但他卻常在晚飯後擺「門口埕的龍門陣」時，不吝稱讚父親的潛水絕活。那是在一次颱風之後，村裡的許多人都渡過鹿耳門溪到外海撿拾「牛角蚶」，他和父親也都各自撿了滿滿的一大簍，因為太重了，他無法一次揹兩簍過河，所以要父親把魚簍擱在岸邊，先空手游過對岸，然後回頭他再幫父親揹回魚簍。

可是當他放下自己的魚簍準備回頭時，整個溪面上遍尋不著父親游泳的身影，岸邊也沒有父親的魚簍，到底怎麼一回事？焦急的少伯拔腿直奔鹿耳門溪出海口，一面呼喊父親的名字，一面頻頻張望著湍急的溪面；遍尋不著父親蹤影，只好又往回跑，突然他發現溪中冒出一個人頭正往岸邊走，嘿！還揹著一個大魚簍，天啊！憋一口氣可以揹著近百斤重的大魚簍潛行溪底十幾分鐘，橫渡超過二百米寬的激流，難怪大家叫他「水鬼」。

父親對於我們兄弟姊妹的教導，都是利用工作的機會，親自示範，不厭其煩的說明要領，務必讓我們心領神會；而且對於工作的要求甚高，不但要我們勤於任事，而且要求有始有終，更要求盡力把事情做到最完善，這也是我踏入社會之後的工作態度。

不論有沒有就學，每個人到了五、六歲左右，就一定分配到工作，每天清晨五點左右，全家總動員，年紀小的負責撿蝸牛、撿蚯蚓，回到家就要拿去餵食雞鴨和豬隻；八、九歲開始參與捕撈魚苗，並且負責巡視魚塭，觀察魚蝦有無異常狀況，同時防止野鳥侵入魚塭中覓食。記得有一回輪到我巡狩「五份仔」魚塭，負責防止野鳥入侵，這種工作既耗時間，又非常無聊，所以常常利用巡狩魚塭的機會，到田裡偷挖幾條番薯，或到感潮溝裡去摸幾條鰻魚好「爌窯」，樂得逍遙自在；不料晚餐時父親宣布：這一頓飯阿華不能配魚，因為「五份仔外」魚塭被白鷺絲入侵，最少被吃掉三條虱目魚苗！

我雖然不敢反駁，卻是一肚子狐疑：「父親怎麼知道的，怎麼說得那麼篤定呢？」父親看在眼裡，也不說破，第二天早上將我帶到魚塭，指著淺坪岸邊的爪印說：「腳爪這麼長，一定是黃嘴管的大白鷺，爪印這麼淩亂代表牠在追魚，共有三個地方發現鱗片，表示牠最少吃掉三條魚，鱗片細小表示被牠吃掉的是『新仔』（當年孵化的小虱目魚苗）。」

對父親觀察入微的功力欽佩之餘，我也開始用心觀察各種入侵魚塭的野鳥的習性，研究設計各種不同的陷阱，以對付威脅魚蝦生存的野鳥，確保我的任務不再出狀況，這一來小學都還沒畢業，我已經是名聞全村的獵鳥高手，捕捉到的鳥類包括大白鷺、小白鷺、蒼鷺、黃小鷺、白面秧雞，甚至於連凶猛的魚鷹也逃不出我的手掌心。我將心得分享給同負巡守魚塭責任的玩伴，讓大家把野鳥抓回去交差，於是大家就可以放心相邀爌窯了！

舉凡魚村的所有生活技能，父親無一不細心教導，例如：撐筏的篙法，包括站立的位置、逆流或順流的下篙方式、收篙的手法、運勁使力的要領、方向的控制訣竅等等，親自示範之外，還要求不斷練習，直到父親認為你已經可以獨立作業為止，因此，我們兄弟姊妹可以說都身懷絕技，即使在惡水激流中，都可以安全去來，在全村的同輩中堪稱翹楚。

父親疼我、教我、鼓勵我，可是卻不會寵我。那是讀小學四年級的時候，老師常對於學習不力的學生在放學後予以「關學」，我這個班長則被老師要求留下來「陪讀」，要負責教會被關學的同學，直到老師煮完飯菜後回到教室驗收通過，才會放大家回去。

記得有一個週六中午，被關學的同學特別多，老師驗收完最後一個同學已經一點多了，大家飢腸轆轆，於是半路上相邀到「富伯」的田裡摘番茄填肚仔，我說什麼也不敢下田去，同學們要我留在樹下為他們把風，他們會摘來分我吃。誰知富伯早就藏身在稻草人穿的簑衣裡，突然間提著棍子追出來，大夥兒沒命的四下奔逃，富伯一路追回村子裡，當我回到家門時，看到富伯和父親坐在涼棚下聊著，心想「完了！」果然看到父親嚴肅的說：「快去吃飯，吃飽一點！」富伯看到父親鐵青的臉色，連忙幫我緩頰「不關他的事，他沒下田去摘啦！」可是父親卻說：「有夠鰲（行），這麼小就會『看頭』（把風），當賊頭！」那頓飯吃什麼完全沒記憶，只記得父親將廚房門反鎖，不理會富伯的代為求情，拿起拇指粗的銀合歡樹幹，結實的在我屁股上留下三條清晰的印記。我跪著領受父親的責罰，不敢哭，也不敢求饒，猛然瞥見父親眼眶泛著淚光，我知道我錯了，我的確犯了天大的錯，這是我一生中唯一一次受父母親的責備，也是截至目前為止人生中唯一的汙點，這一切猶歷歷在目，不敢或忘。

02 「惡性補習」給了我出頭的機會

基礎階段的學校教育——求知若渴

我喜歡讀書是三姊影響我的，記得是五歲左右，每次聽到三姊複習功課時的琅琅讀書聲，就會特別興奮，安靜的聽姊姊朗讀，許多時候我都會背了，姊姊還不一定會背。姊姊誇我厲害，我就得寸進尺，要求姊姊帶我到學校去旁聽老師上課。拗不過我的苦苦哀求，姊姊只好答應了，從家裡走到設在鹽田的學校（約三公里多）需要走四十幾分鐘，對於十分矮小瘦弱的我來說，那是很大的挑戰，但衷心期待去看學校的我卻從不喊苦，長我五歲的三姊有時不忍心看我走得辛苦，會背著我走一段。

趴在窗外看著老師教學實在很有趣，所以我也看得很專注，老師用國語講課，我竟然大部分都聽得懂，而且老師提問題要學生回答時，教室內鴉雀無聲，沒人敢回答老師，在窗口外的我卻應答如流，老師驚訝的問學生那是誰家的小弟弟，三姊靦腆的舉手，老師竟要我進教室坐在姊姊的旁邊，我興奮不已，從此三年級的教室中就多了我這個小不點。

直到有一天下課的時候，我在看大哥哥們玩「凱旋」遊戲的時候被撞倒，右眼角有很大的撕裂傷口，血流滿面，三姊的導師林老師將我抱進保健室去止血，塗藥，包紮傷口，放學的時候還騎腳踏車送我回家。這是我這一輩子第一次搭乘腳踏車，高興得早就忘了傷口的疼痛。林老師詳細的跟父親說明事件的經過，並一再向父親表示歉意，而父親則是對老師表達了最深的謝意。

由於傷口紅腫嚴重發炎，當時醫藥又極度缺乏，靠林老師從學校保健室拿來的藥膏治療，經過兩個月之後眼睛都還無法張開，所以我也不能再到學校旁聽老師上課，傷癒之後留下很深的疤痕，如今越老疤痕的顏色越深，活像一大塊的老人斑呢！

受傷並沒有影響我對學校的嚮往，也沒有減低我對於學習的渴望，更因為林老師對我的呵護與教導，讓我對於教師心存無比的崇敬與景仰，夢想有一天我也能成為提攜照顧學生的老師。

或許正因為內心裡的這一股渴望，當正式入學之後，老師上課時我都十分專注的聽講，回家的功課也都十分用心完成，從來不需要父母的叮嚀，雖然我跟其他孩子一樣很好玩，可是無論如何我都會先完成老師指定的作業再去玩，當時的玩伴都知道，沒寫完功課之前，不論他們怎麼催促，我是叫不動的，他們只有忍耐著在一旁等我寫完功課，因為缺我這個要角，他們是玩不起來的，即使玩也不會帶勁兒。

就是憑藉著這一份對於學習的執著與努力，又在低度競爭的環境中，所以六年的小學階段，我的成績在班上一直名列前茅，獎狀被父親拿來貼滿了客廳的壁堵，每次總是對著來客說：「這幾張是阮阿華最近領賞的。」

直到六年級下學期，級任陳老師才跟我們說：「你們快畢業了，如果想繼續念書，就得報名參加初中聯考，只有被錄取了才能上初中。」我心裡很急，有一大堆問題，只好在放學後跑到宿舍請教老師：「要怎麼報名？到哪裡報名？報名需要準備什麼東西？將來考試在什麼地方考？」

陳老師搖搖頭笑著說：「你別急，只要好好準備功課，至於報名的事我會幫你們去報名，也會帶你們到考場，你們先到照相館照相，最少加洗三張二吋的相片，以及準備好報名費就可以了！」天啊！看老師說得一派輕鬆，可是照相館在哪裡？相片怎麼洗？那要多少錢？我們家的錢又在哪裡？

父親聽我回家說的一堆話，還是沒能弄清楚狀況，只是鼓勵我說：「你想繼續讀書是好事，只要你能考上學校，借錢也要借來給你讀。」第二天父親就跑到學校請教老師，陳老師也不厭其煩的向父親仔細說明。於是那個週日父親就騎腳踏車帶我到位在海安路的一家照相館拍照，老闆還特別借我一件衣服穿著照，那是這輩子的第一張照片，可惜算好只夠考試報名用及貼畢業證書用，自己一張都沒有留下來呢！

陳老師好意要幫我們複習，可是我們根本沒用過參考書，也沒用過坊間出版的測驗卷，讓老師覺得無從幫起，可想而知的我們這一屆是全軍覆沒。事實上到我們這一屆為止，還沒有一個鎮海的畢業生直接考上初中的。一方面錄取率低、一方面教育並不普及，加上經濟問題嚴重，沒有幾個家庭可以負擔得起學費，因此，報考初中的人數比例不會超過一成，擠不進初中的窄門是意料中的事。

父親知道我渴望讀書，所以四下打聽哪一所學校升學率比較高，十叔也刻意要栽培堂弟受財，他與父親打聽到海東國小升學率為安南區之最，而受財的外婆就住在學校旁，可以安排我們兩住在那裡，也不需要租金。初次離家外出的小孩想家是難免的，可是我就不會像受財那樣，每到傍晚就跑到竹林下望著家的方向流淚啜泣，在苦勸無效之後，我就一個人跑到教室讀書。

到海東國小讀書，是我這一輩子的轉捩點，我從沒有過像這樣被羞辱，從沒有過像這樣發憤圖強，從沒有過像這樣清晰的數學概念，這些全都在海東的這一年發生。雖然父親四處請託奔走，海東國小升學班名師許老師只是答應我們到班上試讀，我們必須通過一些測驗，如果程度太低他還是拒收。而測驗的結果我的算術只有考四分，國語和常識則都還不錯，可是老師在宣布測驗結果的時候，卻拿著我的算術考卷一邊抖著一邊不屑的說：「只有考四分，怎麼去考啊？哪裡都沒希望！」全班同學都不約而同的看著我，有的嘲笑，有的同情。

當下的我真恨不得地上有一個洞好鑽下去，我在鎮海國小從老師口中聽到的只有對我的稱讚、誇獎，何曾遭遇過這般羞辱，雖然當時年紀小，卻也吞不下這一口氣，決心不讓人給看扁，要發憤圖強，要把算術這門功課整個搞懂、搞通。雖然被老師安排坐在最後一排倒數第二個座位，這無損於我努力的決心，我不斷的請教同學、我認真聽取老師上課講的每一句話、反覆的閱讀參考書上的每一個範例，不得已的情況下我也會硬著頭皮跑去問老師，我從沒這樣用功過，特別是老師講解時所畫的數線圖，是那樣清楚的呈現各個數量間的關係，讓我在判斷該用什麼計算方法時毫無困難，於是好像突然間頓悟，一切都豁然開朗。

我在學習算術的解題方面，碰到的困難越來越少，成績進步神速，第一次月考就考了八十幾分，老師懷疑我是不是偷看了鄰座的同學，還查證了相鄰座位同學的成績，結果我是那一個區塊考得最好的呢，因此，我的座位立即被調整到第二排；第二次月考我算術考了一百分，座位再一次被調整到正中間的第三排，從此以後我每次考試的標準就是要一百分，只要差一分就得被打一下，同學們就是在老師這樣千錘百鍊之下，一步一步擠進升學的窄門的。

或許現在的許多年輕人不知道什麼叫做「惡性補習」，為什麼惡性補習被認為是摧殘兒童青少年身心發展的元凶，在四〇、五〇年代被視為洪水猛獸一般，大家必欲去之而後快，然而惡性補習卻越演越烈，如燎原之野火，鋪天蓋地席捲整個台灣社會。我就以我在海東國小的這一年為例，說明那個年代升學競爭之激烈，以及許多孩子共同的夢魘：

事實上住在受財外婆家的時間很少，只有週六以及週日這兩天晚上，其餘週一到五我們是二十四小時都在教室中度過的；每天清晨五點半，住在教室後面的教師宿舍中的許老師就來到教室把同學叫醒，他叫醒同學的方式很特別，抬起靠近門口的第一張竹床的一角，然後雙手一放，碰的一聲，所有的同學都驚醒了，連睡在隔壁教室的女生都醒了！同學們立即收拾好蚊帳、被子，送到一間空著的教師宿舍，再回頭把竹床抬到教室外的走廊放整齊，然後去洗臉刷牙，等大約六點鐘回到教室時，老師已在黑板上寫下今天早上要完成的功課，下一小時時間大家拚死命的背誦老師的指定的功課，因為七點鐘一到，老師就一手拿參考書、一手拿藤條，隨機抽背，被抽到的同學站到老師教桌前，就要大聲背出老師指定的範圍，稍有停頓，藤條立即落到頭上，不知情的人還會誤以為這是寺廟的早課，怎麼敲木魚的聲音沒停過？

七點半家人送早餐及乾淨的衣褲到走廊，吃早餐的時間只有十五分鐘，家長帶走餐具和換洗的衣服回去，黑板上老師又指定了複習考試的範圍，升學班不用參加升旗典禮，第一節上課鐘響就開始考試，下課鐘響就開始交換閱卷，未達到老師規定標準的同學就排隊走到教桌前，要自己報上差標準幾分，老師揮舞藤條的手不曾停過，直到最後一位未達標準的同學被打完為止。

我們只上三門課：國語、算術和常識，因為升學考試只考這三科。所以我們的課表全在老師的腦海中，下一個時間要做什麼，老師會清清楚楚的指示，只要照著做就對了。上課、複習、考試、算帳……，日復一日，夜以繼日，沒完沒了。一日三餐都是家長送到學校，住得再近也不能回家吃。晚飯之後，不是背誦國語參考書、模範作文、就是常識精練，算術不用背，卻永遠有寫不完的測驗卷等著你。直到九點半，一天的學習活動才告一段落，接著有半個小時的時間排隊輪流到教師宿舍洗澡，然後十點整準時搬竹床，架蚊帳，上床睡覺。

綜上所述，這樣的學習型態不叫「惡性補習」叫什麼！以前的孩子瘦弱、矮小、又多病，除了經濟蕭條、營養不良、醫藥缺乏、衛生又差以外，很重要的原因就是激烈的升學競爭壓力造成的。就這樣生活一整年，當功課擠進前頭之後，好玩的本性又逐漸顯露出來，老師看在眼裡也為我擔心，所以報考的時候，老師特別跟我深談，他認為我成績雖好，但是努力不夠，所以第一志願填台南一中不保險，希望我從二中填起，我接過報名表自己填寫志願，我只填兩個：台南市中和延平初中。老師要我慎重考慮，我告訴老師那就是我考慮的結果，如果都考不上，我不會埋怨別人，也會認分的回去養魚或向大海討生活。

當時資訊非常貧乏，究竟哪一所學校怎樣，只能道聽途説，沒一個準。之所以放棄二中不填，那是當年二中「盛名在外」，所聽到的就是：那是一所太保學校，學生的上衣有兩三個鈕扣是不扣的，大盤帽拗得比飛機翼還翹……我不太喜歡那樣的感覺，但我沒有告訴許老師。

03 渴望學習增強了我的競爭力

自立自強

我考上我的第一志願台南市中，許多親友都來道賀，父母親都滿臉笑容的道謝，但是我知道他們暗地裡眼淚都往肚裡吞，我的一顆心也揪成一團，因為接下來要面對的是經濟上的大難題：註冊費哪裡來？

記得接到第一學期的註冊單時，父母親的臉色顯得十分凝重，一陣低聲討論之後就出門去，一個往東、一個往西走，我一時好奇，悄悄跟在媽媽背後，才知原來是去向左鄰右舍借錢籌措我的註冊費，啊！我的心一陣絞痛，淚水忍不住奪眶而出，可真是貧窮人家百事哀啊！註冊費中除了學雜費之外，還有書籍費、服裝費（第一學期都要購買制服）等等，可不是一筆小數目，此外還得自備球鞋，註冊時要檢查的。

說到球鞋天就黑半邊。在那之前我未曾穿過鞋子，父親帶我到鞋店買鞋，我非常興奮，東張西望的，哇！好多鞋子！店員拿一雙鞋子要我試穿，父親要他拿大一點的，我連鞋子怎麼套進腳上都不清楚，也不知什麼尺寸才算合適，只看到父親一直不滿意，每一次都要他換大一點的，急得店員把他的老闆請了來，父親還是非常堅持，不管老闆和店員怎麼說，他還是堅持再換大一點的，最後父親終於滿意了，我請店員把鞋帶穿好，因為我不知道該怎麼穿鞋帶，也向店員學會了繫鞋帶的方法，好得意喔，我會穿鞋子了呢！

父親說我正在長大中，腳也會跟著長大，家裡沒錢，所以不能買合腳的鞋，我們無法常常買鞋。

我懂得父親的難處，完全可以體諒父親的心，所以非常寶貝我的鞋子，不許弟弟妹妹碰我的鞋子，上學途中鞋子就掛在腳踏車的把手上，進校門口前再穿上，放學後一出校門口，又把鞋子脫下來掛在把手上。雖然在鞋頭裡塞滿了破布，鞋子不會脫落，但穿鞋走路卻經常絆倒，所以脫下來掛著，走路既不會摔倒，也可以保護鞋子不被弄破或弄髒。

為了籌措自己的學費，也為了買一雙合自己腳的鞋子，我利用週末假日或寒暑假的期間，摸遍大小感潮溝的每一個螃蟹可能躲的洞穴，捉到螃蟹就拿去賣給收購魚蝦蟹貝的人；很努力的去捕撈虱目魚苗、很努力的去踩踏「粉蛤」、晚上潮汐合適的話還去「照火」捉蟹苗，賣的錢全部存起來，都由媽媽幫我藏在衣櫃的一個鐵罐裡。

初中時期的壓力，除了經濟方面之外，當然還是升學競爭的壓力。台南市中是當時的明星學校之一，學校對於成績的要求甚高，留級的比例高達三成，能順利在三年內畢業的學生，幾乎百分之百的都能順利考上台南一中，在市中讀四年甚至於五年才畢業的大有人在。以我家的經濟狀況，一旦留級是不可能有機會繼續讀下去的，更不用談去老師家或補習班補習，我當然有這樣的覺悟，一切都得靠自己努力才行，因此，我必須比其他同學更用功，我也必須找出更有效率的讀書方法，唯有如此，才有機會生存。

我自己認為很有效率的讀書方法是：預習、專心聽講、摘記老師講解重點、提問、整理教材重點、猜題、考前瀏覽自己整理的重點，以及考後校正自己的錯誤。透過這一系列的過程，不必去額外的補習，只需靠自己的努力，就可以讓自己學得不錯，順利通過各類大小考試。

預習是我自學時很重要的一項工作，每天睡前最後的一項工作，就是把明天老師可能上課的範圍加以預習，找出自己看不懂、不甚理解的地方，打個問號或在書眉提出自己的疑問，然後在上課時從老師的講解中去除這個疑惑，並且把解答摘記在疑問旁。這樣做可以幫助我釐清教材的全部重點，如果老師上課沒把我有疑問的地方講解清楚，我一定會找時間提問，或在課後請教老師或同學，我不喜歡將疑惑帶回家，更不喜歡讓疑惑累積下去。

專心聽講是我的學習活動的核心，許多學科的教材，不是憑字面上的意思可以理解的，特別像生物、理化以及數學等方面，自我學習會遭遇許多困難，所以最有效的學習方法是跟老師學習，聽老師講解，才不至於因誤解而產生錯誤的學習結果。同時，人的大腦很容易忘事，所以在聽講之時，抓到重點，一定要立即白紙黑字記下，否則聽講當時是懂了，可是過兩天全忘了，那跟沒有學習是一樣的結果。

每一學科專用一本筆記簿來整理教材的重點，這是我自認為很得意的學習方法，每天在家作功課的時候，除了完成老師指定的作業之外，我還作自己要求的作業，那就是把當天上課的學科教材內容加以整理，摘取重點，用自己的話來描述自己認為重要的內容，儘量簡明扼要，有條不紊的列舉，這種方法我一直沿用到大學時代，才把它改良成讀書卡，以及念研究所時代的文獻摘錄卡，可以讓整章教材甚至於整本書的內容都可以清楚的掌握，所以只要考試前有十分鐘的時間來翻閱重點筆記，還沒有失敗或過不了關的紀錄呢。

讀書的時期就是一連串的考試，所以求學時代磨練出來的應付考試的有效方法就是猜題，老師們幫學生猜升學考試的試題叫做「模擬考」，我自己則常常模擬老師可能怎麼命題，在哪些教材上面出題，這樣做往往會獲得意想不到的效果（或結果）。

考完試後老師發回來的試卷是我學習過程中的寶貝，不但不會隨手丟棄，我還會用心的檢討寫錯的地方，務必把出錯的地方弄得清楚明白才罷休。我一直覺得如果一再重複出錯，那會讓自己看起來

民國50年7月3日初中畢業考後與導師呂天平老師合影（我站在第2排右起第2位，這是個人最早的留影）

像白癡，讓自己成為很不負責任的學習者。

因為家裡實在太窮，不可能提供我補習的機會，我也從不向父母表示我有參加課外補習的需求，一切自立自強，這樣，不但父母親的負擔減輕，我自己的心裡也沒有額外的負擔，學習就變成是快樂的、很有成就感的事情。

課外閱讀

課內的學習對我來說，並不是太困難的事情，於是我開始探索自己的興趣，當我接觸到台南市中的圖書館時，恍若找到了知識的寶礦，喜出望外，只要功課不太緊，我一定會向圖書館借幾本書帶回去看，《水滸傳》、《唐祝文周四傑傳》、《三國演義》、《大唐演義》、《聊齋誌異》等書，都是這時期最愛看的課外書，名人偉人傳記則偏愛閱讀外國人的傳記，包括政治家、軍事家、科學家、藝術家、企業家的傳記，三年內大概看過兩百多本；中國人的傳記我不太喜歡，因為書中的他們大多是天上的星宿轉凡投胎，天縱英明睿智，我是個普通人如何效法？

課外閱讀讓我知識的視野更開闊，讓我知道了許多課堂上老師沒教的東西，讓我了解許多不曾聽聞的事件，我找到了不需仰賴成人教導的求知方法，我也開始思索我的未來，我要成為一個怎樣的人，我必須做出怎樣的努力才能實現我的夢想，這種感覺實在太棒了，於是慢慢的，我涉略的範圍由書本擴大到雜誌，接觸到雜誌更讓我如獲至寶，因為它可以讓我得到最新的更符合我需求的知識。

養成課外閱讀的習慣，讓我一生受用無窮。例如在南師畢業後分發到嘉義縣的大埔國小服務期間，我每個月以薪水的十分之一買書或買雜誌，《文星》雜誌和柏楊的書，就是那時候的最愛，既打發了深山中孤寂的歲月，又培養了獨立思考判斷的能力，每當生活中或工作中面臨問題，我都能很快掌握到問題的核心，找到解決問題的方案或策略，讓長官肯定、同儕佩服，全拜多方閱讀之賜。所以直到《文星》被禁，柏楊被關，我買書買雜誌的動作未曾間斷過。

可惜這些書與雜誌都毀於民國五十八年的那一場大水，那一年農曆六月十五，一個輕度颱風從台灣海峽北上，掀起滔天巨浪打破了四草海堤，海水灌進四草、媽祖宮和鹽田，幾個村子都淹在海水中，無一家倖免。所有的魚塭也都直通大海，養殖的虱目魚全都跑光光，我在大埔三年內所買的十幾大箱的書籍也都浸泡在海水裡，當我從軍中得到消息請假回家，我那些寶貝書籍都已經變成紙漿，結成硬塊，沒有一本是可以再翻開來看的。相對於家產的損失，全家人都投入搶救被海水沖潰的塭堤，那些書已不是那麼重要了。

閱讀的好處是可以獲得即時又有用的知識，例如小弟入伍當國民兵，他把他飼養的幾十隻賽鴿託付給我照顧，養一些鳥兒不是挺簡單的嗎？只要給飼料、給水，牠們就可以活蹦亂跳的，不是嗎？結果當然不是啦，不知怎麼搞的，一會兒有鴿子拉肚子，一會兒又有鴿子拖著翅膀病懨懨的蹲在一旁，到底是怎麼一回事，急死人了，可別讓小弟只當了兩週的國民兵，回來再也見不到他的心肝寶貝賽鴿了，趕緊跑到書店買來養鴿大全、賽鴿雜誌等，從書中尋找解決方案，果然許多問題迎刃而解，兩週的時間就足以讓我從生手變成養鴿達人，特別是我把心理學「增強」的原理運用來訓練鴿子的歸巢行為，縮短鴿子返回後進入鴿舍的時間，讓弟弟退伍後接手參與的各次飛鴿競賽都獲得輝煌的成績。

這件事很快的傳遍了賽鴿界，大家都很好奇為什麼我弟弟不曾花大錢買名貴的種鴿來配種，到底是用什麼方法把平凡的鴿子訓練成冠軍的？而許多賽鴿返回以後總會在鴿舍外逗留，為何我弟弟的鴿子一回來就迫不及待的直接往鴿舍裡頭鑽進去？許多鴿友都到弟弟的鴿舍來參觀，弟弟也有意無意之間透露了我如何幫他訓練的情形，於是許多鴿友向我詢問如何訓練鴿子的相關細節，我也不藏私的詳加說明，當然增強理論不是那麼簡單，只聽我講就可以掌握增強的要領的，不過這也足以讓我在鴿友間大大的露臉，賽鴿協會的會長還特別聘請我擔任飛鴿競賽的裁判長，讓我在賽鴿期間每週都有外快可以賺，真是課外閱讀天大的好處呢！

—04— 公費教育成就了窮人家的孩子

考上南師，人生轉彎

由於資訊缺乏，初中畢業報考高中是我當時唯一的想法，我不知道還有哪一條路可走。還好「明家」從補習班帶回消息，問我要不要報考南師，他提醒我考上南師可以享受公費，畢業後職業又有保障。這個消息對我太重要了，我把握報考的最後一天的機會，趕緊向「三哥」借錢去報名。心想，雖然報名費高達四十五元，但是考上就可以享受公費，太值得一搏了。

不過在報完名，拿到准考證的那一剎那，一顆心不禁又往下沉，因為我的准考證是第四千六百多號，而錄取的名額總共才兩百七十人（四十五人×六班），在扣掉各校保送生的名額以及澎湖生保障名額，所剩不多了，算一算錄取率不到百分之五，哪還有希望考得上啊，四十五元報名費恐怕是「了了去啦」，我得抓多少螃蟹去賣才能還清呢？為了確保報名費不會白白飛了，只有埋頭努力拚了！

高中入學考試先放榜，二中最低錄取分數是一八六分，一中的最低錄取分數是二五〇分，「明家」告訴我他考了兩百多分上二中，我是考了二七二分上二中（民國五十年南一中、南二中獨立招生，我報考二中），最少有學校可以念了，放心不少，不過我最在意的還是南師的消息，在等候南師放榜期間，只得先到二中報到，畢竟對於南師能否考得上是一點把握都沒有。

接到南師寄來的成績單，按耐著忐忑不安的心打開信封，哇！我錄取了！我近乎瘋狂的大叫，讓父母親都嚇了一大跳，異口同聲的問我怎麼一回事。我興奮的告訴父母親這個天大的好消息，可是老人家滿臉疑惑的問：「南師是什麼樣的學校？」、「讀南師將來要幹麼？」、「也沒聽說你去考這間學校，現在怎麼會錄取了？親戚來祝賀你考上二中的時候，也沒看到你高興成這個樣子。」、「你考這麼多間學校幹什麼呢？」倆老一個問完一個接著問，我告訴他們讀二中要花很多錢，而且畢業後考大學要花更多的錢。而讀南師畢業之後可以當老師，並且讀書的時候免交學費，學校還提供免費的吃和住。老人家不禁懷疑：「哪有這麼好康的事情？」、「怎麼事先沒有聽你說要去考這一間學校？」我告訴他們這是真實的事情，只是因為很難考，所以偷偷跟三哥借錢去報名，不敢讓大家知道我有報考南師，況且筆試錄取還不算，必須再通過美術（考：素描、水彩、水墨畫）、音樂（考：五線譜視唱、聽音寫譜）及體育（考：跑一百米、急行跳遠、擲鉛球）這三關複試，最後還得通過三位口試委員的連番考驗，才算真正錄取，所以非常困難，不敢事先告訴別人，萬一考不上才不會「歹勢」。

對於窮人家的孩子來說，公費無疑是最大的福音，多少貧窮人家的孩子靠公費受教育才得以翻身，我就是典型的公費教育的受惠者。父母親感到十分欣慰，同時也大大的鬆了一口氣，因為一方面我可以繼續讀書，二方面減輕了家庭的經濟負擔，更美好的是畢業後工作有保障，又有穩定的收入，雖然教師的待遇十分匪薄，卻仍將對改善家庭經濟有極大的幫助。

一生最鮮明的記憶——南師生涯

就讀南師不但是我人生的重大轉折，南師生涯也留下許多難忘的回憶。記得一年級上學期剛開學一個月左右，在台南市中山公園舉辦規模盛大的「商展」，許多外縣市來的同學（班上南市本地的同學只有五個人）想去看商展，卻不知道如何前往，於是我自告奮勇為大家帶路，相約晚上九點以前就得結束參觀活動，趕回學校宿舍，以免趕不上晚點名而受到懲罰，可是還是有同學迷失了方向，找齊了同學奔回學校已經錯過晚點名的時間，我立即跑到值星教官室報到，教官告訴我大家回來就好，其餘明天再說。我回到宿舍告訴同學們放心睡覺，不會有事了。

誰知第二天的第一節下課鐘響，訓導處教官室就廣播，要昨天晚上晚點名未到的同學到訓導處報到。第一節課就是導師張性如老師的國文課，他一聽訓導處傳喚的都是班上的同學，揮手要我們去訓導處報到之後，聽說老師在教室中大發雷霆，說我們是「夜不歸營，罪該槍斃」，然後他就衝到訓導處，聽教官解釋懲處結果是每人警告一次，並罰勞動服務，張老師非常不以為然，認為我們違規情節重大，每人最少記大過一次，帶頭者還須加重處分，記大過兩次並交付家長領回管束。教官一看情勢不對，立即揮手要我們快走：「還不快去掃廁所，我馬上要去檢查！」我們離開訓導處之後，聽說張老師和訓導主任大吵一架，因為張老師覺得處罰太輕，必須加重處罰，而訓導主任認為學生一過一罰，訓導處既然已經告訴學生懲處的結果，就不該另行議處。

我雖然逃過一劫，免被記大過處分，但我已經被張老師「點油做記號」，在往後三年的南師生涯中，他怎麼看我就是怎麼不順眼，不管我多努力表現，不管我記了多少功，獲得多少嘉獎，我的操行成績從未超過七十五分，即使我累積的記功與嘉獎總分超過一百分，最後每學期接到的成績單上面，操行成績都是一樣的結果——不到七十五分。

年輕氣盛的我當然對此非常不滿，所以能不見面就想盡辦法避開導師，上國文課是避不開的，不過晚自習卻是可以的，我盡可能的去參加各種社團活動，像管樂隊、國畫社、西畫社等，就可以堂堂正正的請公假，避開了每天晚上晚自習課還得面對導師的煎熬。如果週一至五哪一天晚上沒有社團活動，我就跑到訓導處申請成立一個新的社團，然後把活動時間定在原本沒有社團活動的那一天晚上（像成立課外娛樂社就是最經典的），同學們還戲稱我是天才。

1. 與孫秋林教官合影於畫展會場　2. 攝於畫展作品前　1|2

事實上佔用我晚自習最多時間的是參加國畫社與西畫社這兩個社團，以及管樂隊的團練。我自小喜歡畫畫，小學和初中的同學都叫我「畫家」，只因為我畫的東西看起來「很像」，直到進入南師就讀，才真正拜師學藝，在畫社裡跟劉慎老師學花鳥，從工筆到寫意，投入之深，幾乎已經到了廢寢忘食的地步。另一位指導老師是孫秋林教官，他的山水畫師法國畫大師黃君璧，在國畫社裡指導同學不遺餘力，很得同學的愛戴。我努力學畫的結果也就有小小的收穫，參加全市學生美術比賽或全省學生美術比賽，得獎連連。

一個不能說的秘密：我想賣畫給一個在南門路擺地攤賣畫（給老美）的老闆，他看上我的畫，卻不買我的畫，而是拿了一本古畫冊給我，指定要我臨摹其中某些古畫，我只負責畫，題字、落款、用印全別管，通過老闆的驗收的話，對開的畫一張收五十元，全開的畫一張收一百元。我之所以有錢買畫紙、顏料等東西，就全靠這一個收入，大約整整一年半的時間，也不知總共交給老闆多少畫，寃了多少美國大兵，不敢留紀錄，直到畢業才結束這種交易，不是光彩的事，所以不敢給任何人知道。

管樂隊是除了畫社之外我最熱衷參與的團體，原本只是為了逃避導師的晚自習，所以選擇最簡單的「大鼓」這項樂器，打擊節奏對我來說，毫無困難可言，後來看到那麼多種樂器，同學們玩得輕鬆自在，於是覺得手癢，不管是小喇叭或是伸縮喇叭，只要看到樂器架上閒放著的，就拿過來把玩，很快的就玩上手了，變成是興趣之一了。更想不到這一玩，讓我在入伍當兵之後，搏得了一個「號兵」的大爽缺呢！

服兵役我抽中的是空軍，到虎尾新兵訓練中心報到的時候，南師的同班同學黃子良已經在那兒當教育班長，正好那一梯次輪到他在那裡接新兵，當兵時有一位班長同學罩著，就是無比的幸福。子良提點我去報名參加軍樂隊，不論大鼓或小鼓的鼓手缺早被登記一空，樂隊教官告訴我小號手還有好幾個缺，於是硬著頭皮登記下來，想不到團練的時候，空軍軍歌的前奏就只有我一個人可以吹得上去，其餘小喇叭手吹到一點「嗉」的時候聲音都「畢叉」，所以教官指定這一段由我一個人獨奏，其他時候我就可以做個樣子不必吹，好爽喔！

訓練中心結訓前的大行軍，教官推薦我當號兵，給我一週的時間練習吹各種演習狀況的軍號，輔導長親自驗收，告訴我行軍演習時，我必須緊跟在指揮官後面，聽候他下達命令吹各種演習狀況的軍號，當天我只需戴鋼盔、佩帶水壺及一把刺刀，拿著小喇叭就可以，不必全副武裝背行軍背包、帶步槍，光聽就爽！所以行軍時我水壺裡灌滿啤酒，趾高氣揚的跟在指揮官背後，軍號吹得滴答響，好不快活！

想不到指揮官要我吹休息號之後，轉身問我：「號兵，你水壺裡裝的是什麼？」天啊，只好結巴的說：「……茶！」更要命的是指揮官竟然伸手向我要水壺，我臉色發白的雙手遞過水壺，指揮官還真打開來喝，然後說了一句：「好茶！」又連喝了好幾口，對著我詭異的笑了笑，才把水壺還給我。我長長的吐了一口氣，也對著指揮官傻笑。演習結束之後，把一切看在眼裡的輔導長問我水壺裡裝的是什麼，我誠實以對跟他報告是啤酒，他聽了以後大笑不止，轉身揮手離去。

1. 在南師管樂隊中我負責打大鼓　2. 只要有機會就玩小喇叭　1|2

南師三年獲獎最多的是獲選游泳校隊，代表學校參加全市高中職游泳比賽，不但幫學校拚得全市總冠軍，而且個人參加的項目幾乎全部獲得金牌，只有高三那一年一千五百米的比賽因半途腿抽筋，靠雙手游完全程，還獲得銅牌，所以對那一面銅牌我特別珍惜。記得當時的游泳隊中，除了林獻堂、古松根和我之外，隊員清一色都是來自澎湖的同學，隊長是澎湖的許幸男，我也因此和澎湖籍的同學建立起深厚的革命情感，後來因職務的關係經常到澎湖出差，每次幾乎都變成是澎湖的五三級同學會，不論忠孝仁愛哪一班，只要人在馬公的都會趕來相聚。

南師三年最勵志的就是班上自發性的成立許多小型讀書會，準備參加教育行政普考高檢的聚在一起，準備參加大學聯考的又是一組人馬，計畫參加司法官考試的同學也不少，大家除了相互砥礪之外，甚至於集資到舊書攤買一套書，大家訂定進度輪流閱讀，定期交換書本，這種方法不僅相當程度的降低經濟壓力，同時又可相互督促砥礪，讀書的效果提升不少，因此，仁班同學畢業服務滿三年之後，考上大學的、通過司法官考試的大有人在，所以有當醫生的、有當法官的、有當銀行經理的、有當鄉長的、有轉往國高中及大學任教的，同學們畢業後大放異彩，固然是同學們積極努力所致，但我認為南師三年的小型讀書會也有相當的助益。

南師三年，不像初中時期閱讀那麼多的課外書籍，而是被多姿多彩的學生社團活動所吸引，所以在這裡除了讓我獲得一項穩定的教學工作，更讓我培養了多方面的興趣，並且在各個社團裡與同學的相互學習中，讓我學會被領導，以及如何領導一個團體；讓我學會如何研擬，以及執行活動計畫，也讓我不斷的去思考自己的未來，同時試著踏出每一步，不斷的朝著目標去接近。

民國五十三年一月十八日晚間八點多，台南白河、東山地區發生大地震，地鳴如雷，天搖地動，隨即停電，一片漆黑。南師校舍損毀嚴重，紅樓屋頂瓦片傾瀉一地，許多在紅樓教室晚自習的同學於逃離紅樓的時候被瓦片擊傷，哀嚎聲此起彼落，悽慘無比，幸好學校鄰近有「陸軍四總院民眾診療所」這種中大型醫療機構，可以即時搶救，未受傷的同學攙扶著受傷的同學，在教官的指揮之下，一一將受傷的同學送醫，才不致於讓傷害擴大。

學校大禮堂的牆與柱被強震折損傾斜，那是第二天三年級應屆畢業生要進行的「全國國語文大會考」的考場，考前的這次大劫更讓同學們忐忑不安，因為如果沒達七十分的標準，即使畢業了也不能分發出去當老師，是每一位應屆畢業生天大的事。還好學校應變快速，借用隔壁附小的禮堂當考場，讓同學們順利完成會考。

南師游泳校隊獲得台南市中學聯運總冠軍時於游泳池畔合影

05 內人的支持實現了我的大學夢

千斤重擔一肩挑

保送師大教育系這件事，對於當時的我來說，一則以喜，一則以憂。喜的是離人生的巨大目標近在眼前，憂的是女兒世鈺剛剛出生，我去讀書就少了一份收入，又多了一個孩子，雖說念師大有公費，但全靠幼治一個人支撐家庭，經濟壓力實在太大，頓時又讓我猶豫起來，該不該去念書？我是不是太自私了？為了實現自己的夢想，卻將千斤重擔推到妻子身上。

結婚一年零三天（民國六〇年十一月二十一日）長子世銘出生，這是將近二十年來這個家庭再度有嬰兒誕生，為這個家帶來無比的喜悅，但對於初為人父的我來說卻是極大的震撼。在懷孕期間，幼治選擇到邱秋田婦產科做產前檢查，邱院長是當時台南地區婦產科的名醫，由省立台南醫院婦產科主任退休後在忠義路開業，在接近預產期的時候，邱院長建議每週做產檢，也由於如此慎重，才及早發現胎兒的特殊狀況，避免了可能的憾事發生。

胎兒都過了預產期兩週，可是幼治都沒有陣痛的跡象，所以週日又按時帶幼治去做產檢。邱院長覺得相當不尋常，於是做了更仔細的檢查，發現胎兒的臍帶過長，有可能纏繞頸部，如果自然生產分娩的話，胎兒會有立即的致命危機，因此邱院長做出斷然的決定，必須立即進行剖腹手術，於是他幫忙打電話到台南醫院安排開刀，然後要我帶著幼治和病歷到台南醫院開刀房報到。

台南醫院的假日醫療網已經啟動，所以當我騎著機車帶幼治到達醫院時，醫護人員辨明身分之後，立即安排各項開刀前的準備工作，驗血結果也立即完成，護理人員指導我拿著驗血報告與醫師處方去血庫領取血液，也要我到住院部辦理住院手續，等我領好血液回到病房時，幼治已經被麻醉昏迷，我陪著護理長推著躺在病床上的幼治進入開刀房，護理長要我在外頭等候，有任何消息她會馬上出來告訴我。

我一個人獨坐在開刀房外的長椅，直到這個時候我才有時間思考，也才開始擔心幼治母子的安全。時間一分一秒的過去，我開始有些慌張，於是立刻跑去打電話回四草里辦公室（當時全村只有里辦公室有電話），請里長廣播告知家人幼治正在台南醫院開刀，我希望這時有人陪伴我。幼治在十點半左右進入開刀房，就像石沉大海一樣，十一點半過去了，開刀房裡靜悄悄的，十二點過去了，還是沒有任何消息。家人紛紛趕到醫院，我告訴他們之所以要開刀的原因，大家都焦急的望著開刀房內，依然訊息全無。

直到十二點半過後，開刀房內隱約傳出嬰兒啼哭聲，大家都在猜應該是了，應該就是我們家的孩子出生了。不久從開刀房裡走出一個婦人，對著我們家人連說恭喜，小寶貝是一個壯丁。這時親友間歡呼聲不斷，大家不斷向父親道賀，老父高興的合不攏嘴，直說有夠好。這時候的我心還是揪成一團，一直擔心幼治的安危，實在高興不起來。

下午一點左右，護理長從開刀房裡抱出新生兒，將他交到我的手裡，告訴我是小男生，體重達四千克，比一般新生兒大很多，哭聲十分宏亮，非常健康。我並未仔細看就將孩子交到阿公手裡，然後詢問護理長有關幼治開刀的狀況，護理長耐心的跟我說明，告訴我一切十分順利，要我放心，她現在正在恢復室觀察中，醒來時會通知我，讓我將她接回病房。護理長又將孩子抱回去，並要我先回病房休息，等候通知，於是我帶著父親與所有家人到病房，其他親友先後回去，只有小弟和父親留下來。折騰了半天我實在餓了，請小弟去幫我買午餐，我和父親守候在病房。

病房護理站的護士要我去恢復室，因為幼治已經有甦醒的跡象，護士說醫院希望產婦醒來時，先生能陪伴在旁，這是很貼心的安排，我立即跟著護士來到恢復室，看到幼治安詳的睡著，呼吸均勻，沒有任何痛苦表情，心先安了一半，我才拿椅子在她身旁坐下，就看她眼睛眨呀眨的，看到我在身邊，笑著問我：「生了嗎？」我點點頭，她又問：「男的還是女的？」我告訴她是男的，她滿意的笑了，臉上充滿著母愛的光輝。

護士過來量血壓、脈搏、體溫，認為一切都很好，於是我和護士推著病床送幼治回到普通病房。護士每小時來量血壓、脈搏、體溫一次，再遞減為每兩小時量一次，情況十分穩定，表示幼治正順利的復原中。護士表示未排氣以前不能進食，並教我用棉花棒沾水濕潤幼治的嘴唇，因為現在連水都不能喝。

大清早父親就叫小弟帶他提著鮮魚湯趕到醫院來，我笑著告訴父親幼治現在什麼都不能吃，連水都不能喝，要調理身體也要等出院之後才行，那一大鍋鮮魚湯就便宜了我，吃得點滴不剩。小弟帶著父親到嬰兒室去探望小朋友，小朋友才出生兩天，他阿公已經三句話不離這個金孫了。

一個囝子勝過三個大人

台語說：「一個囝子勝過三個大人」，意思是指家中如果

1. 世銘週歲時留影　2. 兩個叔叔只要能放下手邊的工作就搶著抱世銘　1|2

1｜2　1. 幼治抱著四個月大的世銘　2. 我和幼治有子萬事足

有一個小孩子在時，會比有三個大人同在時還熱鬧。自從家中增添了一個新成員，立刻成為全家人生活與話題的中心。加上世銘整天笑嘻嘻的十分可愛，不但家人爭相抱他，左鄰右舍的長輩們也都喜歡抱抱他，而他又來者不拒，也不怕生，更加討喜。

由於每個人抱起世銘就逗他玩，跟他說話，所以世銘語言發展甚早，週歲前已經發音相當清晰，沒有乳音，同時是國台語雙聲帶的發展，我和幼治對他說國語，我們去上班之後，阿公、阿嬤和叔叔對他說台語，他完全不會弄錯。他三叔和我都喜歡念故事書給他聽，而阿嬤則是抱著他看電視，大約一歲半左右，他已經成為阿嬤的「即席翻譯員」了，當時電視節目絕大多數都是國語發音，阿嬤聽不懂，就搖著懷抱裡的世銘問，而世銘真的會翻譯給阿嬤聽，相當有趣。

阿公每天只要工作一做完，就急著跑回家抱孫子，騎著腳踏車載著世銘到處去串門子，又是糖果又是餅乾的買給他吃，我們小時候是很難得有機會吃到餅乾或糖果的，阿公疼孫子的心，不言可喻。

幼治懷第二胎時，我們家發生了一連串的事情，首先是四月中阿嬤過世，接著六月中我胃出血住院治療，就在住院期間我申請保送升學，七月中接獲通知保送師大教育系，七月下旬產檢的時候邱秋田院長仍然建議剖腹產，他的考量是幼治的肚子太大，羊水太多，而第一胎又是剖腹產，所以這種情況下如果第二胎採取自然分娩，過程中容易造成血崩，對於產婦的威脅極大。我們接受邱院長的建議，仍然到台南醫院婦產科待產，開刀的日期就定在預產期那天——七月三十日。

這一次開刀不像第一次那樣急迫，早一天住院準備，因此不再感到慌張與無助，因為負責開刀的仍然是第一次開刀的李文雄醫師，他完全了解幼治的狀況，事前他又與邱院長深入討論，讓幼治相當放心，根據李醫師的評估，幼治的子宮十分健康，所以他不建議第二次開刀就進行結紮，讓身體維持在最自然的狀態，這樣對幼治的健康是最好的。

第二胎是長女世鈺，出生時體重三二五〇公克，是女嬰的標準體重。這一次的開刀出了一個很大的狀況，就是麻醉並沒有讓幼治完全昏迷，所以整個手術過程她完全清楚，痛苦無比，只是喊不出聲音而已，生的是女兒她在開刀過程就知道了。事後李醫師聽幼治這樣說也嚇一跳，直呼不可能，但幼治所描述的開刀過程又與實際情況相符，李醫師分析只有開刀前患者喝了酒，才可能出現這種狀況。可是幼治在開刀前一天並沒有喝酒啊！仔細回想開刀前一天的每一細節，終於找到元凶——下水湯，晚餐在醫院前的民族路夜市用餐，叫了一碗下水湯，湯裡加了一點米酒調味，李醫師認為這就是造成麻醉出狀況的原因。天啊，一個小細節差點造成無可彌補的傷害。

四個月大的女兒世鈺

抓住北上求學之前的有限時間，幫幼治坐月子，幫忙帶孩子，仔細盤算未來的家計，想到整個千斤重擔都將落在幼治肩上，心裡有千萬個不捨，可是幼治卻說沒關係，不會有事，要我只管放心去讀書，不必想那麼多。天啊！我怎麼能夠不想呢！

在艱困中奮進

家中經濟本就緊促，三弟國卿入伍服兵役，又增加了兩小口，現在我又辭職去讀書，經濟壓力相當窘迫，如何度過難關，實在讓我困擾不已。雖然家人都支持我上大學，但現實的生活不能不顧。所以心裡一直盤算如何半工半讀，不能像在職時賺的薪水那麼多，如果能夠多少貼補一些家用，也會減輕一些內心的歉疚啊！

九月底帶著簡單的行李到師大註冊，還好師大有提供學生宿舍，又有學生餐廳，一切生活非常方便。宿舍四周布告欄上貼滿了徵求家教的廣告，這些是我急需的資訊，拿著筆記本抄錄了一堆，逐一打電話洽詢，很快的就找到一家適合的家教工作，負責教國小四年級的學生，每週三天晚上，一個月有六百元，付給家教社三百元，另用二五〇元買一部中古腳踏車代步，一切順利，算是好的開始。

豆芽菜打敗了我

為了節省經費，事先與幼治談好的：一個月回家一次。但開學不到一個月我就急著想回家，我從未對自己如此失望過，因為大一英文這門課，第一課的課文我念不完，一頁課文裡生字超過一百個，查字典翻到手軟，查完單字對於整段文章內容卻又無法理解，上課時完全無法抬起頭來，自卑到了極點。心想：大學可完全不是「由你玩四年」，我連一個月都玩不下去了，死了這條心回家去「討海」吧！於是收拾行囊向班上同學道別。

回到家我據實向幼治說明，我真的沒能力念大學，不知道能不能申請復職，如果不行我就跟著父親工作，到三哥那裡打工賺取生活所需，在魚塭裡所有工作我都在行，不會餓肚子的。父親看到我沒回台北念書，問我到底怎麼一回事，我告訴他這是非常「見笑」的事情，因為我的能力不足，大學念不下去，只好回家了！一時之間整個家的氣氛很悶，沒有人想多說什麼，有苦難言啊！

一週過去了，我沒回到學校去上課，只是坐在家中長吁短嘆，心中無比惶恐，身陷生涯發展的最大危機，卻又不知道該如何是好。正在苦悶的當下，黃仁德帶一群師大同學來到家裡，當他們知道我想退學的真正原因在英語課，莊秀貞立即提出北一女四大金釵（莊秀貞、廖素香、儷如丘、王靜分）陪讀計畫，要我放心回學校，只要我想讀英文，她們四人中會有一人陪讀，我不再需要查字典，保證英語可以過關。

同學們的極力遊說，讓我開始猶豫，幼治順水推舟提醒我不要輕易放棄夢想，讓我鼓足了勇氣和同學們一起回台北。依賴別人來解決自己的難題，那不是我的行事風格，所以學習英文一事我另有打算。回到學校之後我立即跑去請教「學弟老師」李春芳（他是我南師的學弟，卻在教育系當助教，故我如此稱呼他），他告訴我可以在改選課程時，選修夜間英文課，不過大一英文四學分，改選夜間英語課要修六學分，且要分兩學期來修。我想要補強自己的英文，當然必須要加倍的時間才夠，所以欣然接受學弟老師的建議，讓我找到了解決問題的管道，也不用麻煩同學費心來協助。就這樣我回到師大教育系，繼續追逐我的夢想。

除了家教工作，學弟老師還特別提供了一份工讀的機會，推薦我到學校圖書館典藏組當工讀生，每週一、三、五三天晚上到圖書館，負責將還回來的書放回原來的書架上，這項工作有很多的空檔，這些時間我就拿來背英文字典，以及夜間英文課的課文，第一學期英文課學期成績六十三分低空掠過，第二學期英文大幅度進步，學期成績超過九十分。

余教授指點迷津

有一天下課經過系辦公室門口，看到一位老教授提著一只沉甸甸的皮包，我走上前向老師問好，並伸手接過他的皮包幫忙提著，跟在老師背後走，並自我介紹是教育系一年級的新生，老師看我年歲不小，好奇的問我怎麼還想到要念書？我報告老師因在小學教了十年書，卻存在著許多疑惑，因此想要來探索答案，卻不知該從哪些領域著手？就這樣師生沿著師大街一路走，一路聊著，不久即來到老師的宿舍，看到門牌才知他是余書麟教授。

老師讓我進屋子裡坐下，聽完我的一大堆疑惑，告訴我可以選修三方面的課程，即：史學、哲學以及心理學。他說，教育是教所有有關人的事，而歷史就是有關人的事的紀錄，所以不單要學教育史，舉凡古今中外的歷史都該學；從事教育工作，每天要思考的是教什麼給學習者比較好，以及用什麼方法來教比較好等問題，這些價值選擇的問題，必須依賴明智的思辨，所以必須要修哲學；至於學習者的身心特性如何得知，就必須依賴心理學的研究。所以和教育有關的事情中，這三個領域大概涵蓋了百分之七、八〇。

老師的分析我奉為圭臬，我四年的大學所修的課程，除了大學學則規定的必修課程之外，幾乎全依循老師所提示的這三個領域來選修，教育系沒開的我就到外系選修，師大沒開的課程我就到其他大學去旁聽，原本計劃好每個學期修二十五學分，四年要修滿二百學分（大學法規規定的最上限）。

前兩年都依計畫而行，所以已修完一百學分，誰知三年級被選為教育學會的理事長，又被選為全校學生代聯會的副主席、全校學生公糧代表的總召集人等，忙碌的學生事務壓縮了我選修課程的時間，迫於現實只好減修學分。不過四年畢業我還是修了一八六學分，同學們都說我這個老大瘋了，因為大學法規定只要一二八學分就可以畢業，加修二十學分就可以增加一個輔系，他們想不透我修那麼多學分幹麼！

我是董事長的家教老師

二年級時，我想多找一份家教的工作，於是找到家教社去，老闆上下打量了好一陣子，然後給了我一個電話號碼，告訴我對方急需一位家教老師，可是許多應徵的家教老師一經面談就知難而退，沒有人敢接，對方提供的待遇十分優厚，家教社的仲介費都是由對方支付，家教老師不用負擔，他鼓勵我打電話去試試看能不能被錄用。

這倒是很新奇的事情，我就是喜歡挑戰，對方只是要找一個家教老師而已，但家教社只給一個電話號碼，其他資訊全無，連要教的學生是國中生或小學生都不知道，何以如此神祕？於是回到宿舍立即撥出電話，我告知對方要應徵家教，對方十分親切的道謝，並告訴我面談的地址，以及搭幾路公車可以到達，約好時間，我立即搭公車前往接受面談。按地址找到一處宅院，抬頭一望，好大的房子啊！猶豫了一下才按下門鈴，通常這種大戶人家的孩子都是「媽寶」，不太會甩家教老師的，這種錢不好賺。

一位年約五十歲的男士來開門，請我進入客廳之後遞上一杯茶，我表明來應徵家教工作，他很客氣的說明徵求家教老師的是他，他告訴我他們兄弟都是黑手起家，從基層勞工到自己創業。小時候因家庭貧窮，沒讀多少書就去當學徒，就業之後也沒機會讀書，現在創業之後雖然小有成就，可是自己聘的員工或幹部，都是高工或大學畢業的，因此自己覺得在部屬的面前很難開口，尤其同業間的聚會，更難開口表達意見，所以才想到要聘請老師到家裡來教他們兄弟。

我被老闆的上進心所感動，所以很想接下這一份工作，於是我提出兩個方向來規劃課程，一是從歷史故事中找成功典範，像《歷代演義》、《史記》等典籍中，節錄短篇的故事作為上課討論的內容；其次是從時事中找話題，例如《工商時報》或《經濟日報》的專題報導，或產業趨勢分析等相關內容。我之所以如此規劃，是設想如果老闆講話偶而引經據典，是很有說服力的，而且對於產業的脈動能精準掌握，一定可以折服員工部屬，也可以輕易參與同業間討論的。

柯先生很滿意我所提出來的課程規劃，希望我下週就可以來上課，兩次上課分別安排在週三與週六晚上七點開始。於是我利用學校圖書館這個龐大的教材庫，週二以前找歷史故事，影印三份，週四以前找報章雜誌，舉凡專題報導、產業趨勢分析、全球經濟展望等，甚至於經濟部的各項統計分析資料，我都加以蒐集、整理、剪裁成為上課討論的議題。

上課時我希望營造比較輕鬆的氣氛，所以都會先對當天討論的內容概略的描述（等同引言），再進行討論，以古證今，或以今論古，創造話題，避免我一個人唱獨角戲。兩兄弟都是技師出身，話本就不多，要激發他們開金口，問題的設計就要特別用心，一定要他們所關心的，也一定要他們從不同層面去思考，「話門」才容易打開來，上課才會熱絡。

兩週過後，上課的氣氛愈來愈自在，就像三個老朋友見面一般，尤其是週六晚上討論的經濟議題，柯家兄弟的意見變多了，發言的次數與談話的長度都不斷增加，看到他們言談之間所散發出來自在與自信，我也暗自得意，表示我當初的規劃是正確的。一個月過去了，當總經理的弟弟表示要開車送我回師大宿舍，這是我第一次坐「金龜車」，開車前總經理雙手奉上一個信封，希望我不會嫌少。下車回到宿舍後我數了一下是兩千元，比我當老師的月薪還多呢！於是我辭掉小學生的家教工作，多留一點時間來自修英文。

有一次家教課上完之後，柯董事長邀請我和他們兄弟一起去參加他們同業間的聚會，時間正好在下一次上課的週六晚上，所以那一天就當作戶外教學吧！總經理弟弟在送我回宿舍的途中，說明了他們聚會是採餐會的形式，大家邊吃飯邊談產業內的一些議題，很輕鬆，不拘形式。下車前，總經理告訴我週六他會開車到宿舍來接我。

回到宿舍之後，我回憶起初次見面時董事長的談話，他很在意在同業間的聚會時，他們兄弟很難有機會開口，因此，這一次聚會應該想辦法讓他們兄弟露露臉，不但可以發表意見，甚至能提出討論的議題。於是我特地跑到政大圖書館，去借了兩份美國的經濟期刊，找來班上的北一女四大金釵，幫我摘錄有關金屬產業新技術、新產品的相關專題的重點，剛好那兩期連續刊出鋁合金的材料的最新研發成果，以及這些新材料的應用方向。我如獲至寶，趕緊連夜整理成好幾個重點，先一天送到柯府，董事長接到這些資訊十分高興，連連道謝。

這一次的聚會對於柯家兄弟來說，可是頭一次發表對於產業新技術的看法，語驚四座，整天晚上大家就繞著這些議題來討論呢！對於我這個老師，柯家兄弟更為信賴，直到我師大畢業前夕，兩兄弟還一直希望我留在他們的公司幫忙。他們的誠意令人感動，要不是因為公費生有服務的義務在，我還真心動呢，因為他們開出的條件，實在太吸引人了！

出乎意外，老三報到

大二開學前，幼治焦慮地告訴我：又有了！我擔心的是幼治的身體是不是承受得了，我們又找到邱秋田院長，請教他幼治再生第三胎會不會太危險。邱院長的評估讓我們稍稍安心，他認為只要小心一些，定期做產檢，就不會有事。儘管如此，我還是憂心忡忡，因為不像過去她懷孕時我都陪在身邊，現在我到台北讀書，雖然每個月可以回來陪她做產檢，可是前兩胎她害喜的情況都很嚴重，加上女兒才一周歲，很黏媽媽，我真擔心她會不勝負荷，怎麼辦？

擔心歸擔心，開學了還是必須回到學校，只有勤快的寫信，儘可能隨時了解幼治的身體狀況，知道一切安好，才能稍稍的釋懷。好像肚子裡的小傢伙也知道爸爸不在身邊似的，害喜的情況沒以前那麼嚴重，世銘由幼治帶到安南國中，再轉搭娃娃車上新興托兒所，世鈺跟在奶奶身邊，也十分乖巧。

預產期正好在春假期間，讓我可以陪產，幼治也放心不少。有了上一次的經驗，這一次在飲食上特別小心，不敢再沾上有酒精成分的東西，李醫師在開刀前一天特別先到病房來探視，不但要做醫療上的各項準備，也要事先做好心理上的準備，他特別要幼治放心，胎兒一切正常，也確定在這一次的剖腹產手術過程中，順便進行結紮手術。由於醫護人員的貼心照料，讓我們忐忑的心得到安撫，不再擔憂。

大學畢業前夕一家人到大埔渡假

老三是男孩，體重三五四〇公克，是台灣男嬰的平均體重，不過皮膚紅通通的，一頭長髮烏溜溜的，十分可愛。這次手術十分順利，幼治醒來之後一直問是男是女，當她知道是男孩的時候，臉上露出滿意的笑容，連說真好。顯示這次的麻醉成功，不像生世鈺時那麼恐怖。

二弟國卿的長子世俊在農曆一月分出生，正對著清明日；我又添得男孩，龍年家裡接連添丁，讓父親喜出望外，感謝天地神佛的庇佑，在世鈞滿月的時候，他帶著家人到天公廟與大道公廟祭拜，酬謝神恩。

創新議題，引領風騷

大二下學期是系學會改選的時間，傳統上大二甲班、乙班以及夜間部二年級都會各推出一位候選人，這一次的改選也一樣，三位候選人要分別到一至四年級各班發表政見，同時展開拉票。教二甲推出的候選人是張功豪同學，他在軍中官拜上尉，申請退役考上師大教育系；教二乙推出的候選人就是我，我在小學服務十年，申請保送師大教育系。依照過去的傳統，都是甲、乙兩班的候選人在競爭，夜間部同學只是陪榜，從未當選過。

張同學組織了龐大的助選團隊，印競選名片、畫競選海報、助講的同學輪番上陣，競選政見洋洋灑灑，聲勢十分浩大；班上同學心急如焚，他們要組助選團幫我拉票，我不要，他們幫我構思許多競選政見，我不用，他們要幫忙製作競選海報，我搖頭，我只要一位同學陪我到各班去，負責幫忙介紹我的簡歷，然後我的政見只有兩個字「服務」，我說競選學會理事長是要為全系同學服務的，如果我過去的經歷足堪為同學們服務，那就請把票投給我，否則就把票投給張同學。

投票結果一揭曉，跌破所有同學的眼鏡，也打破歷年來所有的選舉紀錄，因為我囊括了超過百分之七十五的選票，完全顛覆過去甲乙兩班候選人五五波的均勢，差距之大堪稱空前。這一結果在同學間引起廣泛的討論，尤其高年級的學長更覺得不可思議，各種原因都有人揣測。班上同學高興之餘也問我原因，我想這是老子說的「以其不爭，故天下莫能與之爭」吧！

系主任黃昆輝教授接見教育學會新的團隊，並對於新團隊提出深深期許：形塑教育系優質學風。希望教育學會從多方面來努力，一是建立教育系特有的識別系統，例如設計教育系獨有的筆記簿；其次是聘請各領域頂尖學者到校演講，提升同學參與學術活動的熱忱；再者擬訂系刊《今日教育》每一期出版主題，邀請校內外學者投稿，開闢新的版面，鼓勵系上同學積極投稿。

學校員生消費合作社賣的筆記簿，與其說很傳統、很純樸，還不如說很土，同學們購買使用的情況並不普遍。我上街買來五、六本質感不錯、各有特色的筆記簿，招集學會所有幹部開會，討論如何設計教育系獨有的筆記簿。二乙戴清江同學推薦他們班上的一位香港僑生徐生明，美工設計功夫十分了得，或許聽他的意見比我們的討論更高明。

找來徐生明果然很有設計概念，於是我將買來的筆記本拿給他參考，並給他幾個方向，然後請他負責設計新的筆記簿：一要實用，二要質感，三要平價，四要鮮明的封面凸顯教育系的特色或教育這個意念。不到一週，生明交給我三個版本，於是我又招集學會幹部開會，聽取生明的說明，生明的才華讓人驚艷，三個版本都令人愛不釋手，都想買來用，最後我們選定兩個版本，送請系主任決定。黃主任很高興的選定了一個版本，我帶著生明與總務股長戴清江拿去找廠商詢價，並與廠商簽訂長期供應合約，將價格壓到只比學校傳統的筆記簿貴五元，並在員生消費合作社寄賣，想不到這一本教育系專用的筆記簿，不到一年間竟然完全取代了學校原有的筆記簿，而為全校學生共同使用。

學會學術股內分為四組，包括：哲學組、心理學組、史學組以及行政組。這四組的主要工作就是籌劃學術活動，包括舉辦學術演講、學術研討以及學術研究等。每一組每學期至少舉辦學術演講會一次，學術研討會一次，徵求學術論文三篇。我提醒各組召集人，大學生對於參加學術活動相當冷淡，所以必須針對社會焦點議題，推出頂尖的學者擔綱演講，同時強化行銷宣傳，才能激起大家參與學術活動的熱情。

四組分別提出上下學期的學術活動計畫，我加以整合之後，再呈給系主任過目，黃主任慰勉有加，認為學會團隊的計畫能力與行動力都很強，不過對於各組所提的議題與主講者頗多修正，並且指示我如果所有預定聘請的主講者在聯繫上有困難，一定要讓他知道，由他出面邀請。我邀請專家學者的方式是由我用毛筆書寫邀請函，交給各小組召集人登門拜訪當面邀請。信中表達對受邀者的仰慕，以及學生團體經費拮据，只能奉上微薄的車馬費，結果未曾被受邀者拒絕過。

行銷策略也是舉辦學術活動成功不可或缺的一環，在活動日前一個月，就推出第一波文宣，然後隔一週海報的量加一倍，到活動日前一週，在學校的各個角落都可看到活動的訊息。就這樣，教育學會所辦的演講或學術研討會，幾乎場場爆滿，座無虛席，我們借用的演講場地也不斷的加大，有時連中間走道都站滿人呢！

記得有一天我們邀請到台大外文系主任顏元叔教授來演講，講題是「文學、教育與人生」，前來聽講的師大師生擠爆了演講廳，不意第二天《中國時報》專欄登出顏元叔教授的一篇文章，題目是：「師大人是文盲」。聽說在行政會議時，張宗良校長暴跳如雷，要求訓導長瞿立鶴教授徹查是誰邀請顏教授來演講的，課外活動組張孝裕主任傳我到訓導處問話，我說如果顏教授演講的內容不妥，找我算帳還有一點道理，可是他在報紙專欄所寫的文章，是他演講完要搭車離去時所看到的狀況，文章內容指陳的是事實，師大學生在和平東路上橫衝直闖，無視於「行人請走地下道」的指示牌斗大文字的提醒，行為與文盲無異，我們應該慚愧的反省才是啊！與誰聘請他到學校演講又有何關係？

系主任也很關心訓導處的處理方式，特別垂詢於我，他要我放心，表示他絕不會簽署任何有關這一事件的懲處案。師長的關懷與支持，讓我在推展學會各項計畫時充滿動能。

學會出版的雜誌《今日教育》，在林玉体教授的指導之下，版面的安排設計與刊載的文章也令人耳目一新，封面一律採用西方哲學家的肖像，由林老師提供版本，再由我用炭筆素描，相當有特色。而內容方面由學會提出各期主題規劃，由林教授修正定案，四個小組負責邀稿若干篇，所以每一期的內容都十分豐富，甚至有若干縣市教育局以及學校要求訂閱呢！

不過相當誇張的是有一期《今日教育》出刊前，接到課外活動組的審稿通知，要求林玉体老師所寫的〈藤條萬歲嗎？〉文章內容應做局部修正，我把審稿通知拿給林老師看，林老師嗤之以鼻，認為訓導處憑什麼要修改他的文章？不過林老師擔心我被訓導處刁難，表示如果我擔心受懲處，可以不登他的文章，他不會責怪於我，但是不可能修改文章。

我覺得訓導處的要求毫無道理，既不是文章不通，也沒有涉及意識形態的問題，純粹在討論台灣學校現場存在的問題，所以我就不管訓導處的意見，全文照登。學術股長鄒典章同學有些擔心，我請他只管放心，這是我決定的，有任何問題責任都由我來擔。果然出版之後掀起了甚大的風暴，只是這一次風暴系主任黃昆輝直接承擔下來，在行政會議上力抗訓導處的批判，學校沒有追究到我們學生身上來。

我之所以知道學校行政體系發生的茶壺內風暴，是導師方炎明教授告知的，在事發之後，方老師找我到他家吃飯，一方面嘉勉我的表現，認為我擔任學會理事長帶給教育系極大的活力，不但系內老師肯定，其他院系的老師也公開表示對於教育系學會的讚許，老師要我繼續加油，他表示系裡的老師們會力挺學會的各項活動，即使像《今日教育》刊載的文章受到嚴厲的批判，但從院長以下，系內擔任學校行政職務的老師都極力捍衛學術自由，也極力保護學生免於不當懲處。聽到方老師這樣說，我才知道風波不小呢！

賣米折服大糧商

師大獨有的一個學生組織，就是「學生公糧代表」，產生的方式是由「學生代表聯合會」（由各系學會理事長組成）投票，選出五位理事長為公糧代表，我又被其他四位理事長推為召集人。學生公糧代表主要的任務，就是替全校同學賣公糧。每位公費生每個月政府配發給二十七公斤米，政府不折算現金發給學生，因為米的價格是浮動的，一會兒上漲，一會兒下跌，所以就配發米給學生，任由學生領米回去煮，或者把米拿去賣。若干年來總務處庶務組為了方便作業，經由學生代聯會決議，推選公糧代表替全校學生賣米，然後把賣得的錢發給學生。

一個學生一個月二十七公斤，全校八千多名學生，合計一個月要賣的米超過二十萬公斤，這二百多噸的米怎麼賣？又要賣給誰？庶務組主任告訴我，必須透過公開招標來出售。流程是先由庶務組公告標售的米的總量，由各大糧商來參與投標，底價要由公糧代表的召集人來訂定並密封，開標會議由召集人主持，開標結果由高於底價的糧商得標，若無糧商出價高於底標，則由出價最高的糧商擁有議價的權利，如果議價三次還低於底價，則宣告流標，必須另行公告重新招標。要如何訂定底價，就必須要公糧代表事先進行訪價，才能定出一個合理的底價。

所有公糧代表聽完庶務主任的說明，都覺得一個頭兩個大，光是要去訪價就不知道要從何訪起，哪一個糧商一個月可以賣完兩百噸的米，這些大糧商到底在哪裡？訪價必須針對大宗交易時的價格進行訪查，而不是零售價格，第一次做這件事，簡直像無頭蒼蠅一樣，亂找一通，毫無結果。拿電話簿查了又查，一聽到每個月兩百噸，被詢價的糧商都直接說沒辦法開價，只好請教他們的進價，可是卻只有一位老闆告訴我他的進價，其餘都說無可奉告。我召集公糧小組請教大家詢價的結果，除了我有訪價結果，其餘代表沒有人問出米價，所以我只好根據我的訪價加上我認為的合理利潤，訂定底價，封入底價信封中。

開標時有三家糧商參與投標，公糧代表全員到齊，庶務主任列席指導，我第一次主持開標會議，完全不知道會議程序，庶務主任提供了必要的協助，先進行投標廠商資格審查，都確認資格符合，再依標單送達先後順序逐一開啟標單，庶務組相關人員協助審查標單內容，確定都依規定填寫，再交給我宣讀該廠商的投標金額，由記錄人員將金額寫在黑板上，如此三家廠商的標單開啟完畢，再由我開啟底價信封，沒有任何廠商投標金額高出底價，所以接下來進行議價，由投標金額最高的廠商填寫第一次議價單，再由我宣布是否得標，結果議價三次，投標金額都低於底價，只得宣告流標。

庶務主任非常關切流標結果，希望我再仔細訪價，並訂定合理的底價，如果再次流標的話，影響全校同學權益太大，他擔不起這個責任。其實我心裡比他更著急，於是再翻閱電話簿找糧商打電話，情形跟上次差不多，於是我請教這些糧商，大盤糧商究竟在哪裡，有一位老闆好心的告訴我，可以到台北松山車站鐵路局的倉儲區去找找看。

好不容易找到松山車站的倉儲區，只見一望無際的大型倉庫一座接連一座，卻都大門緊閉，看不到半個人影，正在納悶不知道要去哪裡找人的時候，出現了一位騎著腳踏車在巡邏的警察，他大概看到我在這裡東張西望的，覺得很可疑，所以過來盤查，要我出示證件，問我在這裡逗留想要做什麼。我拿出學生證給他看，告訴他我來這裡想要尋找大盤米商，因為我是師大學生公糧的代表，每個月要賣兩百多噸米，不知道要賣給誰。

他聽我這一說，態度立刻一百八十度的大轉變，下車把腳踏車停住，然後從口袋裡掏出一張名片，還很慎重的在名片上再簽名，熱心的要我拿著他的名片，回頭到第一間庫房那裡有一間小小的辦公室，裡面的人或許可以幫我。說完揮揮手又繼續騎著腳踏車去巡邏，我向他道謝，然後往回走，心中充滿疑惑，不過在求助無門的情況下，只能走一步算一步了。

我按照張巡官的指引來到一間小小間的辦公室，門半開著，裡頭有一位先生坐在椅子上吹著電風扇，低著頭在看文件。我輕輕地敲門，他回頭看著我，我急忙說是張巡官要我過來的，他一聽說張巡官介紹來的，立即起身來招呼，並倒了一杯汽水來招待我，我表明找不到糧商賣米的困境，特別是米價無從訪查起，訂出來的底價太高而導致流標。他表示無法幫我介紹糧商，不過倒可以提供米價的資訊，說著遞過一張名片給我，告訴我需要詢問米價時就可以打電話給他，我說下週就要再一次開標，他立即給我分析未來兩週米的盤價，趨勢是逐週上漲，所以合理的價格是每公斤在某一區間。

真是踏破鐵鞋無覓處，得來全不費工夫。終於訪到米的大盤價了，很高興的告訴各公糧代表，也擬妥重新招標的底價。投標廠商還是上次那三家，開標結果還是沒有一家高於底價的，這次三家廠商都表示放棄議價，他們來硬的，米標售不出去，壓力在賣方，他們表示無所謂的態勢，連庶務主任都十分著急，甚至於要我壓低底價，以他們開出的價格決標。我不為所動，並亮出我的底價，我告訴三家糧商，這個月就按照我訂的底價決標，我告訴他們依我所掌握的資訊，未來兩週米價會逐週上漲，所以絕對可以有不錯的利潤，如果我說錯了，下個月補你們差價，很神奇，三家糧商居然都同意按我訂的底價決標，庶務主任一看決標了，也覺得不可思議，不過卻很高興沒再流標。

我在每個月開標前一週打電話詢價，都會獲得準確的大盤報價，以及獲得未來兩週的漲跌訊息，每次神準無比，而且我獲得的訊息，連來投標的這三家大糧商好像都一無所知，所以經過三個月以後，每一次都是按我訂的底價決標，他們也都會請教我未來兩週米價的走勢，很顯然的我提供的資訊讓他們賺了不少錢，因此我升四年級之後，他們還是會到宿舍找我分析米價走勢，我也好人做到底提供訊息給他們，不過詢價的管道我沒洩漏過，我在畢業之前特別再前往那間小小辦公室致謝，也直到那時候我才知道那裡竟然是全國米糧報價中心。

教育實踐研究的奇特體驗

三年級下學期快結束的時候，李春芳老師通知我，系裡推薦我參加教育部的教育實踐研究會，這是教育部每年都會辦理的活動，請各大學推薦大三的領袖學生，利用暑假期間，由教育部派到各級政府的教育行政部門，實際去參與並體驗教育行政工作，同時在體驗過程中還要找一個與工作有關的主題進行研究，完成一份研究報告交給教育部。

原本教育部將我留在部裡工作，我要求派到台南市教育局工作，長官同意了我的請求，於是順利回到台南市教育局進行教育實踐研究。我到教育局報到的時候，由主任督學陳天河先生負責安排我的工作，陳主督帶我拜會局長江濱先生，江局長勉勵我認真學習，希望畢業後回到台南市來服務。接著帶我拜會教育局各辦公室，把我介紹給所有教育局成員，要各課室有任何活動都可讓我參加。

就這樣我自由行走於教育局各單位間，我發現學管課是局裡業務最為繁重的單位，因此也是我支援最多的單位。在暑假中學管課最吃重的是教師調動與師範畢業生分發這兩項，教師調動要比積分，然後依志願調整任教學校。學管課長要求我依照〈教師調校服務作業要點〉所規定的辦法，展開作業，先審查各申請者的積分有無錯誤，再依志願排定可調入學校，完成初稿之後交由他審查，當一切無誤之後就會發布調校服務名單。

這是很客觀公正的做法，事實上卻不然，因為當年是選舉年，張麗堂市長要競選連任，所以秘書室交下一份名單，指定要先將名單安插完畢，其餘再按積分高低排序，依序填其志願，這一來天下大亂，因為各學校空缺早已公布，現在憑空消失若干名額，那是不可能的，所以除非這些安插名單者的積分排序在前，否則勢必引發不滿與反彈，但學管課長又不敢擅自更改積分，我只好將安插名單與之後的排序工作推掉，請課長另外找人來做。

因為我是教育部派來的，教育局上上下下都對我很客氣，我不願接的工作他們不會勉強我接下，所以課長就將後續的工作交給原承辦者去做，結果果真引起極大的反彈，張市長連任失敗，這件事恐怕也是原因之一。

督學室負責召開校長會議，國中小校長會議通常是分開舉行的，由局長或主任督學主持，所以每次主督都會邀我列席，並將我介紹給校長們。有時也召開國中小校長聯席會議，這時市長一定會出席，作出政策指示或交付任務。特別在選舉年，市長對所有校長是非常客氣的，因為理論上校長都是市長選舉時的「大樁腳」，由各駐區督學負責督導，是非常綿密的輔選網絡呢。

奇怪的是到了八月分，選戰已經如火如荼的開打，但是校長會議開會時，局長、主督以及所有督學和課長，都只來短短的幾分鐘，就又紛紛離場，荒唐的是竟然接下來的校長會議，就交給我這個大學生來主持，實在太離譜了，校長們也都傻眼，還好國中校長中，後甲國中郭若愚校長是我初中時的老師，也是國中校長的龍頭，我搬他當救兵，所以國中校長會議都能順利進行；同樣國小校長會議在局裡長官離席後，我就請進學國小的郭文生校長當救兵，在他熱情的協助下也讓國小校長會議順利進行，都沒因局長等離席而開天窗。

因校長會議的緣故，郭若愚校長特別叮嚀我，如果明年大學畢業能分發回台南市，一定要給他一通電話，他會想辦法爭取我到後甲國中任教。而我畢業後第一志願當然填的是台南市，而我順利以第一志願分發回台南市，則是師大教研所的學長林金悔以限時專送的信提前告訴我的，因為他（高考及格）碩士畢業後分發到教育廳服務，參與了分發作業，所以在確定我可以依第一志願分發時，未等到教育廳正式公告，就提早透露給我這項好消息。而當我到後甲國中面告郭校長我可以回台南市時，校長立即招來人事室主任，請他出具一張草聘給我，等接到教育廳的分發公文之後，再行開具正式的聘書。雖然最後我沒有到後甲國中服務，但郭校長的信守承諾，讓我感念一輩子。

教育實踐研究報告，我選定的主題是「台南市特殊教育發展歷史初探」，因為國教課調用的張老師，希望我為台南市的教育史留下見證，他在局裡承辦特殊教育業務，覺得台南市不愧是文化古都，特殊

教育部66年教育實踐研究會成果發表會後留影（部長為李元簇先生，後來當選副總統）

教育發展甚早，當時又在籌備成立「台南市啟智學校」，這也是全台灣的創舉。我被他說動了，於是從張老師管理的古老檔案中，將有關特殊教育這一塊挖了出來，辛苦的從布滿灰塵的檔案堆裡整理出頭緒，加上有號稱「台南市教育史的活字典」的郭文生校長隨時可以指點，所以短短兩個月，我就完成了近十萬字的研究報告，江濱局長十分重視，特別影印一份留存教育局，而這份報告也獲得教育部頒給「優等研究獎」呢！

南師校友師大發光

南師畢業生或參加聯考、或申請保送，進入師範大學各學系進修的人數相當多，而且也都在各學系中有亮眼的表現，甚至於在師大各學系擔任教授的南師校友也不少。因人數眾多，所以也組成「師大南師校友會」，大三時我被推選擔任會長，在辦理各項校友聯誼活動時，除了邀請師長校友參與之外，我也會寫信給母校校長，報告相關的校友活動，而當時台南師專的耿相曾校長接信之後都會回應，甚至要實習輔導室主任黃費光教授支援經費，贏得所有校友豎起大拇指高聲喊讚！

曾列席校友會活動的師長，包括心理學系系主任的陳榮華教授、國文系的田博元教授、地理系的石再添教授、教育系的歐陽教教授、林玉体教授以及謝文全教授等，都是各學術領域的佼佼者，給我們這些後學樹立了典範。

南師同學高重煇念公訓系，陳文明念生物系，都是我師大的學長，也都在南師校友會的聯誼活動中碰面，才知道同學也來進修了。忠班的賴高永則是我師大的學弟，慢我一年進師大音樂系就讀；師專的學弟郭聰貴則已經進入教育研究所念碩士。南師先後期的校友聚集師大，重建另一層校友關係，師大南師校友會扮演了很重要的搭橋工作。

在我畢業前夕，師大南師校友會的學弟們舉辦歡送晚會，席間除了校友教授蒞臨之外，還來了兩位師長，一位是南師前校長、教育部政務次長朱匯森先生，另一位則是現任的台南師專校長耿相曾先生。兩位前後任校長同時蒞臨，讓在場南師校友超感動的，尤其是朱前校長除了勉勵應屆畢業的校友之外，還請現任的耿校長有機會一定要提拔校友，聘請校友回母校服務。這一份隨時關懷子弟的心意，溫暖了所有校友的心。

因朱校長的這一番話，改變了我畢業後的職場生涯，影響之大不言可喻。原本我以第一志願分發回台南市，後甲國中郭若愚校長不但聘我到後甲，而且還兼行政職務輔導主任。但當我回台南師專感謝校長，在我擔任師大南師校友會長期間的指導與協助時，耿校長當面聘我回南師專擔任助教。我向耿校長表明我已經接下後甲國中的聘書，他立即撥電話給郭若愚校長，請他割愛，因為他要聘我回南師任教，郭校長同意收回我的聘書，耿校長立即把電話轉給我接，郭校長鼓勵我到南師接受挑戰，我的職缺他會另外聘人，就這一通電話改變了一切。我想這是耿校長回應朱前校長的呼籲所做的決定吧。受到朱校長的感召，所以後來只要在可能的範圍內，我對於學弟妹或學生的拔擢提攜也是不遺餘力。

畢業典禮完美句點

大四上學期主要的活動是畢旅，所以大家選黃仁德當班長，因為他辦活動一把罩，自己開車台灣走透透，所以由他為大家籌劃畢旅活動，一定可以獲得最高的滿意度。果然計畫提出之後，賈銳和方炎明兩位實習課的教授都沒有任何修改意見，環島一周，兩位教授各帶一半行程。

民國六十七年六月，終於完成了人生初步的夢想——大學畢業了。師大借用國父紀念館舉辦盛大而隆重的畢業典禮，幼治陪同父親帶著女兒世鈺和小兒子世鈞到台北來觀禮，父親認為這是榮宗耀祖

1. 在花蓮青年活動中心巧遇教育部李元簇部長　2. 途中巧遇和甲班女同學合影　1|2

的大事，即使借錢籌措旅費也在所不惜，讓我既感動又感傷，我暗自許下心願，畢業後當竭盡所能幫助吾家脫離貧窮！

在畢業前夕，同學們紛紛找老師合影留念，我也不能免俗，因此也留下不少與老師合影的畫面。大三時我選修日文作為第二外語，林碧湘教授長期旅居在日本，教育系聘請林教授為同學們開日文課，這是一年六學分的課，林教授從頭到尾用日語上課，還要求同學們用日文寫日記，所以上學期選修的同學很多，但下學期還繼續選修的就剩沒幾個了，我極力拜託汪秋一等幾位同學一起選修，才讓這門課可以繼續開成。

1. 同學總是禮讓老大當排頭　2. 畢旅時攝於曾文水庫大壩上　1|2

3. 林永的父親也到場觀禮與我家人合影　4. 一家人陪父親遊榮星花園　3|4

5. 和日文教授林碧湘老師合影　6. 同學們與系上單文經、林朝鳳老師合影　5|6

二

我的教育工作之路

01 我用「類惡補」助山中孩子逐夢（53.8.1-57.11.2）

上任報到路迢遙

南師畢業後在等待分發的時刻，許多同學都不斷的在打聽消息，緊張之情溢於言表。我是比較不在意的，總認為男兒志在四方，天下何處去不得？所以利用畢業之後與就職報到之前的空檔，不是到外海踩踏文蛤，就是捕撈虱目魚苗，多少可以貼補家用，減輕父母親的負擔。

漫長的等待終於有了結果，接到台灣省政府教育廳的分發派令，我被分發到嘉義縣（我的第五志願），報到當天，依規定時間搭車前往縣政府，人才走到縣政府大樓前的圓環，就有人迎面招呼：「是要到教育局報到的新老師嗎？我帶你去教育局！」嘉義縣政府真的設想周到，還派專人在府前引導，我心霎時有了滿滿的感動，立即點頭道謝。

那位先生熱心的提點：「嘉義縣多山，又靠海邊，所以有很多偏僻的小學校，如果不想被分發深山或海邊，只要花六千塊就可以獲得保證，如果想分發在市郊的學校，就得花一萬塊了！怎麼樣？」我的老天爺啊！這是多大的誤會啊！原來是「牽猴仔」（掮客），我把他當成活菩薩了。於是頓時臉一沉，沒好氣的說：「我以為嘉義縣政府有這麼貼心，原來是這麼黑心，公開索賄啊！要錢，門都沒有！」惱羞成怒的他一直跟到教育局辦公室門口，然後大聲嘶吼：「這個傢伙把他派到阿里山上去！」

年輕氣盛的我哪吃這一套，正轉身要跟他大吵一架，教育局內走出一位先生把我叫住，說：「別理他，他說他的。你的派令呢？我是承辦分發業務的，請你把省政府教育廳的分發派令拿給我。」他引導我到學管課旁的一張長條桌，示意要我坐下來，我雙手奉上派令，然後拉了一張椅子坐了下來，這位先生收了我的派令之後，很客氣的在長條桌上攤開一大張嘉義縣的地圖，告訴我標有紅色記號的鄉鎮，都是轄區內的學校有空缺的，可以依序選填志願，然後等候縣政府的分發通知，最晚在八月上旬就會寄出。我把所有志願都填滿，輕鬆的走出教育局，早就忘了自己都填了哪些志願了，反正男兒志在四方，又有何處去不得呢！

分發結果跟那位掮客說的差不多，雖然沒有把我分發到阿里山上，卻也是阿里山腳下的一個深山偏鄉「大埔鄉」的大埔國小。拿到縣政府的派令，我完全不知道大埔國小在哪裡，於是又跑了一趟縣政府，到教育局問個明白。令人傻眼的是，教育局的官員竟然沒人知道大埔國小要如何前往，甚至駐區督學也沒到過大埔國小，正在全教育局上下大家面面相覷的當下，恰巧有一位中埔國小的主任來教育局洽公，學管課長問他知不知道大埔國小怎麼走，他說知道，他曾經去過，當他知道我被派到大埔國小的時候，無限同情的望著我說：「一一八大地震之後，因為山崩，所以山路全斷了，最近聽說山路剛搶通，可是非常難走，除非必要，現在是沒有人想進去後大埔的。」

我告訴他只要知道怎麼走，路況再差也沒關係，因為我有登山經驗，爬山設備也還齊全。他說從嘉義縣的公車站，搭乘開往中埔沄水線的客運，到沄水站下車，找一間旅社住下，請旅社人員幫忙僱用挑工挑行李，第二天清晨再跟著挑工上山，比較不會迷路；前往後大埔，大概要走五六個小時才到得了學校。我連連道謝，詳細記下他的每一句話，雖然口頭上還嘴硬說沒關係，其實心裡頭早就涼了半截。

我到南師實習輔導處查了一下分發名單，發現並不孤單，一起分發到大埔國小的共有五個人，有同班的黃昆村，忠班的蕭振龍，還有二專的卓崑源和蔡信雄等，心裡踏實多了，於是跑到昆村家，討論相約到學校報到的事情。黃伯父拉著我的手，懇切的希望我多多照應昆村；我請黃伯父放心，我們是同學，出門在外一定會相互照顧。基於路況超差的緣故，我們決定提前一天到校報到，行李儘量少帶，要穿運動鞋及較厚的運動襪，並且攜帶登山手杖。

不像要到學校上任，倒像是逃難似的，大皮箱之外還捲著一綑鋪蓋，擠上客運車時，其他旅客紛紛投以異樣的眼光，不解我和昆村是幹什麼的。我想這也不需要解釋，就任憑他們怎麼想吧。車到終點站沄水，車站附近就有好幾家旅社，我和昆村找最近的一家旅社投宿，櫃檯服務小姐很親切的招呼，在安頓好房間之後，她認為像我們這種「文身」的老師，「空身人」爬山已大不容易，要揹負這麼多行李爬山，恐怕花兩天也到不了，所以就推薦兩位挑工給我們，談好工資是一台斤一元，說這是公定價格，工錢等到了學校，驗收完行李沒有短少之後再付。

解決了行李的問題，接著要解決的就是民生問題，櫃檯服務小姐推薦附近的一家「飯桌仔」，我和昆村逛了一下街頭，順道就來到了這家「飯桌仔」，用餐中巧遇了嘉師畢業的賴水生老師和他的父親，原來賴先生準備陪賴老師去報到，我建議賴先生別去，因為路程這般遙遠，聽說山路又難行，既然我們即將成為同事，就讓我們結伴而行，所以賴先生就不必辛苦走這一趟了。

翌日清晨四點多，旅社服務生就來叫門，請我們趕緊整理行李，交給挑工捆綁，以便於挑運。旅社也為我們準備了熱騰騰的豆漿、饅頭和包子，填飽肚子之後，挑工就不停的催促上路，並一再叮嚀必須緊跟著他們，否則恐怕會迷路，到時候就慘了。我總認為他們言過其實，我們「空身人」會跟不上挑著一百多斤重擔的挑工？心裡著實不相信。

爬了一個多小時的山路，一路上坡，我們三人勉強跟在挑工身後，早已氣喘吁吁了，這時，為我挑行李的陳先生轉身提醒我們：「前面就要到『崩坪』了，你們一定要非常小心，因為清理出來的路非常狹窄，還不斷有落石滾下來，所以最好要看清楚每一步腳要踩踏的地方，如果會害怕，那就千萬別往下面看，眼睛盯著手要扶的山壁以及腳要踏的山路就好，面向山壁一步一步慢慢走。你們路不熟慢慢來，彼此不要離太遠，可以相互照顧。」

陳先生並沒有危言聳聽，地震將「凍仔腳山」震裂成兩半，「崩坪」山壁幾成垂直，就在陡峭的山壁間清出一條寬不到一尺的蜿蜒小路，大小石頭還不停滾落，往下看，雲霧繚繞，不知山谷有多深；往上看，崩裂的山頭直插天際，我的老天爺，這要怎麼過？

我緊跟陳先生，看清楚他每一步踩踏的地方，亦步亦趨的往前走，老賴居中昆村殿後，約莫走了五十公尺，我就聽到昆村一直喊：「吳仔，稍等一下！」我手扶山壁回頭一看，慘了！老賴已經嚇到臉色蒼白，手扶山壁，再也走不動了！怎麼辦？我只好走回頭，來到他們身邊，然後解下皮帶，請老賴一手拉著我的皮帶，一手扶著山壁；再請昆村也解下皮帶，一頭繫在老賴的腰帶上，一頭由昆村握著，就這樣三人串在一起，在老賴深呼吸平復緊張情緒之後，繼續往前走，就這樣步步驚魂的走完兩百多公尺寬的崩山絕壁，估計花了超過半小時的時間，等我們過了崩坪，所有挑工已經走得無影無蹤了。祈禱山路只有一條，否則麻煩就大了！

我有過不少的登山經驗，如果處身在陌生的山林中，抬頭不見天日，無從辨別方向的時候，遇到岔路就要挑路面比較「金」的路走，如果大埔鄉只有這一條路可以進出，挑工也走這條路討生活，這麼多人踩踏過，路中央必定寸草不生，所以我安慰他們兩位，跟著我走準沒錯。忽而上坡，忽而下坡，走得汗流浹背，口乾舌燥，再加上擔心走錯路，三個人間的交談

兩年後的崩坪路變寬了，
卻依然不時有大小石頭滾落

越來越少，氣氛越發沉悶。

眼看九點過去了，還在深山裡頭彎來繞去，就像永無盡頭似的，沒遇見半個人影，連我這個帶頭的都不禁有一點心慌。快到九點半的時候，終於隱約聽到人的聲音，我們停下腳步，豎起耳朵傾聽，確定是人的交談聲音，不禁相視而笑，心中的一塊大石頭可以放下了。有五個人邊說邊笑，一派輕鬆的迎面而來，我們先揮手打招呼，他們也停下腳步相問候，知道我們是要到學校報到的新老師，都非常熱心的告訴我們接下來的路要怎麼走，再一個小時左右就可以到牛舌埔，那邊有很多住家，孩子都是大埔國小的學生，過牛舌埔不久就可以到大埔了。

接著在山路上就不斷的遇到要下山外出的人，不再擔心會迷路了，又知道快到村落了，三個人開始有說有笑，心情頓時輕鬆了起來。走到牛舌埔已經快十一點了，山村裡的人看到陌生人會熱情的打招呼，聽到是新老師更是殷勤的招待茶水，正好這時村子有人要到大埔街，還主動要為我們帶路，真是老天爺垂憐，最後一段路還特別順利呢！

所謂入鄉問俗，邊走邊聊，先向好心的邱先生詢問學校的概況，他告訴我們大埔鄉就只有一條街道，這一次一一八地震把路都震壞了，到現在還沒完全修好，學校的教室全震倒了，圍牆也全震垮了，只剩下最上面的一排教室沒倒，真是災情慘重，到現在還經常有大大小小的地震呢！

說牛舌埔離大埔很近，哪有這回事，走過一座吊橋，還得爬一個很長很陡的坡道，僅剩的一點氣力至此幾乎全數放盡，結果是這才剛到鄉公所的所在地「茄苳腳」，離大埔街還有一大段路好走呢。最後走到校門口，時間已經過了十二點，算一算這一趟山路總共花了近七小時，天底下竟有如此這般遙遠的學校，實在也太誇張了！

一鄉竟只有一校

報到時教導主任葉遇春先生很親切的招呼，並詳細介紹學校的概況，說大埔國小是大埔鄉唯一的學校，因為大埔鄉面積非常大，不過轄區內全部都是山，所以人口不多，除了本校之外，還有三個分校以及一個分班，他表示誰會留在本校服務，誰會到分校分班去，一切都要等校長回到學校之後才能決定。

離本校最近的石公分校，大約是一個半小時的路程；其次康朗分校約須走兩個半小時；至於最遠的坪林分校，位處嘉、高、南三縣的交界處，路程約需四小時；而南寮分班則在嘉義與台南兩縣邊界，是一一八大地震的震央所在，原本就必須走四小時左右，直到現在南寮的聯外道路都還未修復，居民全都受困深山中，必須等到鄉公所通知道路修復後，才會派老師前往。

校本部每個學年有三班，學生數近八百人，是山區學校中規模最大的學校之一。雖然位處深山，不過學生全都是平地籍，很少有山地同胞。學生家大都靠山為生，主要收入是採麻竹筍製作筍干。這裡有簡易自來水以及簡易供電系統，不過鄉公所自設的發電機因地震損毀，且因道路崩壞嚴重，大卡車一直進不來，所以發電機也無從更換，入夜一片漆黑，家家戶戶都以蠟燭或煤油燈來照明。

學校臨時搭建三間教職員宿舍，一間作為校長的宿舍，兩間作為單身教師宿舍。每間單身宿舍都有一張大通鋪，可以供五、六位老師同住，所以大致上可以安頓十至十二位單身教師。李校長年近六十，是南師畢業的，家住台南關廟，預計開學日前一天返回學校。

葉教導出身本地望族，他的大伯父就是現任的大埔鄉長，其父也曾擔任大埔鄉民代表會的代表，現在沒有擔任公職。他家就在大埔街上，是街面上少數樓房之一。當地人在學校任教的還有訓導主任葉大淵先生，總務主任袁錦明先生，以及兼任學校會計的潘樹枝老師。

葉教導提到學校教師中，除本地人與去年分發來的戴松男老師（南師畢業，家住台南）之外，其餘全部都是退役軍人轉業的老師。去年有一位退伍軍人轉業的老師，因不滿校長將他派到分校任教，憤而拿菜刀在升旗台前追砍校長，全校師生都嚇壞了，事後縣政府做出懲處，將本校十位教師調往山地鄉（原住民鄉）服務，也同意校長的請求，不再分發退伍軍人到本校服務，所以今年本校第一次有這麼多新師範生被分發來校任教。聽完葉教導的說明，才知道我之所以會分發到大埔，完全是拜退伍軍人轉業的老師之賜。

李校長按照預定的時間回到學校，雖然已屆六十高齡，但紅光滿面，精神奕奕，儘管才剛走完十六．五公里的山路，卻沒聽他喊累，稍事盥洗之後，立即與葉教導會商，並隨後安排個別接見所有新任教師。與校長相比，我們真是一群「澳少年」呢！

在第一次教職員朝會時，校長宣布新任教師的職務，六年甲班是升學班，由台南師專畢業的蔡信雄接級任，五年甲班也是升學班，由我接級任，五年乙班的級任由台北師專畢業的邱俊潔擔任，邱老師並兼教五年甲班的算術。十位新老師除了延遲報到的蕭振龍被派到石公分校之外，其餘全部留在本校任教。

初接教職膺重任

一一八大地震災後重建工程的進度十分緩慢，臨時教室是「竹拱仔厝」，牆壁拼貼的是「三夾板」的下腳料，加上沒有電燈，光線十分陰暗，學習環境實在差到難以想像，不過孩子們都十分認命，沒有人抱怨，也沒有人放棄。

第一次任教，也不知道學生的程度如何，校長又特別慎重的親自到教室向學生介紹我這位新老師，希望小朋友在我的教導之下努力學習，好好用功，以創造升學的好成績。校長特別提醒我：所有五年級想升學的學生都在這一班，上學期在大地震之後，許多關心教育的家長，都把孩子轉到外面去了，所以留下來的五年級升學班才剩下三十幾人，六年級留下的人更少，所以要拜託辛苦一點，一定要把這些孩子帶上來，才能建立家長對學校的信心，否則未來會留下來的好學生將越來越少。

揹負提振學校聲望的重擔，心裡的壓力十分沉重。與邱老師討論再三，認為只有先進行預試，才有辦法評估他們的程度，也才能確定要怎麼幫他們做好升學的準備。於是算術由老邱命題，國語由我命題，我們都是從四年級的暑假作業中來挑選命題的重點，點蠟燭刻鋼板，再到辦公室油印，第二天早上立即施測，結果讓我整個人都呆住了，因為全班國語平均不到二十分，算術更慘，平均只有六．九分，這是升學班嗎？

我抱著學生的試卷跑到校長室，給校長看看測驗的結果，校長看了後只淡淡的笑了笑，輕輕的拍拍我的肩膀說：「少年仔，如果這裡的學生都那麼棒，我為什麼要特別挑你來教這一班呢？」真是所謂「請將不如激將」，經校長這一激，我只有硬著頭皮接下這個千斤重擔。

我向校長報告學生程度這麼低，要是直接教五年級的教科書，恐怕學生們沒辦法吸收，所以我計劃一切從頭開始教，以兩年的時間來教六年該學的東西，唯有這樣才有希望，不過這樣一來是與課程標準的規定不符，令人十分困擾。

李校長知道了我的問題之後，很堅定的告訴我：「你認為該怎麼做就去做，其餘的不用擔心，要是教育局或督學怪罪下來，我負全責。」校長的話讓我吃了一顆定心丸，放心的可以為這些孩子全力一拚了。從測驗的結果發現，都升上五年級了，可是學生們注音的部分錯得離譜，顯現出他們國語的基礎非常薄弱。老邱也發現算術科的狀況極糟，四則計算全都有問題，所以一切都得從頭來過。五年級的教科書必須暫時擺一邊，每天的教材都得自己重新編排，所以每天晚上忙著編寫教材、刻寫鋼板、油印成講義，白天才有東西可以上課。

想要在兩年內教完六年要學的東西，這是非常高難度的挑戰，我的策略是：教會學生學習的基本功，讓他們習得較有效率的學習方法，才有辦法在未來的學習過程上加速，否則一切都將落空。學習國語文的基本功，我認為第一是奠立紮實的拼音能力，第二是提升閱讀的速度與理解能力，第三是精準的摘要能力，第四是統整歸納教材重點的能力。

欠缺拼音能力，語文方面將無法自主學習。許多退伍軍人轉業的老師都不曾學過注音符號，本身鄉音又重，這對於受教於他們的基礎教育階段的學童來說，是十分不利的，從預試結果就可以看出影響之大。為此，我設計了一套拼音遊戲的教具，用三種顏色的壁報紙裁剪成若干正方型的紙片，紅色用來寫聲符，藍色用來寫韻符，黃色用來寫結合韻符，另有四個餅乾盒，分別貼著第一到第四聲，遊戲的方式是：所有注音符號都蓋著，先指定遊戲者抽出一張聲符和一張韻符交給老師，由老師翻開正面丟進任一餅乾盒裡，遊戲者必須立即拼出正確讀音。

其次進行各排學生間的對抗，每排學生輪流參與遊戲，先由甲排學生任意抽出一張聲符與一張韻符丟進任一個餅乾盒裡，乙排的學生必須立即拼出正確的讀音；接著反過來由乙排的學生考驗甲排的學生，累計兩排總得分數，以分出勝負。由兩張注音符號玩到三張（即加上結合韻符），每天抽出二十分鐘玩遊戲，才一週的時間，學生們的拼音能力就有了顯著的進步，再輔以訂閱《國語日報》，確實奠立學生們紮實的拼音能力。

閱讀教材我都從《國語日報》中選取，然後刻寫鋼板、油印給學生當國語科教材講義。閱讀教學分三部分，第一是練習摘取全文大意及分段大意，第二是練習用刪去法將第一段刪去若干文字，重點是文章縮短之後文義不能變，第三是練習在第二段文章中加入若干字詞，而加長後的文章與原文之間文義也不能改變。教學之初由我示範，我把教材寫在黑板上，引導學生共同參與縮短和增長，然後將結果抄寫在自己的講義上。兩週之後交由學生自力完成，在我批閱之後選取較佳作品與同學分享，如此進行教學約兩個月，發現學生的閱讀能力提升了，連寫作能力也進步不少。

看得見學生的進步，對於自己的教學策略也相對提升信心，於是按照計畫繼續推進，當學生能正確摘取大意之後，接著教他們如何從一篇教材中摘取重點，有了摘取段落大意以及長文縮短的基礎，進一步摘取教材重點就變容易了，我拿台南書局出版的參考書當範本，搭配坊間出版的測驗卷作例子，從試題反推回去教材，找到教科書中哪些部分會被拿來命題，那就是教材的重點所在。找到重點就用紅筆在教材旁邊劃線標示，再指導學生將每段的重點摘錄於作業簿，作為考試前加強複習的部分，讓學生學會如何做考前的準備工作。

五年級上學期所有的教學時間，全都花在提升學生的拼音能力、閱讀能力，以及摘取教材重點和整理教材重點等方面的教學上，五上的教材全擺在一邊，計劃延後在寒假裡再來教學，為了讓家長充分了解並配合計畫的執行，我特別召開家長說明會，告訴家長我計劃如何教導他們的子弟，以及需要家長配合的地方，包括購買參考書、補充教材，以及學生必須到校上課的時間。我很幸運學校家長會長曾新賀先生就是我班上的學生家長，他曾任大埔鄉長，現任大埔鄉農會的總幹事，辦公室就在學校的正對面，只有一路之隔，所以我的計畫都先與他溝通，與他取得共識之後再做，所以說明會中他出面協助說明，溝通的效果非常好，贏得所有家長的信賴，對我來說無比重要。

寒假中老邱另有計畫，所以由我單獨留下來上課。寒假中主要的教學工作就是將擱置的五上國語教材教完，以便趕上進度，下學期可以正常教學。同時我也計劃在寒假中，教《何武明圖解算術》這分補充教材，來教導學生解題的方法，這本書我個人深受其惠，學會利用數圖解題，讓我對數量的概念清晰無比，可說是一生受用無窮，所以我也希望教會學生利用數線圖來解題的策略，以提升學生對算術文字題的解題能力。

寒假中外地來的教師都走光了，只留下我和鄧雄老師兩個人，他體貼我上課的辛苦，三餐全由他下廚張羅，真是感激不盡。他雖然是行伍出身高頭大馬的漢子，卻是心思細密，宗教信仰虔誠且心地善良的人。喜歡閱讀，也很健談，一個寒假，已讓我倆成了莫逆之交。退伍之前他是當憲兵的，因得肺結核切除了大部分的肺而退役，轉任教師之後就分發來大埔國小，是少數鄉音不嚴重、國語講得很好的「外省仔」，更是少數行伍出身卻喜歡閱讀、甚至是書不離手的人。《文星》雜誌和柏楊所撰寫的叢書，是我和他共同最愛的讀物。

學生家長沈先生的用心，是這個寒假中特別令人感動的。他參加了我的教學計畫說明會之後，知道我願意為了孩子們的未來努力打拚，就著手為我特別「製做」了一棵「甕筍」，然後在農曆過年前送給我當作新年禮物。甕筍的製作過程繁複而漫長，沈先生說：「這是冬筍，是孟宗竹的筍子。首先要找一根夠大的孟宗竹筍，算準筍尖出土的位置，拿一個大陶甕覆蓋其上，並挖取大量的土方將陶甕掩埋，並灑水讓土堆更結實。竹筍被困在甕內，會繞著甕的內壁長大，直到塞滿整個陶甕，就會頂開土堆，這時就要把它切割下來，把甕打破，就是你現在看到的這一棵。」

過年前我問學生要放幾天年假，小朋友都很有上進心，只要放除夕到年初二共三天，我也利用這三天稍稍喘一口氣。我和老鄧兩個王老五拿甕筍做年菜，甕筍排骨湯、紅燒甕筍肉片，倒也十分豐盛。住在宿舍隔壁的潘樹枝老師，熱情邀約去她家吃年夜飯，年初一又邀請去參加他們教會的活動（她的丈夫黃先生是教會的長老），老鄧也是他們的教友，於是我就頭一遭參加基督教會的活動，是很新鮮的體驗。

街道上還洋溢在熱鬧的過年氣氛中，學生們卻都已準時回到學校上課，為了調劑身心狀況，讓身體與心理都維持在較佳的狀態中來學習，所以早上連續兩節算術課後，就安排打三十分鐘的躲避球，然後再連續上兩節國語課；下午則是連上兩節國語（一節上教科書，一節寫作教學）之後，安排三十分鐘講故事或進行遊戲，再進行複習考試以及考試結果的檢討與訂正。由於入學聯考有命題作文，所以寫作教學十分重要，必須積極加強。

黃松山老師很有辦法，才在大埔國小服務一個學期，就成功調到月眉國小去服務，所以校長就把原本派在石公分校的蕭振龍老師調回本校。邱俊潔認為他教我班上的算術，希望能和我有更多時間討論班上的狀況，所以原本他和黃松山租在葉教導家的房間，希望我和蕭振龍能一起分租，分攤的租金一個月才一百元，這樣單身宿舍一間也不必塞滿五個人，就這樣說定三個人一起租用葉教導家的房間，不過三餐還是在伙食團搭膳。

事實上老邱之所以遊說我和蕭振龍和他一起租房，主要是租金的問題，他克勤克儉，承擔他們家的整個家計，又需要一個安靜的環境，因為他要拚大學插班考試，黃松山是他台北師專的同班同學，所以他拉黃松山一起租房子，黃松山一離開，他就拉我和蕭振龍一起租房子。為了拚進大學，所以他拜託我接下我班的算術科的教學工作。我則認為這是校長的安排，一定有他的道理，教學課務也不能私相授受，必須校長同意，才能做改變。老邱認為我說的有道理，所以相約一起面見校長，校長知道原委之後，欣然接受我們的意見，五年甲班所有課務就由我承接。

學校為了配合我的教學計畫，給了我極大的自主空間，將社會和自然這兩門科任教師的課全排在下午，所有上午的教學時間全部由我支配，其餘科目上與不上由我自行決定。我除了國語、算術和寫作之外，就只有安排週二、四下午各上一節體育課，其他時間全部為升學做準備，上午進行教學，下午則進行複習、測驗與補救教學。學生們已經適應我的教學模式，所以隨堂測驗成績都很不錯，讓我對自己更有信心。

我研擬了下個年度全力衝刺的計畫，再一次召開班上學生的家長座談會，向他們說明我的具體做法，包括：計劃加入嘉義市一家出版社的聯考模擬測驗，從六年級上學期開始，讓班上學生有機會與其他學校的學生競爭，了解自己在所有競爭者當中的排序，避免閉門造車，形成衝刺的盲點。要這麼做，勢必增加家長的經濟負擔，所以事先取得該出版社的報價，並把相關資料提供給所有家長，希望家長們支持，也希望家長們推派代表，來負責與出版社聯繫、收費以及付款等工作，讓我可以專心於教學工作上。感謝曾會長的力挺，指派農會的出納小姐協助聯繫、收支等業務，也謝謝所有家長的支持，讓這個計畫可以付諸實施。

南師畢業一年，班上同學希望我籌辦第一屆同學會。這讓我必須暫時放下教學的工作，回到台南辦理同學會相關事宜，包括借用會議場所，定訂餐廳，邀請師長，以及代訂住宿旅社等。同時我也可以利用這次下山的機會，親自到出版社協商所有模擬測驗的細節，以及購買補充教材、測驗卷等教學資料，當然還得回家探望父母親。這是進入大埔當老師一年來第一次有機會下山，心情十分興奮，所以特別向學生們請了一週的假。

大埔與浤水之間的山路，已經改善許多，不巧的是我選擇了一個大雨滂沱的日子下山，一路上雷雨交加，不但渾身濕透，而且不知跌了幾跤，從頭到腳沾滿泥漿，中間無暇更衣，回到台南直奔同學會場，與會同學驚訝不已，紛紛前來問候，不捨之情溢於言表，也讓第一次的同學會更具話題性。同學會的另一個話題就是我們的導師張性如老師，當他聽說同學會是由我召集之後，就藉口有事到高雄而不克參加，事實上我們會場借用南師校友會館，就在張老師宿舍的隔壁，耳尖的同學還聽到老師與師母對話的聲音，但是他就是不來參加我們的同學會，可見他對我的成見有多深，同學們只好苦笑以對，又能奈何呢？

離家將近一年未回過家門，這是生涯第一次，雖說是出外工作，而且每月至少都有一封家書報告生活狀況，畢竟未曾如許之久無法見面，所以當一踏進家門口，父母親迫不及待的問長問短，關切之情不言可喻，讓我內心激動，眼眶泛著淚光，幾乎說不出話來。等情緒稍微平復之後，我才詳細報告這一年的生活和工作狀況，以及因負責升學班的教學，所以才無法回家過年。爸媽都是明理的人，所以都表示可以諒解。

初任教師一個月的薪水七百五十元，扣掉公務人員保險費二一．四元，實際領到的是七二八．六元，房租加餐費每個月三百元，零用和買書的錢控制在一百元以內，每個月大約可以存三百元左右，我把一年的儲蓄三千元領出來交給母親，在民國五十四年的時代，對於一向欠缺現金的我家來說，這些錢不無小補。

五三仁友第一屆同學會才 14 位參加

在家停留三天，又得匆匆出門，先趕到嘉義找出版商協商，在選購教學所需的書籍和資料，便又揹著大包小包的東西準備上山，依然需在沄水住一夜，依然要請挑工挑行李，不同的是這一次一個人回大埔，一路上有挑工作伴，既不用擔心迷路，也不會跟不上挑工的腳程，輕鬆的回到學校，只花了四小時左右的時間而已，與第一次相比，真是不可同日而語。

在暑假裡，上課模式比照寒假那樣，上午上半段時間教算術，中間安排三十分鐘講故事或玩遊戲，後半段時間教國語。講的故事特別選一些勵志的典範，我覺得山中孩子的生活圈狹小，視野十分侷限，所以需要提供成功者的範例來激勵他們，讓他們對未來有憧憬，讓他們對未來懷抱希望，為自己立下生涯發展的目標，才能提振士氣，堅定意志，而發奮圖強。所以我很認真規劃這一部分，也很用心執行，看得和國語、算術的教學一樣重要。

下午的教學時間也分成兩段，前段先進行算術的複習測驗，後段再進行國語的複習測驗，而且都在測驗之後隨即檢討測驗結果，及時校正錯誤的地方。兩段教學中間，則安排三十分鐘讓小朋友打躲避球，使他們可以維持較佳的體能。

暑假中還是只有鄧雄老師陪著我，還是由他打理煮飯燒菜的工作。晚飯後的餐具由我清理，收拾妥當之後，就是我們一起散步、聊天、討論柏楊的書以及討論報端揭露的大小事。回宿舍洗完澡之後，我們又會一起到辦公室，各自點起蠟燭，我開始編教材、刻寫鋼板、油印測驗卷，為明天的教學做準備；老鄧則挑選唱片、播放音樂、看著柏楊的書，逍遙的打發時間。

山中無甲子，日子過得挺快的，轉眼又到了開學的時候了，同事們紛紛回到學校，學生們也都回來了，校園中瞬間又是人聲鼎沸，熱鬧非凡了。學生們上課時的琅琅讀書聲，以及下課時的嬉鬧聲，讓整個校園充滿蓬勃的生命氣息，我喜歡這種景象和感覺，非常喜歡。

開學後的第二天，曾會長來到學校找我，並送來一份大禮——「束脩」，他說家長們對於我毫無所求的，為孩子們無怨無悔的付出深深感動，所以他們開會一致決議，致贈束脩以表達對老師的感謝與敬意。我說什麼也不敢收，堅持退回給家長，因為這是我接下校長交付的教學任務之後，自行規劃的，一切只為達成任務，現在任務尚未完成，也不知道結果會如何，說感謝也言之過早。曾會長十分為難的說：「我只是受所有家長之託代為轉達大家的心意，我們看到這一年來，老師這麼用心教我們的孩子，沒有寒假也沒有暑假，甚至於連過年都沒有回家，不管孩子們未來是不是考得上，我們對老師都無比感謝。所以無論如何，都請老師收下。」

這一天晚上，我輾轉反側徹夜難眠，因為會長口中的這份「薄禮」，竟是我年薪三倍的「厚禮」，教我如何承受得起？思考再三，決定拿來回饋在學生們身上，舉凡所有的補充教材、測驗卷以及聯考模擬測驗的所有費用，全部用這筆錢來支付，另外，為了給孩子們更大的激勵，也要用這筆錢來提供獎品或獎金等各種獎勵。

說來非常誇張，倒榻的教室拆下來的木料，教師單身宿舍的伙食團，竟然在短短一年內，用來煮飯燒菜就把它給燒得精光。燒大灶沒柴火無法煮飯，只得向賣柴火的阿婆購買，一個月結算下來所費不貲，比買菜的錢還多，所以這群單身漢就決定自己上山砍柴，利用每月單週的週日上山，人手一把鋸子，蕭振龍扛著空氣槍走前頭，邊爬山邊打獵，小鳥或松鼠，一槍一隻，可真神準無比，不一會兒腰際的 US 帶就掛滿了獵物，晚餐又可以加菜了！

到了定點，老蕭放下空氣槍，指揮大家砍這一棵鋸那一棵，他所挑選的都是樹幹像大腿般粗挺直的九芎，將樹幹鋸成兩米長一段，然後每人負責扛一段下山，回到宿舍之後，又將每段樹幹鋸成四小段，拿斧頭劈開成若干小片，曬乾後拿來燒火煮飯做菜。老蕭對山林的相關知識豐富，他告訴大家九芎的木質堅硬，燒火時火力旺盛，木材紋理甚直，斧頭輕輕一劈即會裂開，很好處理，所以他才會挑選來做柴火的對象。

1. 鼓勵學生的方式多樣化，偶而用抽獎的方式增加趣味性
2. 伙食團每位老師都要輪流掌廚　1｜2

老蕭懂得的還不只這一些，他切下松鼠的尾巴，要拿到山林工作站領獎金，他告訴我們松鼠危害山林甚巨，所以各地山林工作站都鼓勵獵殺松鼠，一隻松鼠尾巴獎金五元，一百粒空氣槍的子彈才兩元，像他的槍法準到一槍一隻，獵松鼠當副業就可以賺很多。我聽了怦然心動，也請他幫我買了一把空氣槍，利用閒暇練習射擊，我的槍法也相當神準。

為了減輕輪值掌廚老師的負擔，伙食團聘請「阿婷」小姐幫忙煮飯做菜，輪值老師負責採購和管理，所以伙食就越辦越好了，加上晚餐時校長「三不五時」就拿一瓶酒（一一八大地震之後，省政府送來幾十噸震災的麥片給學校，堆積如山難以處理，校長只好交給私酒商釀酒，說好第一次蒸餾的酒頭全部交給學校，其餘由酒商處理，免收代工費用，校長宿舍通鋪下堆滿了酒）過來助興，所以每天晚餐時的氣氛棒極了，校長偶而也會加入品酒的行列，與老師同樂。我生涯喝酒的紀錄就是這時開始的，從最初的一口就醉，到去當兵時已經進步到即使喝一瓶也不會醉了。

第一次月考結束後一週，緊接著第一次聯考模擬測驗就要上場，小朋友都很緊張，其實我比他們更緊張，但這是升學體制下必要的試煉，關關難過也得關關過。我陪學生們複習再複習，讓學生兩人一組，彼此輪流出題考對方，同時也把考過的測驗卷拿來當複習教材，力求精熟。

聯考模擬測驗終於上場，考完立即將試卷封存用雙掛號寄給出版社，然後靜待測驗結果的成績單與榜單出爐。我留下出版社給的一份備用試卷，在課堂中與學生共同作答，就聽到學生懊惱的「啊！」聲此起彼落，意味著情況不甚樂觀。成績揭曉了，根據出版社統計的結果，班上學生能夠安全上榜的不到五人。比去年老蔡班上的上榜率還低，但資深同事安慰我，地震之後好學生幾乎都轉走了，留下來的孩子能有這樣的表現已經非常難得了。話雖然這樣說，我的心還是揪成一團。

我分析學生在測驗上發生的錯誤類型，以便在教學過程中提醒學生該注意的地方，繼續為升學做準備，我希望將個人的成功經驗移植給學生，所以不斷回顧過去求學時如何面對考試，整理出一些具體的策略，然後指導學生試著去套用這些策略，晚上在家時可以自主性進行學習，以彌補白天在學校裡學習時間的不足，更進一步提高學習成就。

我鼓勵學生要不斷的努力，不斷的提升自己的競爭力，不斷的向自己挑戰，鎖定目標，永不放棄。我請每個學生以自己第一次模擬測驗的成績當作起點，在往後的歷次測驗中，不斷超越自己，凡能超越自己前次的成績者，我都頒給豐富的獎品或獎金作為鼓勵；而對於成績退步的學生，我就陪同他一起檢討原因，以期能克服這些困難，希望百尺竿頭能更進一步，不能氣餒，更不能放棄。

學生的成績不斷進步，第二次模擬測驗的結果，擠進上榜的安全名單比第一次多了幾個，第三次模擬測驗的結果更令人驚艷，班上沈登進小朋友竟能擠進第一志願，全班學生受到極大的鼓舞，一方面為沈同學喝采，同時也積極為自己加油。校長和全校教師都一起為我加油，讓我士氣大振，當然鼓勵學生的時候，出手也更大方了。

很快的一個學期又結束了，寒假中仍必須繼續努力，不能放鬆。我問小朋友年假要放幾天，有人提議兩天，甚至於建議只放一天。為了配合民俗習慣，也避免過度緊繃，讓小朋友稍微放鬆調適一下，所以還是決定放三天年假。我告訴小朋友雖然不回家過年，但老師也須要休息，也需要時間為後續的教學做準備，所以大家欣然同意年假放三天。

一如去年，寒假期間校園冷冷清清的，全校就只有我這班在上課，學生們又全心全意為升學做準備，沒有喧嘩，沒有嬉鬧，一個個像小大人似的，人人手不釋卷，埋頭苦讀，看了都讓人覺得心疼。不過為了前途著想，大家都咬著牙關努力不懈，抱著不達目的決不停歇的決心，繼續為升學而奮鬥。

大年除夕前一天，家長會曾會長來學校找我，一方面代表家長表達謝意，同時又代表家長送來一份「厚禮」，難以推辭只好收下。我全心投入升學班的教學，只是想要回報校長的器重，同時也想看看自己教學方面的能耐，從來就沒想因此換來任何酬勞，所以想拿來盡量回饋給孩子們，除了鼓勵用的獎品與獎金，包括一切補充教材、測驗卷以及聯考模擬測驗的所有費用，全部由此支付。

大型的聯考模擬測驗，訂於寒假結束前一週實施，因此一過完年，學生們就全力衝刺的準備著，所以考完在檢討的過程中，不再聽到哀聲連連，顯然學生們考得並不差。放榜的結果和先前預測很接近，不但全班有過半的學生擠進安全名單，沈登進已擠進前一百名，連曾永成和劉鄉黨兩位小朋友也擠進第二志願的名單中，雖然這只是模擬測驗的結果，但已足以讓大家振奮不已。趕在開學前回到學校的校長，一知道模擬測驗的結果，也非常高興，一再表示讚許，拉著我的手回到校長宿舍，遞給我一條555的英國菸、一支玉米桿製成的煙斗、一袋香氣四溢的菸絲，以及一整盒的雪茄菸（全都是外國貨，李校長的公子和女婿，全都任職於美軍顧問團，因校長菸癮極大，所以聽說他們每個月都會寄各種美國菸給校長）。我告訴校長我沒抽過菸，他拍拍我的肩膀說：「那麼你就試一試！」我這一生喝酒和抽菸，全都拜校長之賜。

或許因考期逼近，壓力隨之越來越重，從不曾抽菸的我，竟然開始抽起菸來，而且越抽越凶，有時一天會抽完半包，真是不可思議。我想大概很少人有類似的經驗，我從抽第一根菸開始，到我入伍當兵時戒掉菸，從沒自己花錢買過菸，不論紙菸、菸絲或雪茄，全部都是李校長送的外國菸。入伍後沒了李校長這一外國菸的來源，空軍配發的 814 香菸又完全不對味，所以也就很自然的戒掉了。

我看到班上有些學生，自出生以來從未離開過大埔山區，視野十分狹隘，生活經驗貧弱，寫命題作文的時候，即使絞盡腦汁也擠不出幾個字來。靠著背誦模範作文寫出來的東西，又都千篇一律，毫無新意。所以我提議帶學生下山畢業旅行，獲得許多家長的贊同，但學校行政主管卻有疑慮，因此校長要求我提出完整的書面計畫，以供學校行政主管評估可行性，再做決定。

我計劃利用月假期間，帶學生外出到高雄畢業旅行（學校原本就有放月假，就是每週六、日不放假，一個月有四週，合起來可以連放六天假，方便外地來的老師一個月可以回家探親一次。），所以可以請家住高雄的老邱和老蕭，以及家住台南的蔡信雄和卓崑源老師協助，三天的行程以及食宿的安排都沒問題。我拜託幫忙的老師都一口答應，學校終於核定放行，全班學生雀躍不已。

帶內山的孩子出門有夠累，只有少數孩子家裡有旅行袋，衣物都用大型包巾裹著，然後斜揹在肩上，模樣土得有夠可愛。跋山涉水對這些孩子來說不算一回事，走了近五個小時到台南縣楠西鄉才有客運可以搭乘，孩子們一路上還是有說有笑。要到高雄市必須先到台南市轉車，因為已經事先訂了車票，所以很順利的從楠西來到台南市。台南市興南客運總站附近小吃攤林立，午餐就拿台南的小吃來解決，來到台南是我的地盤，當然由我招待，吃飽之後已經是下午兩點多了，轉搭公路局的客車到高雄，下車之後還得走一段路才能到下榻的旅社，五位老師帶三十位學生，依然顯得手忙腳亂，狀況連連呢！

走在馬路上每個孩子都是東張西望的，只要有車子一按喇叭，就會引來一陣驚聲尖叫，然後又會笑成一團；一路上聒噪不休，引人側目。走到旅社之後，我到櫃檯辦理入住手續，為了省錢，都住四人房或六人房，安頓好行李之後，讓小朋友先洗澡，換上乾淨衣服，接著邱俊潔老師招待大家吃晚餐。因為主要行程在明天，所以吃飽飯回到旅社之後，就要求小朋友及早睡覺，養足精神。

第二天吃完早餐之後，就帶學生搭車前往左營春秋閣，由邱老師導覽，細說春秋閣的歷史與傳說，逗留了一個多小時，再帶小朋友搭車來到鹽埕區逛百貨公司，好幾個孩子不敢上電扶梯，還得請一位老師帶他們辛苦的爬樓梯呢！各式各樣的專櫃陳列販售的東西，幾乎都是這些內山的孩子不曾見過的，讓他們眼花撩亂，也大大的開了眼界。看到物品上的標價，更是不斷的吐出舌頭，直呼貴得嚇死人。

午餐就在百貨公司附近的美食街解決，用完餐後，帶著學生們漫步走到渡船頭，下午要帶他們到旗津看大海，之所以安排這個行程，是因為這些孩子中，超過半數從未見過海，也不知道船長成什麼樣，希望這樣的安排可以拓展他們的視野，了解人類多樣態的生活環境與生活方式。一到碼頭，看到大大小小各式各樣的船隻，有的停泊在岸邊，有的在水面航行，劃出雪白的水花，又是驚呼連連，興奮不已，爭著問這是什麼船、那是什麼船？

搭乘渡輪是學生們的初體驗，驚喜之情全寫在他們的臉上，船上些許輕微的晃動，都會讓他們緊張的抱在一起，兩船交會時引起的波動，更是頻頻的驚聲尖叫，完全無視其他乘客的異樣眼光。

下船之後集合學生講話，特別叮嚀到海邊玩應注意的安全事項，然後才帶往外海的沙灘去，許多好奇的男生已經按捺不住往水邊衝，聽到海浪拍打岸邊引起的巨響，又嚇得往回跑。正當大家興奮的看著海浪捲起浪花直撲岸邊，又帶著滾滾細砂往海中退去，這一奇妙的潮起潮落的景像時，忽然背後傳來蔡信雄老師急促的呼叫聲打斷：「吳仔，快來，你的學生昏倒了！」我回頭一看，只見葉長青小朋友躺在沙灘上，口吐白沫，不省人事。趕緊跑過去一把抱起他，扶他靠著我坐在大葉欖仁樹下，在樹下賣涼水的老伯看這情形，立即跑過來幫忙，告訴我說：「不要緊，這應該是『暈山』，只要用冰毛巾幫他擦擦胸口和額頭，很快會醒過來。」

話才說完，小朋友眼睛眨呀眨的，才一醒過來就一陣狂吐，剛剛吃的全部吐光光，臉色蒼白，小臉蛋揪成一團，十分痛苦的樣子。邱老師拿出隨身攜帶的白花油幫他塗在兩邊太陽穴上，葉長青微弱的呻吟著，好可憐！圍觀的小朋友找賣涼水的阿伯問什麼叫做暈山？這裡是海邊怎麼會暈山？我們在山上都不會暈山啊！阿伯不厭其煩的為小朋友解釋：「有的人坐船到海上會暈船，下船就好了，這是單純的暈船；有的人暈船之後一踏上土地會暈得更厲害，感覺就像天旋地轉一般，會很痛苦，這就是暈山。這個小朋友剛剛有沒有暈船我不知道，有些人看到海浪沖上岸來又快速的退回海中，就會有天旋地轉的感覺。我猜他是第一次看到海吧，不然怎麼會這樣。」

我先帶葉長青到碼頭候船室休息，後續的行程請邱老師來帶。除了繼續在海邊玩之外，還計劃去參觀旗津魚市場的魚貨拍賣，也讓小朋友看看各種魚、蝦、蟹、貝，以增廣見聞。晚餐就安排在旗津的海產店，蕭振龍表示他要盡地主之誼招待大家吃海產，我想這不比小吃，將是一筆不小的開銷，所以偷偷塞了五百元給老蕭，減輕一下他的負擔。這一餐所吃的海產，幾乎不曾在大埔鄉的餐廳出現過，小朋友都吃得津津有味，甚至於在返回學校後一段很長的時間裡，還會聽到小朋友討論吃海鮮的事情。只有可憐的葉長青毫無胃口，只吃一碗飯配鮮魚湯，不但無福消受海產的美味，暈山還一直成為同學們「虧他」的笑柄。

飽餐一頓之後回到旅社，我請老邱到離旅社最近的一家電影院去訂票，帶全班小朋友去看一場電影。這項活動事先不曾告訴學生，希望製造一個小小的驚喜，果然一聽到要去看電影，小朋友雀躍萬分，不過還是有小朋友一直在問什麼是電影？我一再叮嚀小朋友看電影的時候一定要保持安靜，無奈過程中還是禁不住尖叫連連，聒噪不休，直如劉姥姥進大觀園，只好任由他們去叫了。這一天孩子們體驗了許多「人生的第一次」，希望他們帶著大大的滿足入夢，因為明天一大早又得匆匆趕回大埔呢！

說是三天的畢業旅行，其實趕路就花去兩天的時間了，實質的旅遊才只有一天而已。所以吃過早餐之後，立刻催促小朋友趕緊整理行李，並每個房間都去看整理結果，確認所有東西都沒有遺漏，就整隊趕車回台南，利用轉車空檔，趕緊準備購買肉粽、米糕、碗粿等台南小吃，給大家當午餐。轉興南客運到楠西站下車之後，就在候車室內吃午餐，隨即踏上漫漫長路走回大埔。

該來的總是要來，初中聯考要報名了，一切委由教導主任和一位熱心的家長代為處理，我則陪著學生做最後的衝刺。有些學生家裡有房子在嘉義市區，所以他們會事先住到自己市區的家中，其餘學生則由家長會代訂旅社，考試時再一起租車前往考場。一切考前的準備工作都已就緒，就等考試日期的來臨。

為了讓小朋友在考試時能保持最佳狀態，所以提早兩天下山，一方面可以先去看考場，免得到時找不到，另一方面可以讓小朋友獲得充分的休息，以免因爬山太累而影響到考試的表現。不過到達旅社進住之後，卻傳來令我心碎的消息——比我們早一天下山的沈登進小朋友，因重感冒發高燒，雖看了醫生打針吃藥，情況卻沒有改善，他可是模擬測驗中唯一有機會上第一志願的學生呢，老天爺這個玩笑開得太大了吧！

考試當天，遠遠看到沈先生扶著登進走過來，一手高高的舉著藥水瓶，是登進還吊著點滴呢，看他咳得厲害，心中著實不忍。我趕緊跑到考區辦公室協商，請求准許他吊著點滴進考場。當所有考生都進考場之後，我安慰心急如焚的沈先生，即使這次情況不樂觀，後面還有私立學校的招生考試，可以先為他報名，預留著一線希望，哀聲嘆氣的沈先生表示只好如此了。

放空舒壓似遊魂

聯考結束之後，學生們由家長帶回山中，肩上的千斤重擔終於可以卸下，我要徹底放鬆自己，懷裡揣著兩年的所得隨處漫遊。先到日月潭住兩夜，一天搭船遊湖，一天乘車環湖，更多的時間是坐在教師會館的房裡遠眺湖景，一個人想做什麼就做什麼，不過要放下心頭牽掛的事情並不容易，總是反覆的想著聯考的結果不知道會怎樣？

離開日月潭來到彰化，到八卦山晃晃，吃吃員林肉丸，漫無目的的晃了兩天，搭火車來到台北，找到後車站附近的一家小旅社，安頓好行李之後，隨即外出搭車前往陽明山，倘佯在綠蔭下，任由山風吹拂，餓了隨興找小吃攤解決，直到晚霞染紅天邊，才搭車返回市區，在小旅社附近小吃攤解決晚餐，踱步回旅社洗去一身塵埃，整理一下思緒，為明天參加救國團暑期夏令營做些準備。

畫畫一直是我的最愛，為了教升學班而不得不放下畫筆兩

參加美術夏令營巧遇林振盛和余雲川同學

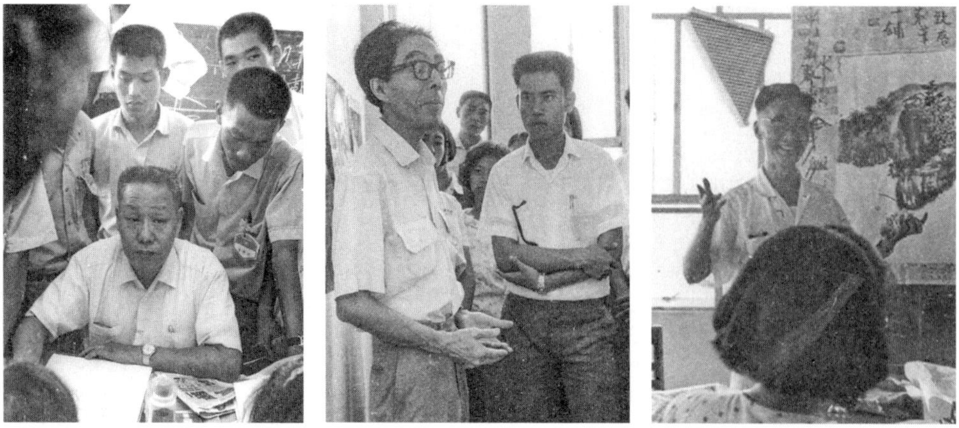

1. 梁中銘教授　2. 李德教授　3. 張穀年教授　1|2|3

年，為了重新拾起畫筆，早就規劃好等聯考結束之後，給自己一個機會，所以很早就報名救國團暑期所辦的美術夏令營。因為在簡章中提到會有許多大師級的名畫家來上課，這是在南部很難碰到的事，也是我一直嚮往的事。

來到劍潭青年活動中心報到，就碰到班上的林振盛和孝班的余雲川，他們是專程由澎湖趕來的，另外還有兩位五專的學妹，彷彿又回到南師的國畫社一般，實在太高興了。

參加夏令營的學員來自四面八方，這些美術同好齊聚一堂，經驗各自不同，話題卻很有交集，所以很快的大家就打成一片了。更令人興奮的是救國團聘來美術各領域的名家來夏令營開課，像雕塑的楊英風教授，水墨畫的張穀年教授、梁中銘教授、水彩畫的馬白水教授等，全是頂尖的名家，在這些大師的開示下，獲益匪淺。

收穫滿行囊的美術夏令營結束之後，終於回到闊別一年的溫暖的家。爸爸媽媽好像家裡來了貴客似的，張羅了一桌豐盛的菜，剛好三姐也回娘家來，一家人邊吃邊聊，話題不斷的圍繞在我山中的生活狀況，一頓飯像吃宴席一般足足吃了將近兩個小時。

吃飯時我提到有一個學生家長想賣地，希望我能買下來，他陪我去看過那一塊地，約兩甲多，是一塊很平整的地，靠近大埔鄉的水源地，目前種著樹薯，也可以種水果。他因為要搬回竹山老家，所以才要賣這塊地，又因為聽說我有錢，所以才會找我賣地。他開價三萬元，說如果老師要買可以算便宜一點。我徵詢父親的意見，他沉思了一會兒才搖搖頭說：「我們又不是要住在深山裡，現在買下來，以後怎麼辦？又要像那個家長一樣賣地，如果想買地，可以在四草買啊！」

三姐好奇的問：「你當老師不是一個月才幾百塊嗎？才教兩年，怎麼買得起幾萬塊的地呢？」我告訴大家，因為我教升學班，學生家長認為我整整兩年沒有休假，連過年都沒有回家，所以決定每個學生每個月收七十元，由家長會長在第二年開學時拿給我一次，今年過年時再給一次，這個月帶學生出來參加聯考前又給一次。山中又沒有地方花錢，所以我身邊就存了幾萬塊錢，要買地是綽綽有餘的。

姊姊、妹妹和弟弟們也都不贊成在山裡買地，我也只好放棄，立刻寫信告訴那位家長，請他另找買主。我想一個人會有多少錢，老天爺早就註定好了，是強求不來的。誰知後來政府決定興建曾文水庫，大埔鄉許多村都得遷村，

1. 姚孟谷教授　2. 馬白水教授

1|2

就是遷往那一片地的，三萬塊馬上變上億，真是有錢難買「早知道」。那位家長早知道的話就不賣地了，我要是早知道的話就買下來了，這都是廢話！

既然決定不買地，我就把五萬元交給父親，幫家裡還些債務，以減輕利息的負擔。剩餘的錢我留著，因為八月初我還要參加救國團的海上戰鬥營，因為我喜歡海，希望體驗一下搭乘大船遨遊大海的感覺，所以才會報名參加。

向台南市救國團報到之後，就搭軍用卡車到左營軍港上船。我們搭的是「中」字號的運輸艦，是一千五百噸級的兩棲登陸運輸艦，船頭會開口，讓裝載在船艙內的「水鴨子」（水陸兩用戰車）搶灘登陸。哇！好大的船！艦長告訴我們預定的行程是：從左營軍港出發，前往澎湖停靠馬公港，讓大家上岸遊覽澎湖，在澎湖住一晚，回到艦上後繼續出海南下，繞經巴士海峽，進入太平洋海域，沿台灣東海岸北上到花蓮，讓大家上岸住兩天，遊太魯閣與天祥，回到海上之後繞經東北角海岸，到基隆港靠岸住兩天，遊覽野柳風景區與陽明山，回艦上後順台灣西海岸南下，回到左營軍港，結束整個行程。好棒的行程，令人期待。

天氣晴朗，風平浪靜，我們從左營軍港快樂的出航，平

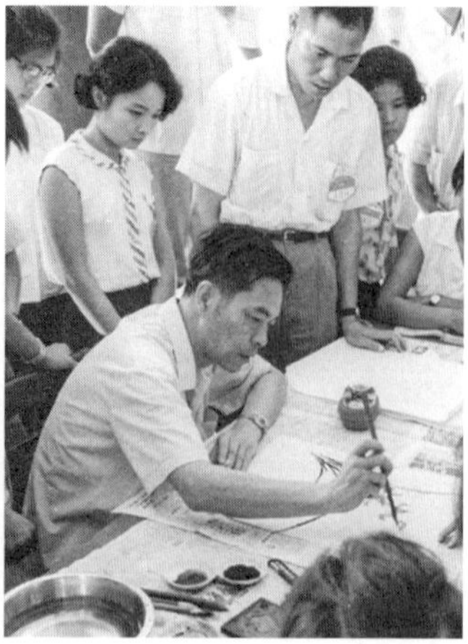

1. 楊英風教授　2. 胡克敏教授

1 | 2

穩的駛向澎湖。一想到這短短的一週戰鬥營，將出現許多個人生涯中的第一次，心中興奮不已。八月盛暑，船艙內熱死了，所有學員都跑到甲板上吹海風，享受這神奇之旅。

船進了馬公港，領隊要求學員揹著行李下船，然後在碼頭集合。第一次踏上澎湖的土地，忍不住四處張望，期待在一瞬間將澎湖的一切盡收眼底。軍用卡車將學員送到觀音亭旁的青年活動中心，安頓好行李之後，隨即驅車前往澎湖名勝——風櫃、林頭公園、大榕樹等地觀光，繞遍了馬公本島的印象是：沒有山、沒有大樹、沒有高樓、非常熱。

原本只是參加救國團的活動，必須跟著團體活動，所以並未通知澎湖的同學這一次的澎湖行，沒想到在下午的自由活動中，卻在馬公街頭巧遇林重隆，他隨即招來許多位同學，開了一場臨時同學會，算是海上戰鬥營的意外收穫。

翌日早上從救國團澎湖青年活動中心回到軍艦上，離開馬公港，從海上回顧澎湖，一座又一座的島嶼星羅棋布，沒有高山也沒有大樹。揮別澎湖，航向茫茫大海，來到號稱黑水溝的澎湖海溝，浪頭加大許多，船也顛得很厲害，許多學員開始暈船。帶隊的值星官要求沒暈船的學員，協助照顧暈船的學員，幫忙拿水桶接嘔吐物，幫忙倒水給他們喝，幫忙扶他們到比較通風的地方坐下來休息，不但女學員吐了，許多男學員也吐了，連老水手也有人臉色蒼白，行動遲緩，看到我忙進忙出的為暈船學員服務，還不忘對著我豎起大拇指誇耀一番。

船到巴士海峽的時候風浪更大了，浪花直衝上甲板，聲勢嚇人。這時艦上的擴音器傳來作戰官的廣播聲，告訴大家現在要進行砲彈射擊，想要體驗艦砲射擊的學員立刻到砲塔前集合。我是第一個衝到砲塔前的人，接著有六、七個學員跟了過來。作戰官將我們分成兩組，並講解艦砲射擊的程序與要領，一旁的士官長為我們示範相關的操作，還未填充砲彈之前，讓我們這些學員實際練習操砲的各項動作，直到士官長認可為止。實彈射擊還是由阿兵哥先行示範三發，當作戰官下達射擊的命令，就聽到震耳欲聾的砲聲十分震撼，結果三發都未命中標靶，不過這時個人直覺得腎上腺素已不斷飆高。

阿兵哥示範完畢之後，作戰官就讓我們這些菜鳥學員接手，我是第一組的操砲手，負責砲管的控制。砲彈上膛之後，觀測員報出射擊方位，我快速調整砲管的方向，作戰官下達射擊命令，只聽轟隆一聲巨響，我幾乎從砲塔上被震落，不過卻傳來一陣驚呼聲，命中了！我們竟然第一發砲彈就命中了標靶。不過接下來的兩發只濺起超高的水柱，標靶依然飄浮在遠方的海面。第二組的三發也都沒有命中，由於暈船的學員實在太多人了，所以砲彈射擊體驗活動就結束了。這不僅是我生涯的第一次體驗，也是此生唯一的一次體驗，畢生難忘。

軍艦駛過巴士海峽來到太平洋，一如其名一望無際的太平洋風平浪靜，我們看到巨鯊尾隨船後，船的兩側飛魚群不斷的從水中竄起，沿水面低飛，又落入水中。船行穩定，暈船的狀況逐漸緩解，甲板上活動的人越來越多，趴在欄杆上看飛魚的人紛紛拿起相機，捕捉這一海上奇景。

參加海上戰鬥營穿帥氣的海軍制服（攝於澎湖風櫃）

從海上遠眺台灣東海岸山脈，青翠雄偉，十分壯麗。太陽已被高聳的山脈擋住，太平洋海天相連處雲霞逐漸染紅，好寧靜，好安適！不知不覺間船已在花蓮港停靠，學員們揹起行李魚貫下船，搭軍用卡車接駁到花蓮青年活動中心，安頓好行李就去吃晚餐。在海上折騰了一整天，許多學員都累癱了，宿舍裡面超安靜的，所有學員都攤平在床上了。

太魯閣和天祥這一花東勝景，雖然三年前的畢業旅行就來過，不過壯麗的峽谷峭壁，依然撼動人心，令人讚嘆不已。燕子口的隧道真是鬼斧神工，可以想見當年開路工程的艱鉅，要在堅硬的大理石山區開鑿出貫穿台灣東西部的山路，工程不只艱難，而且偉大。領隊在沿途的每個景點都停車，讓大家下車瀏覽山川美景，學員們十分開心，一路上笑聲不斷，與昨天海上行程的狼狽像相比，真有天壤之別。

午餐時間來到天祥的青年活動中心，安頓好行李之後，立即到餐廳用餐。下午的行程是古道健行，那是當年為了興建銅門水力發電廠留下來的施工道路，沿途景色優美，別有洞天，較之立霧溪峽谷毫不遜色，讓人見識到大自然造景的神奇力量。夜宿天祥是一大享受，銀河橫過夜空天際，星星璀璨無比，置身此情此景，令人心曠神怡。

美好時光總覺特別短暫，清晨起床之後，領隊就透過廣播不斷催促大家加快行動，因為天氣預報會有颱風來襲，所以最後的行程可能改變，甚至於提早結束行程。儘管大家心裡嘀咕著，可是行動並沒有慢下來，用完早餐立即上車，沿途沒有任何耽擱，直奔花蓮港。

艦長已經站在艦橋上迎接大家，學員魚貫登艦，軍艦即刻起錨出航，才出港口防波堤，就看到滔天巨浪拍打堤岸，浪花直噴天際，船身搖晃十分劇烈，艦長廣播要求所有學員都必須留在船艙內，禁止登上甲板。船艙內空氣很悶，柴油味道極濃，已有許多學員吐得一塌糊塗，我趕緊拿出手帕沾水後蒙住口鼻，再幫忙拿水桶接嘔吐物，差一點連我也要撐不下去。

軍艦駛進基隆港碼頭停靠，已經是風強雨急，雖前後都有纜繩固定，艦身還是搖晃得很厲害，艦梯兩側都有阿兵哥照顧著，學員們拖著疲累的身子，揹著沉重的行囊，搖搖晃晃的走下軍艦，來到基隆碼頭的候船室，領隊向大家宣布：因為颱風確定會侵襲台灣，所以整個行程提前三天結束，已經請人為大家購買火車票，所以馬上會有車子送大家到台北車站，希望大家都會平安返回家中。就這樣一趟驚奇連連的行程，也以令人措手不及的方式結束。

新手教師風光寫歷史

時間到了八月底，新學年度又要開學了，狂接鄧雄的來信，又是平信、又是限時專送，我就是不敢打開來看，因為他一定會提到聯考放榜的結果，對於一個新手教師的我來說，正所謂近關情怯，既期待又怕受傷害，擔心結果不如預期，兩年不眠不休換來一場空，這會令我信心盡失的。

眼看限時信一封接一封，又擔心是不是發生什麼大事，ㄍㄧㄥ到最後還是把信拆開來看，結果我的擔心是多餘的，訊息是令人振奮的，鄧雄告訴我今年聯考成績破了歷年的紀錄，錄取人數二十二人創新高，近七成（三十二分之二十二）的錄取率也創新高，劉鄉黨小朋友上了南投縣聯考的第一志願，家長會長的兒子曾永成和另兩位女生劉鎂蘭、許素華都考上第二志願，原本最有希望上第一志願的沈登進小朋友，則高中私中聯考的榜首，整個鄉都為此沸騰，家長會準備大肆慶祝一番，所以請鄧老師聯絡我返校的時間，好安排相關慶祝活動。一直等不到回信的老鄧才會限時信連發，滿懷歉意的我趕緊以限時信回覆返校時間，當下倒是有一點迫不及待的想趕回學校呢！

我決定八月三十一日開學前一天回到學校，所以三十日趕到沄水，台南的老蔡、老卓、老戴，以及高雄的老蕭和老邱，都不約而同的在沄水碰面。晚餐時大家圍成一桌，話題圍繞在聯考的結果，原來我這個當級任的是最後一個知道的人，說起來還真扯。

清晨五點左右，大家都已起床整理行囊，五點半左右就出發返回學校。或許已經習慣爬山，所以一路走來大家有說有笑，並不覺得累。十點半左右就已經過了牛舌埔的吊橋，爬完最後一個長陡坡就來到鄉公所，只見校長和鄉長、鄉民代表會主席、家長會長以及一群家長一字排開，看到我們來到立即響起一陣熱烈的掌聲，還沒弄清楚怎麼一回事，鄉長等人即對著我走過來，紛紛與我握手道賀，恭喜與感謝之聲此起彼落，鞭炮聲更是震耳欲聾，我被這個場面嚇呆了，鄉長與鄉代會主席都發表簡短的談話，感謝我為鄉民子弟的努力付出，並肯定我創造了空前的升學紀錄。

歡迎儀式告一段落，一行人離開鄉公所往學校走，校長一直拉著我的手，家長會長陪在校長身邊，學校同仁與家長們浩浩蕩蕩走在大埔街上，沿路家家戶戶都放鞭炮，即使過年也不曾這般熱鬧，一個新手教師竟獲得鄉民如此榮寵，是我這輩子永難忘懷的。

回到學校，校長引導大家到慶祝會場，等大家坐定之後，校長發表談話，除了對於今年的升學成績大加稱讚，對於我的努力予以肯定之外，還宣布了學校另兩大喜事：一是葉教導升任校長即將走馬上任，另一喜事是訓導主任葉大淵通過司法官考試，即將接受司法官訓練轉任法官，真是喜事連連。

家長會長接著致詞，他細數今年聯考的好成績，創下學校歷來的所有紀錄，認為校長堅持縣政府要派來好老師，這兩年學校師資大換血，使得學校展現前所未有的新氣象，這是對學校、對大埔鄉最大的貢獻；其次推崇我個人全心全意的投入教學工作，有方法、有步驟，犧牲奉獻，締造了輝煌的成績，令人敬佩，也讓所有家長無比感激。他同時代表剛升上來的六年級學生家長，懇求我繼續接下升學班的教學工作。

校長示意要我上台講話，所有家長與學校同仁都熱烈鼓掌，在盛情難卻的情況下，我只好硬趕著鴨子上架，頭一遭在這麼盛大的場合發表談話。首先我肯定大埔鄉子弟的優秀、吃得了苦、又肯上進，才能在學校被震毀、物質條件缺乏、資訊又很封閉的不利條件下，仍能憑天賦智慧與積極努力創下好成績。我個人只不過因緣際會，湊巧來到這裡，又蒙校長器重交付這麼艱鉅的任務，本不敢有任何奢望，只期待能不辜負所有家長的托付。這一次聯考所有上榜的同學，都是他們努力不懈的結果，對於落榜的同學，我則感到深深的愧疚，也辜負這些家長的託付，我知道自己是新手，能力十分有限，未來仍須努力追求自我成長，所以新學年度的升學班，我無法繼續接手，請大家諒解。

晚上是慶功宴，席開六桌，餐敘間家長紛紛過來敬酒，也多溢美之詞，我是愧不敢當。許多家長還是不斷遊說，希望我繼續接下升學班的教學工作，校長也慎重的垂詢我的意願，我很篤定的向校長報告不想再接升學班，希望留一點時間與空間給自己成長。我還年輕，需要學習的事情還很多，過去這兩年我一直在消耗過去所學得的，對於專業新知的吸收非常少，這不是我想要的，對此，校長表示他可以理解，也會尊重我的意願。

這一晚我醉了，醉得不省人事。醉到無法走回租屋處，同仁們扶我到單身宿舍睡，一夜狂吐，弄得單身宿舍狼藉不堪，同仁還連夜去敲杜醫師的門，請他為我醫治，吊點滴。我昏睡二十四小時，連開學典禮也沒參加，醒來時頭痛欲裂，呻吟不已，天啊！生平第一次醉酒，竟是如此痛苦。

初接行政滿懷理想

感謝校長的成全，不再找我接手升學班的教學工作，不過卻又交付另一項重任——訓導主任的職務。我年資甚淺，學校還有許多資深的老師，我擔心別人批評校長的用人問題，所以請校長再做考慮。校長認為我的顧慮是多餘的，沒有人會說什麼，要我放心接下訓導主任的工作。他認為我對待學生非常好，善於激勵學生士氣，所以很適合訓導工作。他認為山裡的孩子很單純、很善良，不像外面的學校需要藉由各種管理措施來維持，這裡的學生保守而膽小，他們比較需要的是鼓勵和激勵。

前主任葉大淵已經去接受司法官訓練，沒有職務交接，我也無從請益。只能請文書組調出訓導處最近這三年的公文檔案，花了一週的時間翻閱，依時間序列統計各個時段訓導工作的重要事項，再參酌訓導工作有關的法令規章，列出全年例行性訓導工作的重點，作為我研擬學校訓導工作計畫的依據。我發現現行的訓導規章十分繁複，中心訓練德目非常制式化，這些東西對於大埔國小的學生來說，管理有餘，激勵不足。

我給自己訂下兩項原則：一是現行各項訓導規章照規定辦理；二是在學生的心中與生活中，注入一些新的、激勵的元素。具體的工作計畫分成三部分：第一是升旗時段，除了導護重點工作的宣布、中心訓練德目的要求之外，每週二、四請導護老師說一則勵志的小故事；第二是課間活動時段，選擇跳更活潑、人際互動更多的土風舞；第三是規劃各種球類競賽以及戶外教學活動。我總是利用晚餐時間拋出一些議題，讓同仁們發表各自的看法，摘取有共識的部分先做，我發現如此方式推出新計畫，實施時的阻力最小。

我向國語日報社訂購《七百字故事集》、《九百字故事集》，提供給導護老師作為選擇勵志故事的參考資料，我個人則購買名人偉人傳記，從中挑選出身貧困卻奮鬥不懈的成功者，作為激勵小學生的典範故事。我在升旗時段於每個月最後一個週二，才上台為小朋友講故事，各週輪值導護老師輸人不輸陣，故事越講越精彩，小朋友反應十分熱烈，老師不再說教，小朋友不再聽訓，校園氣氛愈趨和樂、友善。

我購買了《植物圖鑑》、《鳥類圖鑑》、《昆蟲圖鑑》等類的圖書，請老師們規劃戶外教學主題，各年段一起規劃同一個主題，上下學期各規劃一個主題，配合秋季、春季兩次遠足活動來實施。遠足不再是帶學生到一個定點去吃便當，而是加入探索大自然的戶外教學活動，師生帶著圖鑑，帶著劄記簿，帶著標本採集箱等，到野外去探索，仔細的進行觀察，比對圖鑑，重新認識鄉裡的動植物，讓原本制式化的遠足，轉變成充滿感性與知性的活動。

山中的孩子在面對他人時，總是顯得靦腆和畏縮，為了增進孩子們的人際互動，特別拜託對於土風舞素有研究的黃盛義老師，挑選輕快活潑、不斷交換舞伴的土風舞，作為課間活動的教材，並要求跳舞過程中，凡有拉手或勾手臂的動作時，不可以再以拉手帕或拉樹枝取代，男女生要相互了解與尊重，也要彼此對話與互動，才能學會落落大方的面對他人。

透過非正式的溝通，在閒聊中了解不同意見與立場，在醞釀新計畫的過程中充分的考量不同聲音，總是能獲得最多教師支持，而順利執行的。一年的時間過去，沒有人質疑這個毛頭小子的行政能力，在同仁的信賴與校長的信任中，讓我逐漸建立起對於肩負行政工作的信心。

除了學校行政工作之外，校長還經常指定我代表學校出席校外各項會議，諸如列席鄉民代表會，或出席教育局召開的各項會議。這樣的經驗讓我的視野不斷擴展，人際脈絡也不斷發展。透過校外會議的參與，我有機會接觸到不同階層的人，也了解各種不同的立場與觀點間的折衝與協調，更見識到利益衝突間複雜的化解過程。這對於我往後的職業生涯發展，產生了極大的助益。雖然校長只是淡淡的表示因為自己的菸癮大，每開一次會要跑到場外抽好幾次菸，非常麻煩，所以才會找我代表出席。我當然知道這是校長刻意的栽培，增加我的歷練，藉以提升我的行政能力。

五十六學年度開學不久，教導萬良謨主任因病請長假，校長任命我兼代教導主任，這是對我行政能力的一大考驗，因為除了訓導處本身的業務外，教務與總務兩處的文稿我都得先行核閱，再呈給校長核定。這等同於整個學校的行政業務我都得參與，讓我在做決定時必須超越本位立場，考慮更多方面的相互關係，以決定取捨或輕重緩急。

為了凝聚學校同仁的情誼，化解微妙的省籍情結，我規劃了教師聯誼活動，計劃每週三下午舉辦排球紅白對抗比賽，全校教職員工全部加入紅白兩隊之一，未下場比賽的則組成啦啦隊為自己球隊加油，賽後輸的一隊必須請大家喝綠豆湯，當晚全體教職員工聚餐聯誼，食材由員生消費合作社負責購買，烹調工作由輸的一隊負責掌廚，全校上下和樂融融。

新兵入伍鮮體驗

服務滿三年之後，接著下來的就是「等兵單」。從七月開始，已有許多同學應徵入伍，我卻等到十月初才接到入伍通知書，入伍的時間是民國五十六年十一月二日。我抽到的兵種是空軍，因此必須服役三年，新兵訓練中心在雲林虎尾。接到兵單之後，我立即向校長請辭行政職務，希望有一段時間可以做新舊任主任的職務交接，可是校長卻不同意，認為不需要，新的主任人選他會在十一月一日才宣布，事實上提早一週校長就為我安排歡送餐會，隔天就把我趕回家，要我入伍前先回家做準備。

父母親對於我即將入伍服兵役，一直憂心忡忡，滿臉

1. 全校教師排球對抗賽，學生也分兩邊為自己的老師加油
2. 透過課間土風舞以增進男女學生人際互動

1 | 2

愁容。因為當時金馬前線猶不平靜，所以對於家中有子弟要入伍當兵，沒有不擔心的。所以如何安慰老人家，一時之間也想不到適合的說詞。只好跟他們說我當的是空軍，會被派到前線的機會很少，所以不必太擔心。父親一再表示我入伍之後，他會到訓練中心與我「面會」，這讓我十分擔心，一來虎尾甚遠，交通不便；二來全村只有我一人在虎尾受訓，父親並不識字，一個人獨自去虎尾恐會迷路，實在不宜，所以極力勸阻，請他老人家千萬別去虎尾。

對我來說，入伍之前的準備工作十分簡單，就是到理髮店剃一個大光頭，然後買一頂棒球帽帶著，再買兩套內衣褲就夠了。當我請理髮小姐拿剃刀幫我剃光頭的時候，他滿臉狐疑搞不懂，認為拿推子推光就夠了，為何一定要用剃刀呢？我笑笑沒多說，摸著光溜溜的頭，心裡可暗自得意呢！我一定是所有新兵當中最像阿兵哥的人！

十一月二日入伍當天早上，父親陪我到市政府兵役科報到，遇見孝班的蔡安雄也來報到，眼看到我有伴了，父親也放心了，當我們搭上軍車時，他也轉身牽著腳踏車離去。我們在兵役科人員陪同下，來到台南車站，轉搭火車到虎尾，一下火車，新兵訓練中心已經派車等著，台南市政府兵役科的人將新兵點交後，就搭火車回台南。

到達新兵訓練中心的第一件事，就是排隊領取草綠色的軍用內衣褲，並當場脫下自己的衣物換穿剛領來的內衣褲，再排隊理頭髮。安雄告訴我他特別去理髮店理了一個油亮的飛機頭，因為知道一入伍就要剃光頭，所以特別珍惜即將被剃掉的頭髮，最後漂亮一下。我摘下帽子給他看，他愣了一下，我告訴他我也去理髮店，不過我卻是去剃了一個大光頭。

輪到安雄理髮的時候，只見軍中請來的理髮小姐拿著電動推子，不由分說的從正中央下手，推出一條「中央公路」，電動推子在頭頂上不停的飛舞著，不消一分鐘，頭頂光光如也，我看到安雄的淚水在眼眶中打轉，不知道是痛？還是不捨他那一頭油亮的頭髮，但肯定不好受。輪到我的時候，我把帽子摘下，帶隊的班長力即揮手表示通過。安雄輕聲說：「還是你聰明，我失算了！」

突然我聽到有人叫我名字，立即四下尋找，嘿！那不是黃子良嗎？他跑過來告訴我他在訓練中心當教育班長，這一梯次不在他隊中，今天只是過來幫忙接新兵而已。他要我趕快去軍樂隊登記，在樂隊中集訓練習可比出操輕鬆多了。我拉安雄一起去登記，他搖搖頭說不，我只好自己去，樂隊教官問我的專長，我說打鼓，大鼓或小鼓都行，他看了看登記表，告訴我小喇叭有缺額，我是有些心虛，子良卻在一旁慫恿連說沒關係，他是南師管樂隊的首席小喇叭手，當然是沒問題啦，對我來說小喇叭只是玩票的，硬著頭皮登記下來，心中還是蠻忐忑的。

子良說他在第五中隊，我和安雄則是編在第七中隊，而且是同在第一分隊的第一班，他的編號○○五，我的編號○○七，晚上睡隔壁床，真是太巧了。子良告訴我他和我的班長是幹訓班同梯的，會請班長多多關照我和安雄，他私下跟我表示，師範生絕大多數都會被留下來當教育班長，不過幹訓的後八週非常難過，所以他會請我的班長罩我，儘量避免被留下來。在軍中有同學罩著就是幸福！

空軍新兵訓練並不辛苦，比我平時每天的運動量還輕，所以不論戰鬥技能訓練，或是體能訓練的課程，我都覺得輕鬆愉快。入伍最初的兩週，軍樂隊集訓的時間比較多，所以更輕鬆了；想不到我這個半吊子的小喇叭手，在這一梯的軍樂隊中，是唯一一個可以吹空軍軍歌前奏曲的人，所以教官指定前奏曲由我「獨吹」，其他部分我可吹可不吹，哈！軍樂隊還真是超爽的缺！

週日是「面會」的日子，這一天所有親友都可以到訓練中心登記與新兵見面。我已請父親別來面會，因此可以在營房內睡個懶覺，那是十分愜意的事。不過每週日都被安雄拉出去，因為他的未婚妻都會來與他見面，每次蘋果、雞腿帶來一大堆，他一個人吃不完，所以要我一起分享。事實上每一次見面小倆口總是相擁而泣，安雄根本什麼都吃不下，幾乎都是我一個人獨享。我當然識趣，拿了吃的就閃人，免得礙手礙腳的。

進入新兵訓練中心已過了八週，又是一個面會的週日，子良一大早就到我們隊部找我，他推測下週應該就是遴選教育班長的時間點，如果我的班長點名指定我擔任廚房公差，就要機靈一點，早餐時一看到值星官拿名冊點名，就要趕緊開溜，跑得越遠越好，千萬不要被找到。要一直等到大家用完早餐，部隊離開餐廳之後，才可以回到餐廳收拾餐具。

果然如子良所說的，週一早點名時，班長指定我當廚房公差，我偷偷告訴安雄要有心理準備，今天可能就要遴選教育班長。早餐才吃到一半，我就看到值星官拿著一份卷宗準備要上台，這時不走還等何時，於是一溜煙似的往外跑，然後跳進一處防空壕躲了起來。過了好一陣子才敢探頭查看餐廳的動靜，等到部隊集合帶離餐廳之後，才跑回餐廳，一起當廚房公差的同袍一直問我到底跑到哪裡去了，值星官派他出去四處找都找不到。我暗自得意，但不能說，只好連連賠不是。

大家都不想留下來當教育班長，安雄也早就有所準備，請他的未婚妻借來一副鏡片很厚的大近視眼鏡，所以被點到名字時就悄悄換上這副借來的眼鏡，而且指揮官召見時還半張著嘴，裝出一副傻相。不料指揮官精明得很，摘下他的眼鏡還輕輕的賞了他一巴掌，讓他立即現出原形，嘴也不歪了，口水不再流了，指揮官淡淡的對他說如果戴這麼厚的眼鏡，早就不用當兵了，怎麼可能通過體檢呢！於是他只得乖乖的留下來當班長。

就在遴選教育班長的翌日，樂隊教官告訴我他已向指揮官推薦我當號兵，同時遞給我一張樂譜，上面有好幾段軍號，包括行軍號、急行軍號、戰備號、衝鋒號、毒氣號以及休息號等等，給我一週的公假，每天不用出操，留在營房練習吹號，下週一中心輔導長要親自驗收，千萬不能出差錯。這是因為在新兵訓練結訓之前，全訓練中心有一場行軍作戰演習，演習時號兵必須跟在指揮官身旁，依指揮官下達的作戰命令吹軍號。教官指示演習時，我的裝備是：小喇叭、戴鋼盔、配刺刀、水壺和防毒面具，不必揹著戰鬥背包，也不必扛著步槍。

演習之前班長指示準備各種裝備，我也跟著許多人跑到福利社將水壺裝滿啤酒，我協助安雄整理戰鬥背包，在冬季軍服下塞進兩包衛生紙以減輕重量，我還特地用內衣包著，避免穿幫。我提醒安雄，班長檢查裝備時，要伸手偷偷拉住背包下緣，否則班長只要用手輕輕一托，肯定難以過關。演習當天在檢查裝備時，果然有許多人被班長掏出衛生紙，然後塞進石頭呢！

指揮官下達行軍令，我趕緊吹起行軍號，整個部隊立即依序出發，浩浩蕩蕩軍容壯盛。我緊跟指揮官的背後輕鬆出發，途中每隔一段時間，指揮官就下達一項作戰命令，我透過軍號聲一一傳達出去，不需看譜，沒有任何差錯，號兵當得勝任愉快。「敵方施放毒氣」軍號響起，前方煙霧瀰漫，人人戴起防毒面罩，端槍搜索前進，雖然是冬天，卻是個個滿身大汗，氣喘吁吁。指揮官下達解除戰況指令，同時命令部隊就地休息，我吹完休息號之後，隨即打開水壺猛灌兩口。這時，指揮官突然轉過身來，問我家住哪裡、入伍前做什麼工作，我趕緊立正站好一一回答。指揮官接著問我水壺裡裝著什麼，並伸手示意要我把水壺遞給他，我心裡有鬼，嚇得口齒不清，支支唔唔的回答「是……茶！」然後硬著頭皮把水壺雙手奉上。指揮官二話不說，打開水壺喝了兩口，笑著說：「好茶！」並把水壺還給我。

我的老天，嚇得一顆心臟差一點蹦出來，直到聽到一聲好茶，緊繃的情緒才舒緩下來。事後訓練中心輔導長還特地跑來找我，問我演習時茶壺裡究竟裝的是什麼？我不敢說謊，據實告知裝的是啤酒，他聽了沒說什麼，只是一陣哈哈大笑之後，隨即揮揮手轉身離去。

新兵訓練中心結訓典禮上，我以學科成績第一名，術科成績第三名，總成績第一名，上台接受指揮官頒獎，同時接到分發派令——以空用無線電電子設備維修專長，分發到高雄岡山空軍通信電子學校接受專長訓練。所有好康的事情都發生在我身上，為新兵訓練畫下完美的句點，所以說當兵一定要有同學罩著，肯定幸福喲！子良兄，謝謝你！

空軍通信電子學校專長訓練紮實

新兵結訓返家休假兩天，又得拿著派令到空軍通信電子學校報到，學校位在岡山，離台南很近，這一回父母親很放心，因為要到學校受訓而不是派到前線，不必成天揪著一顆心。到岡山車站下車之後，向站務人員問明空軍通校的位置，知道路程不遠，就步行到學校報到。

學校內各種通信電子專長分得很細，我受訓的專長是「空用無線電電子設備修護」，和我一同接受訓練的學員兵只有十六人，是各專長中人數最少的，受訓時間八個月，則是各專長中最久的。學科課程包括物理學、電磁學、電子電路設計學；術科包括線路焊接、線路與電子零件測試、電子設備操作檢測與維修、無線電收發報機新機組裝等。

一接觸電子設備我就迷上了，所以學習時特別認真，簡直到了樂此不疲的地步。很多教官非常欣賞我的學習態度，不厭其煩的解答疑惑，教我一些特殊焊接技術，即使在維修過程中曾遭七百伏特高壓的電擊，仍不稍減我的學習熱度，所以十六人組裝的無線收發報機中，就只有我的機器可以正常運作，教官們都這樣告訴我，憑我當下的技術水準，不怕退伍後沒飯吃。

同班學員中，胡正民與吳淵富是二中畢業，陳銘展是長榮中學畢業，他們都住台南，大學聯考失利只得入伍，另外家住員林彰化中學畢業的李建興，同樣也在大學聯考馬失前蹄來到軍中，我們幾個人很談得來，八個月的同學關係讓我們都成了莫逆之交。我虛長他們三歲，他們暱稱我「老師」，在課餘時間我們全黏在一塊，休假返家也都是搭同一班車同去同回。

日子過得很快，八個月的時間轉眼即逝，空軍通校結業了，又得再一次接受分發，非常巧合的是十六個學員中，我們這一夥五個人竟然被分發到同一個單位——屏東機場第六聯隊修補大隊的軍電中隊，於是相約一起前往報到。

軍旅生活奇遇記

一般人對於軍中生活的刻板印象是：合理的叫做訓練，不合理的叫做磨練。意指軍旅生活的種種辛苦與磨難。可是我的親身經歷卻與此大不相同，簡直就像「枝仔冰」一樣涼。下部隊之前我已經輕鬆的過了十一個月（役期的三分之一），想不到來到機場服役比之前更加輕鬆，還有許多奇妙的遭遇，是入伍之前難以想像的。

穿空軍制服，掛下士肩章

飛安事故大震撼

十月是軍中各類演訓最緊張的日子，這種氣氛一到屏東機場就深刻的感受到。或許訓練演習過於密集緊張，初到屏東機場的第一週，就經歷了三次飛安事故的震撼洗禮。第一件事故是一架 F104 星式戰鬥機墜毀，這是當時國內最先進戰力最強的超音速噴射戰鬥機，在屏東機場演訓準備在國慶日表演空中分列式，聽説是這個飛行軍官平日就很臭屁，所以在起飛不久，就要耍帥垂直拉升，以至機身應聲斷成兩截，機頭部分直衝雲霄，飛行員來不及彈跳離開，隨著機頭反轉掉落，筆直插入地下十幾公尺深，挖出時飛行員全身焦黑死在駕駛艙內。

第二次事件只相隔兩天，聽説一架「老母雞」（指 C46 運輸機，是當年服役中機齡最老的飛機）起飛不久，正駕駛飛行官突然看到眼前有螺旋槳飛過，回頭一看，驚覺自己駕駛的飛機右側機翼上怎麼沒有螺旋槳？於是立即採取緊急應變措施，用機腹著陸的方式迫降在高屏溪河床沙洲上，這架飛機上有好幾位將官搭乘，原本是要趕赴台北開會的，還好會雖開不成，卻也幸運的沒有人受傷。

第三次事件我親眼目睹，驚悚無比。那是我們分隊負責機上電子設備的 S2A 反潛作戰飛機，因為前翼有一側的起落架無法放下，必須迫降，由基地指揮官親自指揮飛機迫降，所有維修單位相關官兵（包括我在內），被緊急通知全部到跑道頭待命。之所以如此慎重，因為這種飛機當時台灣只有十二架，是對抗中共潛艇封鎖的重要武力，機上配備尖端的電子裝備與強大的武器系統，造價昂貴，戰備任務吃重，絕對摔不得。

只見指揮官緊握著無線電通話器，不斷對駕駛飛官下達各項指令，要求先到巴士海峽投射所有武器，包括火箭、深水炸彈以及魚雷，一件不留；同時還得將油料洩放掉，只留十分鐘所需用油。駕駛飛官一一回報執行結果，並要求指揮官准許副駕駛、電子官以及作戰官先行跳傘逃生，指揮官咬緊牙關不答應，正駕駛則苦苦哀求，所有現場官兵人人屏息以待，指揮官更是臉色凝重。消防車早將整條跑道噴灑厚達三十公分的泡沫，指揮官下令著陸，可是飛機俯衝時高度不對，只得重飛，氣氛更緊張了。

指揮官要求回報剩餘油料，駕駛員回報剩三分鐘，還不忘哀求准許他的同袍跳傘，可是指揮官並不答應，再度下達著陸指令，提醒控制飛行高度及俯衝角度和關閉螺旋槳等，飛機平穩滑翔，俯衝以機腹著陸，只聽一陣陣刺耳的摩擦聲，以及耀眼的火花四射，飛機成功迫降在跑道頭，指揮官指揮待命人員以斧頭劈開機艙門，救出四名軍官，他們被抬下飛機時，身體都顯得十分僵硬，眼泛淚光，指揮官在每人胸前放一枚勳章，隨即抬上救護車直送軍醫院，結束了一次令人驚心動魄，卻是人員平安、損失降到最低的飛安事故。

事後我請教分隊長，為何指揮官會拒絕正駕駛的請求，不讓其他三人跳傘逃生？分隊長表示那是非常困難的決定，如果其他三人跳傘之後，可能會降低駕駛員的求生意志也不一定，而機上還有其他三位同袍，他就會想盡一切辦法，盡一切可能的把飛機平安帶回。總之，像這樣生命交關的決定，絕對是非常困難、非常痛苦的決定，不容易啊！我自問：如果換成我是當時的指揮官，我會答應駕駛員的請求，讓機上另外三個人跳傘逃生嗎？我不知道，好難喔！誰知道讓其他三人跳傘之後，結果又會是如何呢？

學好本事賺飽荷包

我在機場服役，隸屬於第六聯隊第四大隊軍電中隊的雷達分隊，第四大隊是修補大隊，負責聯隊的後勤維修與運補任務，下設機械中隊、軍電中隊，以及運輸補給中隊等單位；而軍電中隊又設有通信、雷達、軍械等三個分隊。通信分隊負責維修機場內所有飛機通訊設備，是軍電中隊的骨幹，配置的人力很多；軍械分隊則負責維修與裝卸飛機上的武器系統，包括機場各式戰鬥機與 S2A 反潛作戰飛機的武器系統，編制人力也非常多；雷達分隊是最迷你的單位，只負責維修十二架反潛作戰飛機上的電子裝備，包括空用雷達系統、測磁儀系統以及聲納系統，由於這些電子裝備都極精密與先進，所以特別成立了一個雷達分隊來負責維修，分隊的人力包括電子官、士官長與士官總共不到二十人。

我們住的營房和中隊部都在南機場，而雷達分隊部及維修廠房都在北機場，所以人人都買舊腳踏車代步。我們中隊的營房只有一棟，西側是士兵的宿舍，兩排雙層大通鋪；東側是士官宿舍，隔成小房間，配置四張單人床。宿舍正中央則是澡堂與廁所，不管是洗澡間或廁所，都是站著外面可以看到頭和腳的半遮式活動門。

雷達分隊三個維修工作台負責的電子官，至少都赴美國原廠研修該系統兩年以上，不但維修技術一流，無須美軍顧問駐場，而且他們的英語都十分流利，是我們請教學習的對象。我們所有的維修士官分成三班輪值（做一休二），也必須輪流到三個工作台學習，主要工作是機器的測試，要記錄每一部機器測試點的電壓與電流，電子波的波型與波幅，提供電子官或士官長判斷機器可能的障礙點，然後將之排除。其次是電子裝備的拆與裝，每次飛機出任務之後，飛行官都會提出維修需求表，載明哪些機器設備有什麼樣的問題，我們這些地勤維修人員就會根據需求表所列，將屬於自己負責的機器設備，在飛機上進行測試，如果測試沒問題，就在需求表上註明確認的結果，如果測試結果一如需求表所列的狀況，就得將機器拆下進廠維修。再來就是將維修好的機器裝回飛機上，裝回之後必須在飛機上進行測試，當一切運作正常，再於需求表上簽註修復，以明責任。

雷達分隊長林少校是第一批資深的留美電子官，在接收 S2A 的當初，就奉派到美國接受機上所有電子裝備的維修訓練，學養俱豐，深受隊中官兵所敬重。林分隊長發現我雖然只是一名義務役的士官，卻能看得懂最複雜的空用雷達的 TD.（技術命令），驚訝之餘，就常常找我討論這一部技術命令，提示我這一部機器最關鍵的模組常見的一些問題，這些問題會以何種方式表現出來，以及這些問題如何排除，讓我受益良多。甚至於在他親自指導之下，讓我坐上工作台動手維修這一部體積龐大、結構複雜、光是真空管就超過百個、技術命令多達一千多頁的機器。

事實上在雷達分隊裡，我最崇拜的是負責測磁儀工作台的張士官長，隊中官兵暱稱他「張爹」，他不但技術高超，而且天賦異秉，在維修機器的過程中，他是用手指頭去量電路中的電壓、電流，從不拿三用表（用來測量電壓、電流、電阻的儀器）。因此，在進入雷達分隊之初，大家都一再提醒我們這些菜鳥，看到張爹在工作台上時，千萬別靠近他，他可是會扁人的。因為如果不小心與他的身體接觸，你會觸電，他也同時遭到電擊，大家都會很慘。

我崇拜張爹的不是他的天賦異秉，而是他那令人嘆服的高超的電子技術，包括他所設計的 HiFi 高傳真電路、他用馬糞紙做成的超低音喇叭、他手工纏繞的變壓器等等，無一不是令人驚豔的絕品，而且下了工作台的張爹，有一副熱心腸，你想學什麼，他無不傾囊相授，毫不藏私。

正民、淵富和我三人，在張爹的指導之下，學得一身好本事，我們都可以輕鬆的改造市售任何廠牌的收音機或電唱機，不論是改善音質，或是提高輸出功率等事項，都輕而易舉。我們三人利用做一休二的空檔，接洽屏東一家電器行，為他們做維修代工，負責維修他們家客戶送修的收音機或電唱機，我們的手藝打造了這家電器行的口碑，老闆的生意鼎盛，我們的荷包也賺滿滿的，這都是拜張爹之賜的。

和指揮官對賭要下大注

到屏東機場服役不久就是農曆過年，因為沒有女朋友的牽絆，所以我就自願留營值勤，為年輕的同袍代班，既做人情，又可賺代班費，年假期間代班的行情是一班五百元，因為我們做一休二，所以花五百元就可以休五天，花一千元就可以連休一週。我的盤算是留營執勤一週就可以賺兩千元，而過年期間肯定任務不會太多，所以兩千元就可以涼涼的賺。

除夕、初一、初二三天指揮官都到營區巡視，慰勞值勤官兵，發給每個人紅包兩百元，我連三天執勤，紅包賺了六百元，真是好肥的年。除夕夜營區加菜，吃完年夜飯之後，士兵宿舍通鋪區好多人在聚賭，我閒閒沒事做，就在一旁看熱鬧。突然有人大聲喊：「立正，敬禮！」原來是指揮官駕到，正當大家手足無措的時候，指揮官突然表示他要做莊家，跟大家對賭，侍從官頻頻催促下注，小兵們驚驚下，五十、一百的下，我湊熱鬧丟下五百元，引來小兵驚呼連連。指揮官發完牌之後，連牌都沒有翻開來看，就指示侍從官賠錢，然後笑一笑轉身就走，留下來一聲聲的嘆息。我算了算，這個年我幾乎賺了二十個月的軍餉！

瞎掰竟然成名嘴

通信分隊士官長「唐爺」能言善道，是軍電中隊演講比賽的當然代表，也是屏東機場軍中演講比賽的常勝軍。不過卻在基地舉辦「防火」演講比賽報名前夕，唐爺極力向輔導長推薦我代表中隊出賽。輔導長詢問我的意願，我表示如果長官要我代表參賽，我不會推辭。就這樣第一次參加部隊裡的演講比賽，在大隊的初賽中獲得第一名，按照規定接著我必須代表第四大隊參加聯隊的比賽。

大隊政戰主任接見我，除了恭喜我獲得大隊初賽的冠軍，接著勉勵我要努力準備聯隊的複賽，並要求寫好演講稿要先給他過目。我向主任報告過去不曾寫過演講稿，但他十分堅持，要求那就從這一次開始，逼不得已只好擬了一份講稿綱要交卷，卻被退回，並限令第二天就要交出一份完整的演講稿，否則將要把我送去關禁閉。

我悶悶不樂的回到中隊部找輔導長求助，輔導長勸我在軍中千萬別任性，要我依要求好好寫一篇演講稿。回到營房沉澱了一下心情，好漢不吃眼前虧，即使不爽也得耐著性子寫一篇，然後送到輔導長那裡，拜託他代為轉送給大隊政戰主任。輔導長費心的幫我潤飾修改講稿，並請政戰官幫我謄寫一份，由輔導長帶到大隊部，並將修改過的原稿交還給我。

輔導長的好意令我感動，於是回到營房專心準備聯隊的複賽。在進入聯隊演講比賽會場時，發現我的政戰主任也在座，臨時又動的意念，心想：如果再得冠軍，那不是還得繼續在他嚴厲的督導下，日子要怎麼過啊？一想到這，不禁頭皮一陣發麻。於是決定脫稿演出，鬼扯些黃色笑話加油添醋一番，希望把比賽搞砸，才能擺脫噩夢。沒想到這一來製造了意外的「笑果」，不但引來哄堂大笑，而且掌聲震耳欲聾，竟又得了冠軍。

領獎時我臉都黑了，但是輔導長卻非常高興，直接開吉普車送我回營房，並放我兩天榮譽假作為鼓勵。我躺在床上兩天，榮譽假哪兒都沒去，不管淵富他們怎麼鬧，我卻像洩了氣的皮球，渾身沒勁，兄弟們哪知我心中的苦啊！輔導長來到北機場的雷達分隊找我，告訴我大隊政戰主任要召見，事實上是聯隊參謀長要召見我，由他與輔導長陪同。

參謀長嘉許我在演講比賽的表現，勉勵我再接再厲，在基地總決賽時為聯隊爭取榮譽。離開參謀長室，大隊政戰主任語氣不再那麼嚴厲，交代輔導長免去我所有勤務，讓我全心全意準備決賽，同時告訴我按照我的方式去準備，不必再寫稿子給他看了。這個決定是對的，因為我複製了複賽的模式，瞎掰一通，總冠軍如願到手，這可光彩得很，指揮官親自接見，並特別在飛行軍官餐廳設宴慰勞我，我的各級直屬長官作陪，無比榮耀。

小士官麻雀變鳳凰

政治作戰是當時部隊的核心工作之一，所以每個部隊都得定期上政治課，也會定期考試，我連兩季政治考試都得滿分，輔導長認為我夠資格當選國軍英雄政士，接受總統的召見表揚。輔導長到雷達分隊找我，除了做上述表示，主要是指揮官再一次召見，他推測應該是要推薦我當政士。但結果出乎他的預料，指揮官並不是要推薦我當什麼，而是要聘任我當軍官團政治課的教官，講授「三民主義思想背景之研究」。

我直言對國父思想素無研究，不敢接這門課，因為師範學校時期雖學過這門課，但讀的課本都非國父原著的三民主義，所知實在有限。他則要我即刻動手做研究，給一個月的時間做準備，不要再推辭。這種硬趕鴨子上架的任命，真的讓我很傻眼，輔導長一路安慰我，並找了很多版本的三民主義借給我，我只得每天關門研讀，分析比較各版本說法之異同，摘取各家之說的精華，構思研擬課程綱要，小心翼翼，事涉思想正統與否，不容任何差錯。

每週兩節課，連上八週，總共才十六小時的課，花一個月準備，猶覺不足。這一班是少校以下的軍官班，我們中隊裡包括分隊長以下所有軍官都在班上，平時看到他們都得敬禮喊長官好，如果我穿制服去上課，掛著下士肩章，那怎麼為一群軍官上課啊？所以我想到一個絕招——穿工作服，沒有任何階級識別系統，除了隊上軍官之外，沒人認得我，就可以堂而皇之的上課了。

我請隊上的上尉電子官當班長（不敢請分隊長當班長，因為上課時班長要向教官報告上課人數以及喊起立和敬禮的），並且設計幾個問題，發現上課時打瞌睡的、聊天講話不專心聽課的，我就指名我不認識的軍官回答，樹立我的權威，卻又把這些問題事先拿給自己分隊裡的電子官，讓他們對於我提的問題可以侃侃而談，對答如流。這一招很絕，隊上的軍官從此以後沒有人再耍官威，我們這些義務役的士官兵日子好過得很。

我常引述黨國大老對三民主義詮釋的論述，來支持我對於三民主義思想分析的觀點，很能唬住人的；我又以歷史事件來印證國父的主張，這種講述方式對軍官們來說是比較新鮮的，所以頗能吸引他們，看他們的反應還不錯，我就安心多了。上完課參謀部派人送來鐘點費，每小時十七元，超爽的，我全部拿來買冰棒請所有士官兵吃，大家都喊爽！

長官信賴託管差假

中隊長張冠軍因無緣晉升上校而申請退伍，由副中隊長王澤林少校接掌軍電中隊，他也隨即晉升為中校。新隊長上任之後，整個中隊的氣氛立即有很明顯的轉變，因為新隊長福福泰泰的，活像一尊彌勒佛，也一如彌勒佛般的笑口常開。他上任才一週，就到營房內找我，交給我裝訂成一整本的「離營差假單」，告訴我凡是隊中的士官兵，只要有正當的理由，就可以發離營差假單給他。差假單上都已蓋上隊長的職名章，這是長官對我的信賴，在我代管差假近一年的時間內，王隊長只有提醒過我一次，告訴我基地警衛憲兵連的統計，我們軍電中隊士官兵離營的次數居全基地之次，再不節制，恐怕他的印章會沒有用。

我承擔了隊中士官兵離營的所有責任，他們也對我敬重有加。王隊長這種非正式的授權管理，營造了絕佳的團隊氣氛，全隊上下和樂融融，而且工作績效優越，甚至於在各部隊間的各項團體競賽，也屢獲佳績，讓王隊長滿面春風。

張平順與張欽銘兩位傳令兵與我在中隊部合影（王隊長都是請他們之一來營房找我）

抒情軍歌獨樹一格

在隊中我似乎已經成為「萬能」的代名詞，不管什麼事，長官們大概第一個會想到的人就是我。軍歌教唱原本是輔導系統的政戰官的職責，但這一次部隊間的軍歌教唱比賽，輔導長就來找我負責。反正在軍中就是服從，所以對於長官交付的任務通通來者不拒。何況軍歌曲調的旋律簡單，只要三兩次練習就可以琅琅上口，就像兒歌一樣要教唱並不難。

輔導長將參加軍歌比賽的官兵名單交給我，也遞給我這一次比賽指定的軍歌曲目、歌譜、練唱時間表與練唱場地等，同時在點完名之後，介紹我給大家，宣布由我負責這一次比賽的教唱任務。王隊長和大家講話，強調絕對不可以拿最後一名，當然也不要拿第一名，否則還得參加複賽和決賽，沒完沒了，維修工作會停擺。既然長官要求不高，我就沒有什麼好擔心的。我向輔導長提出幾項請求：第一是練唱的場地希望能改到營房旁的籃球場，第二是練唱時服裝的穿著可以比較輕便一些，第三是我需要幾位助手，請胡正民幫忙伴奏，陳銘展幫忙起音，吳淵富幫忙清點人數與點名。輔導長一口答應，軍歌隊四十位官兵鼓掌歡呼。

我之所以選擇在營房旁的籃球場練唱，因為球場旁邊的芒果樹很高大，樹蔭涼爽，距離營房又近，十分方便。練唱時胡正民彈著吉他伴奏，陳銘展是長榮中學聖詩班出身的，音準很好，所以有他們的幫忙，練習軍歌變得很簡單。行進間的演唱歌曲就要配合整隊行進，短褲加汗衫，拖鞋加木屐，踢踢躂躂拖拖拉拉，反正是練習嘛不必太認真。練完軍歌的餘興節目就是唱流行歌曲，大家唱得比練軍歌還認真。

距離比賽還有一週，中隊長還是按捺不住，過來巡視我們練唱的情形，當他看到我們穿著汗衫拖鞋，行進間演唱的時候步伐淩亂，「答數」時有氣無力，他大概快吐血了，於是集合大家講話，左一句死老百姓，右一句死老百姓，認為我們不拿最後一名才怪，大家被罵得抬不起頭來。我想這是我搞出來的名堂，就必須一肩扛起責任，所以向隊長報告，果真拿最後一名就關我禁閉。隊長拍拍我的肩膀，連說沒有那麼嚴重，要我們好好加油。

比賽當天，其他的隊伍每一首歌幾乎都像歇斯底里一般，從頭嘶吼到尾，我們這一隊完全不一樣，強弱快慢分明，抑揚頓挫有致，尤其是靜止間的演唱，差異性更加明顯，比賽結果，冠軍到手。我知道隊長暗爽在心裡，可是仍然嘴硬的訓我們：教你們別拿冠軍，這下可好了，接著必須代表大隊參加複賽，好幾個工作台都得關門了。他說的也是實情，因為複賽每隊要六十人，冠軍隊要占一半三十人，所以只有十個人可以回到工作崗位，大家只有拚命加班了。

大隊政戰主任仍然任命我擔任指揮與教唱，練唱的地點指定在機械中隊的第二廠棚，人員管制由大隊政戰官負責。我領教過政戰主任的嚴厲，不敢像初賽的練習那樣請求在樹蔭下練唱。不過我仍取得政戰官的許可，練唱時由胡正民彈吉他伴奏，起音的工作也由陳銘展擔任。

擔任大隊軍歌隊的教唱工作辛苦多了，練習時政戰官全程陪同，緊盯不放，當然也不能唱流行歌了。我看大家練得汗流浹背，可是卻沒有人抱怨，可能是過去一向如此，大家都習慣了吧！我教唱時仍然重視強弱要分明，必須配合我指揮的手勢來表現。靜止間的演唱隊形必須要有變化，我設計了幾種手勢，大家在我的手勢指揮之下變化隊形，這方面的練習花了很多時間。

聯隊的複賽，我們大隊的演唱方式，與其他參賽部隊之間差異甚為明顯，結果又再次獲得冠軍，於是又必須代表第六聯隊參加全基地的總決賽。聯隊參謀長雖然對於由士官擔任軍歌教唱指揮感到相當訝異，但是仍依照慣例任命冠軍隊的指揮來擔任教唱的工作，我也不辱使命，率聯隊軍歌隊獲得基地總決賽的冠軍。

讓我意外的是基地指揮官竟親臨比賽會場，並在比賽結果宣布之後，頒獎給我，詢問我如果將參賽的八個部隊總共六百四十名官兵交給我指揮，是否有辦法指揮得來？他要求八個參賽部隊合唱一首行進間的歌曲，以及靜止間演唱〈領袖萬歲歌〉。我表示願意一試，於是他頒完獎之後立即宣布大合唱，並任命我為大合唱總指揮。

我硬著頭皮接受挑戰，使出渾身解數，下達指令由六聯隊為首，安排各部隊順序，以及行進路線，照樣由陳銘展起音，先答數、再演唱，聲震霄漢，氣勢磅薄，無比震撼。接著在行進間下令部隊整併，前四部隊原地踏步，後四部隊繼續前進，第五併入第一隊，第六併入第二隊……，成四個正面之後，在司令台前形成ㄇ字型隊形（左右各一、正對司令台為二），然後演唱〈領袖萬歲歌〉，我要求用美聲不可嘶吼，發呼內心的崇敬來唱這首歌。

演唱完畢，所有在場長官都起立鼓掌，指揮官來與我握手表示讚許，認為我臨時受命，卻能指揮若定，對於只是一個義務役的士官來說，誠屬難能可貴，因此再一次面邀共進午餐，仍由我的各級直屬長官作陪。席間指揮官一再指出我是可造之才，所以他要推薦保送我進入空軍官校就讀。可是我志不在軍旅，教育工作才是我想要的，所以只得婉拒指揮官的好意。

美術專長露一手

民國五十八年國慶前一週，許多知名藝人要到屏東機場舉行勞軍表演，王隊長找我負責舞台的設計與布置。天啊！他當真認為我是萬能的。機械中隊負責搭建舞台，以他們的專業來說，那是小兒科，可是為什麼找軍電中隊負責布置舞台呢，實在想不通道理何在。反正在軍中有任務交下，接就是了。

向機械中隊要來舞台的尺寸，就著手設計舞台，屏東號稱椰城，所以我就以藍天、白雲與椰林作為布置舞台的主要景觀，以藍布縫成大布幕作為背景，並分隔成前後台，在上面隨意縫上棉花象徵朵朵白雲，向軍械分隊要來高密度的保麗龍切割成椰子樹幹與椰子樹葉的葉柄，黏上綠色壁報紙剪成的椰子樹葉，立體而逼真，眾多的椰子樹幹在舞台兩側構成出場與退場的門，被派來當助手的阿兵哥塗顏料的、切割樹幹的、黏貼樹葉的，大家越玩越起勁，點子越來越多，進度十分順利。

勞軍表演當天，所有阿兵哥都不肯放棄機會，幾乎沒有人缺席，第六場棚裡人山人海，各部隊分配的席位都擠得滿滿的。我們舞台布置小組被安排在後台待命，以防布景出任何狀況。我的天，眾星雲集，男的英俊，女的俏麗，從不曾這般近距離看過明星，歌王謝雷、女星張琪……，好多好多，真是值回票價，再辛苦也樂於承擔這一項任務。

副中隊長李瑞來找我，問我會不會畫建築設計圖，我表示沒有畫過，也不曾看過別人畫的設計圖。副隊長希望我試試看，因為通信分隊的廠房不夠用，需要擴建新廠房，工程招標又需有設計圖，如果請建築師畫設計圖費用又太高，預算會不足，所以要我幫這個忙。他原本就是通信分隊長，所以對於對新工廠的需求十分清楚，又有其專業的觀點與規劃，他給我一分需求清單與空間配置平面的草圖，我想這也不能推了。

我去買了一些設計專用紙，用來畫空間配置平面圖，我詳細請教副隊長各工作台的工作流程，作為設計動線的依據，將草圖中的若干空間配置做了局部的調整，經副隊長認可之後才定案。至於主體廠房，我是用透視的方式畫了四幅立面圖，以及一張鳥瞰圖。至於內部工作台配置圖，則分別列舉說明基本配備。

我向分隊長報告，這些圖說，我完全不知是否符合招標規範，如果必要，可以在領標的時候向有意願參與投標廠商說明。想不到參與投標的廠商說他們完全看得懂，工程也順利標出。最後完工時，我自己也嚇一跳，因為整個新廠房就和我畫的立面圖一模一樣，我不由得也佩服起自己。

三年軍旅完美結局

民國五十九年十月底，軍旅生活接近尾聲，王隊長特別辦了惜別餐會，包括中隊部的所有長官、三位分隊長以及雷達分隊的全體同袍全都出席。我們這一梯次的「充員仔」（指義務役）全都集中在雷達分隊，大家培養出革命情感，從空軍通校一路相處到雷達分隊，是十分難得的機緣。我們一起向長官們敬酒，感謝兩年多的照顧，也一一向同袍話別，期待有緣再相會。就在這裡，我們為三年的軍旅生活畫下了完美的句點，結束了令人驚奇的軍中境遇。

02 因材施教的理想頻遭質疑（59.11.3-63.7.31）

開啟人生新頁

從軍中退伍下來，我立即要面對人生中的兩項大事，一是申請調職，二是結婚，這兩件事情都必須在退伍後一個月內完成。因為婚期早就決定了：十一月十八日，而在結婚之前，必須把調職的事情搞定，我不希望新婚之後就與妻子分居兩地，也不希望把妻子帶到山裡過日子，她任職於台南市的安南國中，而我在嘉義大埔國小任教，由我申請調回台南服務才能圓滿解決問題。

遇貴人，順利調回台南

為了爭取時間，必須立即展開行動，可是沒有門路又沒有背景，一開始真的不知道從何努力起，心想，人事權掌握在地方政府首長的手中，與其找業務主管的教育局，不如直接找市長。於是寫好自己的履歷表，跑到市政府直屬市長室求見市長，機要秘書問我有無和市長預約，我據實回答沒有，因此他要我把履歷表給他，他會代為安排，如果市長有指示要接見我，他會通知我到市府來。

我哪有時間這樣等待，所以一直纏著機要秘書代為通報一聲，請求市長給我機會回到台南市服務，秘書表示不符合程序，他沒辦法安排這種臨時性的接見，還是要我回家去等。正在這個時候，市長林錫山先生從辦公室內走出來，機要秘書立即上前向市長報告我的請求，只見市長向我點點頭，問我家住哪裡？現在在哪裡服務？我報告市長我是安南區四草人，現在在嘉義縣的大埔國小服務，即將要結婚，非常渴望回台南市任教。林市長聽完隨即指示秘書要教育局人事科，把全市教師缺額表拿到市長室，讓我挑選學校，並立即派任。我深深感動，無比感謝，向林市長鞠躬道謝。

就這樣我選擇離家最近的顯宮國小，而不是四草的鎮海國小，原因無他，就怕「近廟欺神」，回家鄉服務無法避免人情包袱。當天下午即拿到教育局開立的人事派令，興奮的告知未婚妻幼治，並即刻動身前往大埔國小辦理離職手續，一切超乎想像的順利。我面邀李校長與全校同仁來台南喝喜酒，也得到大家衷心的祝福。教導萬良謨主任讓我填寫辭職書，開給我服務證明書與離職證明書，並告知學校會儘快呈報嘉義縣政府，以完備相關手續。

回到台南，立即持相關文件向顯宮國小報到，教導羅哲義主任接到我的派令後，立即處理我到職的相關作業，並帶我面見校長。蔡鐘乾校長任命我為訓導主任，還得兼四年甲班級任，這是因為全校代課教師人數過半，所以正職教師多半須同時兼行政工作與級務，我覺得這是學校為學生權益做考量之後的決定，合情合理，完全沒有問題。我面邀校長與教導能光臨我的喜宴，並向他們報告我只會請退伍後的一個月公假，不會另外再請婚假。校長表示肯定，但他提出校慶運動會期間，希望我能到學校幫忙，因為學校人手實在不夠。雖然那是我新婚的第三天，我還是毫不考慮的答應了。

遇佳人，人生溫馨多彩

從我南師畢業開始，父母親就不斷催促我結婚，媒人婆進進出出我家家門，還強押著我去相親，我千篇一律的答案就是：「不中意。」我對不斷的相親深覺困擾，因為我心中懷著一個目標——上大學，這個目標在當時遠遠超過一切，我向父母稟報未完成大學學業之前，我是不會考慮結婚的。父親則以他「父老子幼」的無奈，以及對於有生之年能抱孫子的渴望，才會如此堅持與急切的催促。這個問題一時之間無解，也一直困擾著我們父子之間的關係。

直到有一次我放榮譽假回家三天，堂姐玉枝湊巧也回娘家，久未見面所以有許多話聊，話題天南地北，無所不談。當談到同學的時候（堂姐長我三歲，但我們小學卻是同班），她突然提到她的初中同學畢業後各個不同的境遇，有一個她最要好的同學畢業後還一起學打毛線衣，現在回到安南國中服務，還未結婚，她想介紹給我，父母親一聽立即在一旁附和，我抱著無所謂的心情，答應堂姊安排與她同學見面，沒想到這一見面竟決定了我的一生。

第二天我騎腳踏車載著堂姊到安南國中，堂姐進到學校內帶出她的同學，雖是短暫的見面與交談，但是印象好極了，態度落落大方，言辭溫和懇切，於是互留聯絡方式，欣然返家。回家途中堂姐問我印象如何，我據實以告，會試著與她交往，增加雙方的了解，現在就要下決定實在很困難。

我想這是一個機會，於是試著主動寫信給她。信中提供一些個人的訊息，讓她有進一步了解我的機會，同時表明希望有機會與她交往。得到的回信是令人鼓舞的，她表明雙方可以繼續交往，先做朋友，如果有緣，以後再說。就這樣藉著書信往返，維持著互動關係。

想不到父母親已經按捺不住，要求堂姐一再催促她同學表態，甚至表示要請媒婆到她家提親，她來信表示十分困擾，我只得寫信回家向父母親下通牒，表明如果他們把對方逼急了，而不再與我交往，我就從此不再談結婚一事，退伍後就直接回山中教書，不再回家。

父母親一看事情鬧大，請堂哥回信給我，表示不再干擾對方，這才化解了父子之間前所未有的緊張關係。不過事實上父母親並沒有停止促婚的動作，他們打聽到來四草「做牙齒」（做假牙及治療牙齒）的謝元酌先生是謝小姐的堂哥，與謝小姐的父親是最「麻吉」的「師公與想杯」，所以找他幫忙，謝元酌先生拍胸脯掛保證要促成這一段姻緣。所以沒多久謝小姐來信就提到她父親已經決定接受我們家前去提親，她不知道我對此的想法如何。

我想既然雙方家長都有意思結親家，再堅持反而傷感情，所以就寫信約她見面，這麼重大的事情，我想當面說清楚才好。我們在台南公園的涼亭下見面，沉默了許久，我說我十分盼望，希望她能同意，她頭低得不能再低，說出願意的時候聲音幾乎聽不見。

我說先訂婚吧，結婚時間我堅持必須等到退伍之後，所以我請她回去轉告她父親，必須堅持等我退伍之後結婚，才能答應我家去提親，這個訊息透過謝元酌先生傳達給父親，才不會橫生枝節。當一切說定之後，雙方透過媒人的安排，選擇了一個大好日子，去到她家提親，雙方就此互訂終身，這段交往與訂親都是我在空軍通信學校受訓期間內發生的事。

從訂婚到結婚這兩年多，我們有充裕的時間增進彼此的了解，兩人的感情也與日俱增，為往後的婚姻生活奠立了堅實的基礎。在離退伍還有半年的時間，父親迫不及待的請大眾廟的「鎮海元帥」，擇定黃道吉日——民國五十九年十一月十八日讓我們完婚，是退伍後半個月，所以退伍之後我必須跟時間賽跑，在最短的時間內完成生涯中兩件重大的事情。

依照民間習俗，長子結婚必須祭天（拜天公）酬神，我雖不是長子，卻因兄長早逝，頂上長子的位子，父親也為我許願祭天，所以在十七日晚上，開始了冗長繁複的拜天公儀式，事實上在祭天儀式前三天開始，我們全家男丁都必須齋戒沐浴，三餐茹素。當天午夜子時開始，法師步罡踏斗，催符念咒，鑼鼓齊鳴，我們也在法師的指引之下不停的跪拜，撐完一整個時辰的儀式，兩膝皮破瘀青，體力早已透支，所以拜完天公之後就寢，累到第二天要迎娶新娘時幾乎爬不起來，差一點就耽誤了良辰吉時呢。

我的結婚是我們家的大事，所有親友幾乎都來幫忙，租來三部禮車迎娶新娘子，媒婆、伴郎、放鞭炮的、提禮籃的，一行人浩浩蕩蕩前往新娘家。新娘入門之後則由五姑媽當「婆仔」，帶著我們依循古禮進行，入洞房、拜見公婆、到大眾廟祭拜神明、再回家祭拜祖先，趕在喜宴之前完成所有儀式，雖然忙碌，卻充滿喜悅。

喜宴席開三十桌，八仙桌從我家門口埕排到隔壁堂哥家，我們「姓吳角」親族家的八仙桌全借來還不夠，連「姓陳角」各家的都借了來，喜宴盛況在四草這個小漁村還不多見，所以喧騰一時，傳為美談。父親因為滴酒不沾，所以由大伯父代為向親友敬酒。因為吳、謝兩大家族結親，席間拚酒也就特別起勁，讓喜宴的氣氛為之沸騰。

第二天（十九日）是幼治歸寧會親的日子，他們謝家是海尾寮的大家族，親友人數眾多，加上岳父交遊廣闊，所以喜宴席開三十幾桌，為了迎接賓客，特別將屋後的一片田整平，才擺得下桌椅，讓眾多親友一起分享我們的喜悅。

在喜宴開席之前，許多親友都已提早前來，利用這一空檔，岳母特別領我去拜會家族中的長輩，岳父在十四位堂兄弟中排行第三，堂姐妹也有十人，一時之間要記住這麼多長輩還真不容易呢！

1. 迎娶過門之後，隨即依循古禮進行各項儀式，雖忙碌，卻充滿喜悅
2.90 高齡的阿嬤高興的接受親友的道賀

1 | 2

1. 五姑媽邊說著吉祥話，邊帶著新娘子依循古禮進行各項儀式
2. 大埔國小李萬壽校長親自率同仁專程前來道賀
3. 大埔國小同仁來了一桌，我頻頻勸酒
4. 岳母十分鍾愛幼治
5. 幼治與擔任伴娘的好友合影

1
2 | 3
4 | 5

卡在顯宮國小校慶必須到校幫忙，原本計畫中的蜜月旅行不得不放棄，幸好幼治能夠體諒，沒有任何抱怨，還說樂得有更多的時間與家人相處，可以在家洗手作羹湯，這樣對於增進婆媳關係幫助極大，家中大小事情母親都逐漸放手交給幼治，她也處理得妥妥當當的，兩老滿意極了，逢人就誇媳婦好。

幼治的嫁妝——電視機，可是當時村子裡僅有的少數電視機之一，加上幼治人緣好，與左鄰右舍相處融洽，所以很快的我家就成了社區電影院，每到歌仔戲或布袋戲播出時間，男女老少就拎著凳子到我家集合，圍擠在電視機前，不分大小幼治都會親切招呼，笑臉迎人。尤其許多安南國中畢業或就讀中的小女生，只要幼治下班回到家中，準會有一大票人跑到

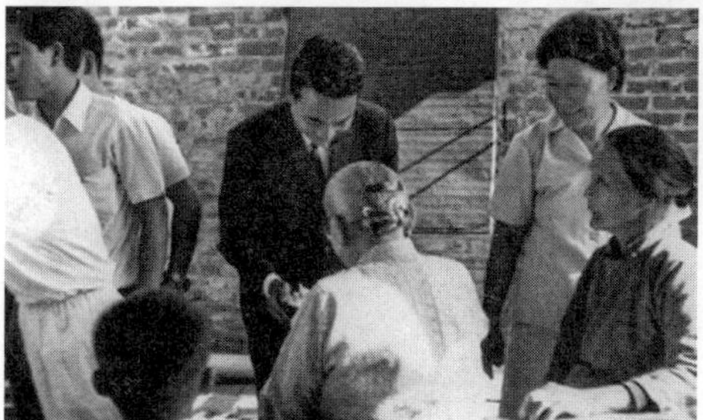

1. 大伯父和五姑媽陪新娘向來賓敬酒
2. 軍中好友也來了一桌
3. 兩位可愛的小花童
4. 在岳母引見下拜會家族中的長輩
5. 歸寧喜宴結束，岳父陪同送客

1|2|3
4|5

家裡找她，好像她們之間有聊不完的話題似的。

父母親看到媳婦如此受歡迎，更加疼惜。尤其父親更是為了幼治，改掉了積習數十年的口頭禪——開口說話之前先來的「三字經」。所有的家人都覺得不可思議，但父親確實改掉了，在幼治過門不到一個月的時間，父親就此不再「出口成髒」。母親得意的表示這是她提醒父親的，人家媳婦是有受過教育的，又在學校服務，不要在媳婦面前口沒遮攔。果真如此，也太不可思議了！

婚假期間一時覺得技癢，於是畫好電路設計圖，開列零件清單，買來所有零件與機殼，動手組裝一部擴大器、電唱機以及喇叭箱。短短三天的時間，一部高功率高傳真的音響系統就完成了，試機的時候，強力的輸出幾乎把自家的屋瓦都給震飛，引來好奇的左鄰右舍前來觀看，大家都不曾看過這麼大的喇叭箱，也很少聽過這麼美的音樂聲，我告訴大家這是我從軍中學來的本事，不論電唱機或收音機，會修理也會組裝新機，如果家裡的收音機或電唱機故障，我都可以免費服務。這一說讓我忙了三年多，直到我去師大念書，電器維修的服務才告終止。

兩家人於喜宴後合影（前排左起：岳父、岳母抱著長孫女玫貞、幼治、我、父親、二姐；後排左起：健南、健昌、健興、健茂、幼招、大嫂品香、健輝、媒人阿座嫂、鄉蘭、鳳子）

截然不同的校園文化

來到顯宮國小，與之前服務的大埔國小，有截然不同的校園文化。顯宮的規模小多了，但環境卻是十分複雜，首先令人傻眼的是媽祖廟就在校園中，廟宇和學校辦公室比鄰而立，平時社區老人群聚廟口擺龍門陣，廟會時戲棚子就搭建在學校操場，鑼鼓喧天根本無法上課；其次，學校圍牆只圍一半，南側和東側有圍牆，北側在學校辦公室、廟宇，以及社區居民的住家之間沒有任何區隔，西側的竹筏港溪雖似形成天然屏障，但小朋友一下課就跑到水邊捉招潮蟹、玩水等，潛藏可能溺水的危機。

在這樣的學校擔任訓導主任，每天都得為學生的安全擔心不已。為預防可能的安全事故發生，我動手繪製「校園安全地圖」，標示出每一處安全死角，提醒輪值的導護老師加強巡視這些死角區域，避免可能的事故發生。

蔡校長初次接掌校務，所以企圖心極強，處處力圖表現，給全校教師帶來不小的壓力。雖然義務教育已經延長為九年，可是來自升學名校的蔡校長，還是要求老師們不斷提升學生的學業成績，每次月考之後會將各班各科平均成績公布，而且在教職員朝會的時候，直接點名考試成績不理想的任課教師，絲毫不留情面，這些事情在大埔國小都是難以想像的。

我對教學理念的堅持

去掉了升學的壓力，來到顯宮國小以後，我的教學方法拋棄了升學掛帥過度練習的填鴨模式，改為引領學生探索知識的方式，希望能夠實踐因材施教的教育理想。因此，我教導學生自主學習的方法，強調預習在學習過程中的重要性，以及指導學生在預習中能發現問題、並試著自行找到問題的答案。我的策略是在備課的過程中，設計一些新的問題情境（不同於教科書上的情境），將教材的重點置入於新問題情境中，然後寫在一張紙條上，浮貼於該重點旁，上課時向學生提問這些問題，並要求學生從教科書中找尋答案。

一段時間之後，學生慢慢學會發現問題，也慢慢學會從教材中提出自己不會的問題，寫在預習作業簿上，再於上課時，各自拿綠色壁報紙條寫上自己的問題，然後夾在黑板前的鐵線上，在所有問題都呈現後，全班學生在教科書上尋找各個問題的答案，將自己的答案寫在壁報紙條上，直接夾在該問題紙條上，搜尋答案工作完成之後，我再逐題引導學生檢視各個答案，徵求補充、修正，甚至駁斥答案，透過這樣的過程來找到最佳答案，當大家都對答案沒有異議的時候，就將答案抄錄到預習作業簿上。當所有問題都解決之後，學生們對於教材內容已經了然於胸，所以教學時只需再引導學生回顧全篇教材，進行最後的統整就可以了。

我翻閱學生過去的學習資料，依成績高低分成三組，將高分組與低分組的學生安排坐在一起，高分組學生要協助低分組學生完成各項學習任務，讓小朋友以同儕為師，企圖透過這種小老師制度將所有學生帶上來。除此之外，家庭作業也與此配合分成三組，高分組學生可以完成我指定的作業或自訂作業，但不可以選擇其他兩組的作業；中分組學生可以完成我指定的作業，或選擇挑戰高分組的作業，但不可以選擇低分組的作業；低分組的學生可以完成我指定的作業，或選擇挑戰其他兩組的作業。

我認為家庭作業不是一份讓學生帶回家去做的工作，而是學校學習活動的延續，透過讓學生在家自主學習或練習，以補在校學習之不足。而每個學生稟賦不一，所以需要補足的部分也不同，因而才會設計不同內涵的家庭作業給不同的學生去完成。這種想法要對學生說明白並不容易，當我宣布家庭作業模式時，班上學生引起不小的騷動，雖沒有學生直接提出抗議，但彼此交頭接耳竊竊私語，我知道他們對於這種規定心存疑慮，甚至於認為不公平。

要如何對學生解釋「因材施教」的道理呢？突然靈機一動，把班上學生帶到操場旁的一棵大榕樹下，在間隔約五公尺的地面上畫兩條直線，我挑一塊比較大的石頭搬來放在一條直線上，然後請班上的大個子吳振端小朋友，試著將石頭搬到另一條直線上，只見他雖順利完成，卻也已經面紅耳赤；隨後我請班上的小不點林福利小朋友，將石頭搬回另一條線上，可是不管他怎麼使力，石頭連動也不曾動一下。

班上學生全都滿臉疑惑，搞不清楚我幹麼安排這一幕「搬石頭記」，我讓學生回教室坐定，然後問他們：「剛才兩位搬石頭的人都是我們的同班同學，振端完成搬石頭的工作，所以我給他一百分，福利搬不動石頭，所以我給他零分，你們說我這個老師公平嗎？」同學們議論紛紛，討論熱烈，有的說公平，有的說不公平，各有各的理由。

我試著引導他們去分析：如果考量單一的面向，要求年紀相同的人做一樣的事情是公平的，如果考量時加入不同的面向，例如身高、體重、強弱等等，就會發現一樣的年紀，有的人長得高，有的人長得矮，有的人長得強壯，有的人長得瘦弱，所以兩個人的年紀雖然相同，但是要求長得強壯的和瘦弱的人去做一樣的工作，就不一定是公平的。

我把上述的結論引申到家庭作業的設計上，告訴學生我除了考量大家年紀的問題，還注意到記憶力、學習速度、經驗背景等的不同，而規劃出三組不同內涵的家庭作業，著眼點聚焦在作業對於同學們的學習有無助益，所以如果統一規定一個生字練習寫五次，對於只需三次練習就能牢記的學生而言，練習五次是多餘的；但對於需要十次練習才能牢記的學生而言，五次的練習是不足的、幫助不大的。

對於這樣的解釋，學生們似乎可以理解，因而對於做不同作業這件事逐漸釋懷了，都會依規定完成而很少抱怨。不過，蔡校長對於這件事卻非常在意，他在抽查學生作業簿之後，發現我班上學生作業差異很大，於是把我找到校長室，指著學生的作業簿大聲質問我為何這樣做，他認為讓學生做不同的作業是很不公平的，還問我難道沒有學生家長來抗議嗎？

我實在很難理解為何校長不接受因材施教這個理由，只關注他所謂的公平。我只好反問校長，請教他我這樣做對於一個老師來說，是比較輕鬆的還是比較辛苦的？難道我吃撐了沒事幹找自己的麻煩？校長沉思了一會兒，表情稍微緩和了一些，然後揮手示意我可以離開了，我真不知他對於這件事最後的想法是什麼？

這所迷你學校的核心似乎並不是蔡校長，而是教導羅哲義主任。羅主任為人海派，處事圓融，多才多藝，交遊廣闊，人緣極佳，在台南市教育界極為活躍。他與學校教師打成一片，學校同仁也以他為核心，組成了兩支實力堅強的球隊。學校規模雖小，卻是臥虎藏龍，桌球隊中的健將包括羅主任、張來益、郭江湖、蔡炳昌等，都是台南市教師桌球聯隊的台柱；至於足球隊中也擁有國手級的前鋒林福斌、中場大將羅主任、大掃把後衛林木清與朱善嘉等。所有比賽都由羅主任負責與其他學校聯繫，在假日中大家隨著他四處征戰，因而培養出深厚的革命情感。

老師們也將自己的專長傳授給學生，組成學生桌球隊與手球隊，因為一個年級才有兩班學生，學生數甚少，所以學生球隊的成績，就遠不如教師球隊那般輝煌。六〇學年度林福斌、朱善嘉、張來益等好手相繼入伍服兵役，蔡校長也轉

顯宮國小教師足球隊戰績彪炳

調石門國小服務，接手校務的是由勝利國小教導轉任的新手校長郭森玉先生，郭校長到職之後，依然任命我擔任訓導主任，並要求我接手學生手球隊、學生田徑隊的教練工作，同時要求我成立學生節奏樂隊，一時之間我得長出三頭六臂才足以應付新增的工作。

師範生的字典裡沒有「不會」

在師範生的字典裡沒有「不會」這兩個字，只要學校推動的學生活動，老師就得會教。所以過去雖從未碰過手球（正好在我服兵役期間，手球運動剛引進國內在各級學校間推展），還是得接下學生手球隊的教練工作，「不會」這兩個字就是說不出口。所以接到校長交付任務的當天，放學後立即衝到南一書局，一口氣買進三本與手球有關的書，回家猛K，摘取各項動作要領，撰寫訓練計畫，繪製教學掛圖，同時將關鍵技術的分解動作圖以及手球門畫在辦公室外牆上，作為球隊訓練的教學情境。

在一個月內完成所有球隊訓練的準備工作，我聘請體衛組長郭江湖老師擔任助理教練，並決定只從我自己班上的學生挑選隊員。教導羅主任勸我另從六年甲班挑選選手，他認為以一個班的學生很難組成學校代表隊。我的想法不一樣，如果是五、六年級混合組隊，那麼隊員之間永遠有一半是新隊友，彼此默契的培養只有一年的時間，可能比較不足，如果以同年級組隊，六年級組成一軍，五年級組成二軍，這種策略或許比較容易打出好成績。羅主任表示尊重我的意見，可以實驗一下，看看成效如何。

一個手球隊在比賽中可以登錄十五名球員，但我班上五十六名學生中怎麼挑都無法找到十五名球員，只好以十名隊員成軍。兩名守門員沒擔任守門工作時，就得當替補球員，隨時準備上陣，即使如此，全隊也只有三名替補的板凳球員而已，比賽時只能祈禱不能有傷兵出現。為了克服先天條件的不足，我第一階段的訓練策略是：（一）加強體能與耐力訓練；（二）加強守門員與球員防守能力訓練；（三）

加強進攻時突破防守能力訓練。第二階段則是實戰訓練，透過友誼賽的方式演練進攻與防守的各項戰術。

我的訓練處方都是自己研擬的，是從自己當選手時教練訓練我的過程，加以調整修正，變成我訓練球員的處方。我在南師讀書時，被選上游泳校隊，老師發現我既有速度、也有耐力，他希望訓練我成為全能型選手，既可參加短距離的競速比賽，也可以參加長距離的耐力比賽，所以他給我的訓練處方很特別，耐力訓練從一千米到一千五百米、二千米、二千五百米直到三千米，他為我設定的比賽項目是一千五百米，但在不同訓練階段中，每次練習的距離不一樣，但都要求定速在五十米／四十秒；速度訓練的處方則練習重點在跳水以及二十五米衝刺，要求從二十五米／十五秒的門檻開始。

我為小選手提出的第一階段處方是：速度訓練三十米／五秒從十次、十五次到二十次；耐力訓練從五百米、七百米、一千米到一千五百米，定速從一百米／二十秒的門檻開始。第二階段的速度訓練加入過人動作，三十米的衝刺過程中要過三個人；耐力訓練則從操場移地到海邊沙灘上練習。

守門員的訓練處方和球員不同，我利用學校內特有的樹穴，設計了別緻的訓練課程。校園南側圍牆邊有一排種植榕樹的圓形大樹穴（校地鹽分高，所以築大樹穴填進客土，種樹才會活），高度七十公分，直徑四米，間隔十五米，共八個，我選擇第一到第五個樹穴，要求守門員依序跳上、跳下一至五號樹穴，定速一趟一分鐘，從每次十趟、十五趟到二十趟。除此之外，還得練習小魚躍的動作（除守門員外，所有球員都得一起練習這個動作），向左撲、向右撲交換做，每回練習從二十次、三十次……到五十次。

訓練時間每天早上升旗前練速度，下午放學後練耐力以及各種基本動作。在訓練過程中，羅主任總默默陪在一旁，不斷給小朋友打氣，這種大學長的風範，著實令人敬佩與感動。

第一階段的基本訓練約進行了兩個月，接著進入第二階段開始團隊訓練，我從班上另外找來十位小朋友當作第二隊，以便團隊作戰練習，團隊合作事實上是非常困難的，進攻時如何支援隊友，創造攻門的機會，隊友間如何透過擋切跑位來突破對方的防守；而防守時如何進行聯防，如何製造對手失誤，說時簡單，真正做起來卻十分困難，需要很長的時間來練習磨合。

一個學期過後，我拜託六年級的林木清老師組隊與我們友誼賽，希望能每週一戰。因為六年級中有前校隊約一半的球員，作戰經驗比我班上學生豐富，只因校隊改組，已經半年沒有練習，生疏了不少。林老師本就熱衷運動，毅然挺身相助，對於球隊整體作戰訓練，幫助極大。

一個月後，我訓練的球隊已經有些模樣了，於是拜託老師組隊與我們比賽，同時請羅主任邀請鄰近學校來友誼賽，在台南市已經三連霸的土城國小，就是我的終極目標。第一次邀請土城國小的球隊來到顯宮，土城國小陳永派校長十分重視，親自帶來一軍（六年級）與二軍（五年級）兩隊，他們先派一軍與我們對打，我們簡直不堪一擊，潰不成軍，於是下半場改派二軍上陣，依然殺得我們球隊落花流水。在兩軍對壘的時候，事實上臨場指揮的是羅主任，我則在一旁觀察記錄土城國小的進攻與防守的隊形，作為我訓練時的重要參考。

一個月後，我請羅主任再聯繫土城國小友誼賽，土城國小陳校長很爽快的答應了，這一次換我們帶隊到土城遠征，大概是基於上次對戰的結果，所以一開始土城派上場的是他們的三軍（四年級），結果在我們一輪猛攻之下，他們的三軍實在招架不住，緊急喊暫停之後，改派他們的二軍上場，雙方有來有往，並沒有挽回開賽時的頹勢，逼得他們換上一軍，最後他們才贏得比賽。友誼賽的臨場指揮依然是羅主任，我還是在場邊做觀察記錄，以了解他們各個不同階段的戰術。

經過第二次的友誼賽之後，土城國小婉拒再與我們進行友誼賽，我們只得自行調整訓練，為下學年度的兩項大型手球比賽做準備。為了讓小選手身手更敏捷靈活，我帶他們到海邊沙灘進行特訓，我發給每個球員一隻角眼沙蟹（俗稱幽靈蟹），要他們先放掉手中的幽靈蟹，再把牠們追回來，但不可以踩到牠們，更不可以壓死牠們。幽靈蟹的瞬間橫移，讓小選手吃盡苦頭，就是撲不到牠們，最後毫髮無傷的捉回幽靈蟹的不到一半。我提醒小朋友學習幽靈蟹瞬間橫移的動作，讓比賽時的對手無法阻擋大家。

小魚躍的進階練習是拿掉保護墊，直接在地面上練習，守門員以小魚躍的動作練習撲救球，其他球員則練習以小魚躍的動作持球射門，這些特殊動作都當作比賽求勝的秘密武器。兩位十分有天分的球員加練了空手切入，在接到傳球時瞬間射門，我把籃球與足球相關的一些技術融入手球訓練中，希望能創造佳績。

市長盃手球賽是年度第一場大賽事，其次則是手球聯盟杯錦標賽，學校決定這兩項比賽都要報名參加，我加緊各項訓練工作，也不斷加強心理建設，要求比賽時必須維持專注，不要讓情緒干擾自己的行動與臨場判斷。最後市長盃我們獲得亞軍（土城輸給啟聰未進決賽），我們也一樣輸給啟聰學校；而在手球聯盟杯錦標賽中，最後是我們與土城國小對決，由我們獲得冠軍。以一班學生之力，勇奪全台南市學童兩大手球賽事的冠軍與亞軍，寫下台南市小學手球比賽的一頁傳奇。

投入青溪拖垮身體

來到顯宮國小不久，教導羅主任認為我在地方上頗負人望，

榮獲手球聯盟杯冠軍展示戰果

於是極力遊說我朝政治方面發展，並積極推薦我到青溪受訓。這方面雖不是我生涯發展的目標，不過也不好意思辜負羅主任的一番好意，於是同意到青溪試探一下不一樣的生活體驗。

來自台南市的青溪學員共十人，在教育界服務的只有我一人，其餘都是政商界人士，特別是當時現任的台南市議員林文雄先生、許石吉先生，號稱台南市政壇的明日之星，十人中以許議員最年長，被推為我們十人組的龍頭，在青溪受訓期間都由他領頭，結訓回到台南之後，也由許議員召集每個月的定期例會，聚會場所則定在學員林經理所經營位於台南市中正路的餐廳，就這樣進入退輔會的輔選系統，每次選舉期間更有吃不完的飯局，喝不完的酒。短短兩年間胃出血兩次，我的身體被拖垮了，第二次還是胃動脈出血，差一點要了我的命。

在將林文雄送進省議會，許石吉也順利的連任市議員之後，我亟思離開退輔會的輔選系統，可是談何容易呢！與妻商量之後，認為只有我離開台南一陣子，才可能切斷與這一個系統的關係，而離開台南的最佳理由就是進入大學深造，這樣不但可以實現我自己生涯發展的夢想，也可以名正言順的脱離相關的政治活動。

就在陸軍四總院民眾診療所（台南女中前）住院治療胃出血的期間，《中華日報》刊登師範生申請保送升學即將截止的消息，於是向醫院請了兩小時的假，由懷著老二大腹便便的幼治扶著我走到台南師專，拿了保送申請書，填了保送師大教育系及美術教育系兩個志願，高雄師院各系都沒填（不能填，離台南太近了），因為如果不是到台北，而是到高雄念書，這是無法擺脱退輔會的。老天爺眷顧，台南師專通知我順利以第一志願保送師範大學教育學系，終於回到生涯發展的正軌來了。

03　引領年輕學子面對教育改革的變局（67.8.1-98.2.28）

助教工作不是人幹的

在師大畢業之前，學弟老師李春芳就提醒我：助教的工作不是人幹的。因為系主任黃昆輝教授交給他一份學生名單，要逐一約詢擔任助教的意願，李春芳老師以過來人的經驗告訴我，千萬不要當助教，想在大專學校任教，直接念研究所才是最佳的選擇，因為獲得碩士學位可以直聘講師，跳過助教這一關。想不到我拒絕了師大教育系的助教，卻接受了台南師專的助教，看來當助教是我命中注定的了！

沒當過助教，無從體驗「不是人幹的」這句話，只有親身經歷，才能體會箇中的酸甜苦辣。助教是帶著教師之名的職員，是教師編制的一員，原則上卻不能開課，系上教授們有事喜歡找助教，而較少找職員，因為他們覺得助教「顧名思義」就是教授的助理，有事找助理天經地義，公私事都交辦，順理成章，所以助教就成了「雜役」，無役不與。

承辦各項行政業務，打理教授們交辦的事務，即使再忙，也不會讓人覺得委屈，更不會感受到「不是人幹的」，當助教最大的壓力來自於升等，當時升等辦法不但機會少，而且「受制於人」；大學編制「四員一工」，包括教授、副教授、講師、助教各一，以及一名職工，只有當教授出缺，副教授以下才會出現各一個升等機會，所以機會甚少。

而當升等機會出現之後，眾多等候升等的人，還必須通過系教評會委員這一關，在眾多角逐者當中，每一級都只有一個人可以獲得教評委員超過三分之二的票，通過校內的升等，這是十分折磨人的，各大學裡熬不過這一關而放棄升等的大有人在，而如果是最低階的助教，年復一年由人宰制，其內心的煎熬可想而知。過校內這一關之後，才能進一步送著作給教育部學審會審查，通過審查才能獲得教育部頒發的升等職級的證書。

我到台南師專當助教，與李春芳老師描述的助教工作大不相同，台南師專沒有設系，所有助教都被分派到各行政處室服務，我的情況比較特殊，原本校長屬意我到實習輔導處服務，負責編輯與出版《國教之友》這份輔導刊物，因為他覺得我在師大出版的《今日教育》水準很高，所以希望我能提升《國教之友》的內涵與品質。不過因訓導處的學生心理衛生中心急需人手，所以臨時改派我到訓導處服務，卻仍得兼辦實習輔導處的業務，這種跨處服務成為全校唯一案例。

打網球與拍蒼蠅

到學生心理衛生中報到，主任陳英三教授見面就問會不會打網球，一邊說一邊從辦公桌的抽屜內拿出一把網球拍，表示要送給我。我除了覺得突然，當然表示感謝，並說我會好好保管球拍。留學日本東京帝大的陳主任直話直說：「要保管球拍我自己就會呀，幹麼給你，就是要你拿來打球呀！」說的也是啦，只不過我從未打過網球，連網球拍都是今天第一次摸到，喜歡新奇事物、喜歡接受挑戰的我決不會只保管而不拿來打球的，但萬萬沒想到今天就要拿來打球。

陳主任指著他座位前的一張辦公桌說，那就是我的座位，並告訴我另一張辦公桌是另一位助教黎玉光的座位，接著交代我今後的工作項目，我逐一記下，並請教開學前必須先完成的工作，以便利用暑假期間預作準備，陳主任想了一下，然後告訴我新學年度他想要推動的工作，一是對一年級的新生實施一份心理測驗，藉以了解學生們的心理狀況，據以研擬心理輔導對策；其次是成立輔導委員會，定期討論各項輔導措施以及個案輔導的成效。他告訴我心理測驗他已翻譯完成，希望我將他的翻譯稿加以潤飾。接著遞給我一個牛皮紙袋，要我拿回家去慢慢看，如果有看不懂的上班時再跟他討論。

陳主任校內的人氣很旺，雖然在暑假中，但還是有許多教授會到辦公室來找他聊天，陳主任也趁機會介紹我給大家，雖然學生心理衛生中心的辦公室在思誠樓一樓的最後一間，而且只有半間教室大，位居邊陲，辦公室前就是兩面網球場以及游泳池，會有人造訪，可真是不容易的事。下午近四點的時候，陳主任從鐵櫃裡頭拿出一張網子，招呼我幫忙掛網子，我覺得十分新奇，抱過網子拿到網球場的網柱旁，解開捆住網子的繩索，陳主任看我十分熟練，好奇的問以前常打網球嗎？我回答這是生平第一次，但我家是養魚的，所以清理網子的工作常做。

當我們在掛網子的時候，許多老師都全副武裝揹著球袋來到球場，陳主任要我去把球拍拿下來，我說沒準備球衣球鞋，明天一定帶來。他笑著問難道你穿著西裝褲和皮鞋就不會跑？我愣了一下才回過神來，立即跑回辦公室，脫下上衣拿著球拍回到球場，趕快請教球拍的握法，陳主任問我：「你會拍蒼蠅嗎？」我點點頭，他說：「那就沒什麼啦，就像拿蒼蠅拍子那樣！」現場所有的人聽到都笑歪了，我摸摸頭，認真的思考拿球拍的方法，也注意觀察已經下場練球的老師們握拍與揮拍的動作，老師們輪番下場練球之後，接下來就是分組比賽。

原來教授們組成了網球俱樂部，每天都會一起打球，由兩位年長的吳文宗教授和安毓永教授當組頭，猜拳選隊友，分成兩隊對戰，輸的一隊要請大家喝牛奶，雖然只是五塊錢的輸贏，大家卻打得非常拚命，事實上五塊錢事小，面子問題才是重點，因為買牛奶請對方喝，還得任由對方消遣，這種教師網球文化實在非常有趣。

吳文宗教授是我初中時的體育老師，但他對於我這個網球菜鳥是敬謝不敏，安毓永教授初見面，更不敢選我，所以我是落到最後猜拳輸掉的組頭那一隊。我的運動細胞不錯，雖是第一次碰網球，但我就是有辦法找到球打，只不過完全沒有控球能力，一抽球球就不知道飛到哪裡去，可是網前截擊卻很有殺傷力，我真把網球當蒼蠅打，所以只要不是輪到我接發球，我就很少失誤，軟式網球絕殺就是瞄準對方前排打穿越球，許多老師欺負我是新手，對著我打穿越球，但他們都失算了，因為我不會怕球，反應甚快，百分之七八十的穿越球無法穿越我的球拍，反被我推擋到對方前排球員的身上，因此雖然不會抽球，但是輸球的機會並不比其他人多多少，讓他們不得不對我另眼看待。

我的網球技術進步神速，抽球力道雖不太強，我較在意的是控球，設法將球打進對方場內是練習的重點，陳主任原本在台東師專教網球，他看我天分不錯，所以每天和我提早掛網，餵球給我練習抽球，因此我的控球進步很快，接發球的成功率大幅度提升。而另一位體育科的老師黃富元教授則教我扣殺的要領，他看我像拍蒼蠅似的擊球，往往因角度太大而掛網，所以他要我看到高球先要將球拍舉過肩靠在背上，眼睛盯住球，如此扣殺威力極強，對方難以招架。

不到一年的功夫，我已經不是每次留到最後沒人選的那一個，大概第三輪之後就會被挑走了，表示在同仁心目中這個新手不再是「魯肉腳」，而是具有相當戰鬥力的選手了呢！同仁們開始有人在討論我的握拍方式，認為完全不是屬於軟式網球典型的握拍方式，尤其反拍擊球時不是和正手拍同一拍面，因此在網前截擊時，球的落點大出對手的意外，在軟式網球賽上絕少看到，黃富元老師說，我的反拍擊球方式和硬式網球相同，他也很懷疑我是哪裡學的，我說我只是當作打蒼蠅一樣，覺得順手，也真的可以打到球，從來不曾想過什麼軟式或硬式打法，我真的來學校之前從未接觸過網球。

就這樣愛上網球，跟著俱樂部的成員南征北討，從友誼賽打到全國大專院校教職員網球錦標賽，從軟式網球打到硬式網球，我已經樂此不疲，太太還笑說我是得了「球癌」，不管多晚，也不管多遠，只要有球打就會趕去，比賽的成績也相當可觀，全國性的比賽幾乎每年都進前八強，最佳成績曾拿過亞軍，而木鐸杯（十二所師範校院所辦）的比賽則不是第一就是第二。我在全國賽中曾連續五年未嘗敗績，戰績僅次於黃富元老師而已，我憑的就是拿蒼蠅拍的打法。

強化與讀者互動衝刺訂閱量

《國教之友》屬月刊型輔導刊物，每月出版一期，每期四十頁，真的工作壓力不輕。劉菱小姐告訴我訂戶不到六千，加上訂費緩交的戶數不少，所以經費十分吃緊，訂戶大部分靠黃費光主任賣面子爭來的，催收訂費的動作不能太大，否則結果就是不再續訂，非常傷腦筋。原來的主編黃奇汪教授說，現在的國小老師因缺乏挑戰、沒有壓力，所以專業成長欠缺動能，閱讀以及參加研習進修的意願都不高，所以《國教之友》的訂戶幾乎是一攤死水，很少有新的訂戶。

面對《國教之友》的窘境，我陷入了深層的思考，如何擺脫困境呢？我向黃主任報告，提出一個想法：與讀者互動。具體的做法是：一、文章內容針對國小各科課程與教學，提出新的、具體可行的教學方法或策略，出版專輯；二、開設輔導信箱，收集國小教師教學上所遭遇的疑難問體，由教授們予以解答，在《國教之友》開闢版面具體回應；三、針對學校特色專題報導，讓辦學績優學校躍上《國教之友》封面。

我列出了出版專輯的順序，由國語文專輯打頭陣，接著數學、自然科學……。專題報導的學校則請黃主任列出名單，輔導區四縣市的學校輪流專訪，由劉菱小姐聯繫訪談時間，由我負責到校訪問，方海屏小姐負責拍攝訪談畫面，同時也請受訪學校提供相關活動照片，讓每一篇專題報導都可以做到圖文並茂。

除此之外，我也刊登徵稿啟事，向輔導區內的國小老師徵稿，請他們就每一專輯的主題撰寫自己的教學心得、或得意的教學「小撇步」，並給予較優的稿酬。如此多管齊下，輔導區內小學教師對於《國教之友》不再「無感」，甚至於有人開始收集保存《國教之友》，除了學校集體訂閱之外，開始有老師個別訂閱《國教之友》，時間不到一年，訂戶已經突破五千，朝六千邁進，實習輔導處同仁都受到激勵，校長甚至於公開表示讚揚。

為了提升《國教之友》的整體質感，我建議提高定價，同時增加篇幅，改善紙質等，讓《國教之友》看起來不再那麼單薄，封面用紙改採「雪銅」，讓照片印出來的效果更美，將篇幅提高到六十四頁甚至於八十頁，感覺上更有分量，改為雙月刊，定價提高一倍，一整年的訂費不變，客戶不至於反彈，只要事先告知即可。黃主任覺得可以接受，於是在行政會議中提出報告，也獲得校長的首肯。

新版的《國教之友》反應出奇的好，再加上黃主任於地方教育輔導會議中大力行銷，訂戶迅速攀高，直逼八千大關。為了讓《國教之友》真正成為每個國小教師的好朋友，對他們的工作、專業成長以及職業生涯發展都能幫上忙，我還花心思蒐集教育行政高考、普考、特考，以及教育廳主辦的主任、校長甄試的考古題，讓有心更上層樓的老師方便準備。這項新的服務項目一出現，讓訂戶數再創高峰，輕易跨過九千，直指萬戶。

經營員生社盈餘倍翻

擔任助教的第五年，被徵召擔任員生消費合作社的經理，讓我猛想起軍中服役時的狀況，長官不管有什麼事，找某人就對了，南師的校長及各單位主管，也喜歡把事情交到我的手裡。回到南師五年內，對員生消費合作社的印象就是：逢年過節送給每位教職員工一罐沙拉油，每年會員大會都可以摸彩，如此而已，其他對於員生社的運作毫無所知。

理事主席林正文教授向校長請求派我接任合作社經理，他願意從旁提供許多協助，包括員生社的文書、出納、會計等工作人選的推薦，理監事會的運作狀況的説明，以及販售部門的工作人員與業務概況。一時之間要掌握整個員生社的所有業務真是不容易，我的辦法就是認真翻閱三年來的營運報告，看看能否理出一些頭緒。

看到最近三年的盈餘都是區區三萬多，我肩上的壓力減輕了許多，因為要達成成長的困難度實在不高。於是我從銷售部門的運作開始了解起，于經武先生是總務處的工友，調到員生社負責門市售貨工作，于太太也到員生社幫忙賣東西，我在晚上八點左右到員生社了解銷售業務，先自我介紹我是吳老師，是新任的員生社經理。接著我請教于先生員生社是誰負責進貨，答案是他；我請教銷貨收入是不是每天入帳給出納，答案不是每天結帳而是一週結一次；我再請教多久盤點一次庫存，答案是一年。

聊完公事我就坐在店門口閉目養神，學生來社消費進進出出，他們都與于家夫婦很熟，老闆、老闆娘叫得挺熱絡的。這時牛奶供應商的業務員送貨來，點交了于先生訂購的一百瓶，外加附贈二十瓶，于先生簽收之後，送牛奶的業務員走了，我也起身向于家夫婦打一聲招呼，然後回家去。

過了一週我請教擔任出納的黎玉光老師，上週合作社的帳結了沒，他説已經結了，於是我請他將進貨憑證拿給我看，牛奶進貨一百瓶，進價八元，另外附贈的二十瓶沒有紀錄，意味著原本進貨一百瓶家廠商附贈的二十瓶，售完可收入一千兩百元，扣除成本八百元，員生社的毛利是四百元，但是依帳面資料來看，員生社的毛利只有兩百元，見微知著，顯然員生社有了大漏洞，如果不補漏，這個經理再努力也沒有用。

思前想後，要防漏勢必擋人財路，只有走人才是上策，所以馬上遞出辭呈給理事主席，林正文教授十分驚訝，才接經理幾天就請辭，到底所為何事？我不能明說，只能表示自己不合適擔任這個兼職，他勸不動我，跑去向校長報告，驚動校長親自出面慰留，在校長詢問下我只得實話實說，除非銷售員換人，否則我不會接經理的工作。至於真實原因與細節，我還是不願說，校長表示他會請總務處處理，要我回去等候結果。

我一回到心理衛生中心，庶務組主任朱景鳴先生立即來訪，極力稱讚于先生的能幹，還說他對於員生社的貢獻有多大，我只是笑笑，不願多說；接著總務長閻滌非教授也來了，希望我能讓于先生留在員生社工作，總務處可以增派工友來協助員生社。我說如果這是校長的意思，那你們就照他的意思去做就是了，留不留于先生在員生社服務，不該是我來決定的，我沒這個權。

我實在想不通，只是調整一個工友的職務，總務處的動作大到難以想像，極力想抗拒來自校長的壓力，企圖改變校長的決定，到底所為何來？反正我要等到最後結果底定，才會決定是否續接員生社的經理，其餘就不多說。理事主席林教授來找我，確定于先生要離開員生社，而且校長准許員生社新聘一個工友來兼售貨員，我接受林教授的推薦任用林永長先生，要求會計與出納協助林永長會同于經武先生進行盤點，完成交接的一切必要手續。為了幫助林永長快速進入狀況，在盤點過程中為每一商品標上售價，否則賣的品項那麼多，短時間內很難記得清楚無誤。

我給林先生一些工作準則，要求必須遵守執行：一是對來消費的學生一定要親切招呼，不可與學生發生任何爭執；二是所有進貨工作由我負責，任何一個品項庫存不到二十個時，就要列入進貨清單，每天上午九點以前交給我處理進貨工作；三是每天售貨款項必須當日結清，第二天上午九點以前交給出納；四是廠商送貨來必須確實點收，進貨數量之外如有額外附贈，必須在進貨清單上註明廠商附贈數量；五是點收廠商送來的食品時，務必看清有效保存期限，即期品一律不收，更不能收到過期品；

六是庫存食品務必留意保存的有效期限，即期品要以特價方式促銷，過期品一律下架銷毀；七是除非必要，否則上班時身上不要帶錢。

為了幫助新手林先生進入狀況，依我的要求建立運作模式，所以每天花較多的時間到員生社督導，半個月過去，林永長的配合度極高，一切運作已慢慢步入正軌，我也逐漸放手給林先生去做。接著第二步我要改變的是進貨模式，我分別邀集食品類、圖書文具類、生活用品類的供應商開會，以要回訂定價格的主控權，雖然這是很費時的談判過程，但是我非常堅持，唯有如此，我才能訂定合理的售價，以更優惠的價格回饋給消費者。

例如過去牛奶供應商要求我們零售價一瓶賣十元，供應價為八元，然後再以附贈百分之二十的方式提高我們的獲利。我則要求我的零售價為八元，然後看供應商的批發價可以壓低到多少？如果不能壓低到六．五元以下，我就會另找別的供應商洽談。我一方面壓低進價，另一方面則給貨款現金月結的誘因，於是幾乎所有的供應廠商都被我說服，和我重新議定各品項的供應價，我也推出一系列的降價措施，薄利多銷的策略成功，銷售業績扶搖直上，連甚少到員生社消費的教職員工都紛紛光顧，附小的學生也都被吸引來社消費。

我特別在意因學校規定強制學生必須購買的物品，員生社供應的價格是否合理，包括棉被、床單、毛巾等印有校名或校徽，只此一家供應別無分店的物品，這是非常容易造成剝削學生的，特別是有學生向我反映：向學校買的棉被蓋不到三年就壞了，棉絮這邊一坨那邊一坨，內務很難整理。我到學生宿舍一看，印有校名的毛巾也十分單薄，但是價格並不親民。於是我找遍台南的棉被廠，要為學生找品質更好、價格更便宜的棉被。

皇天不負苦心人，終於讓我找到鳳山的一家「江西棉被廠」，老闆被我的用心所感動，報價不到原來廠商報價的七折，品質卻遠遠高出原有的棉被許多，老闆拍胸脯保證保固五年，如果有棉絮分離的情況無條件更換新被。被單、床單、毛巾都是原來售價的六折，許多高年級的同學紛紛改買新品，許多教職員工也來員生社買棉被，我也買了三床棉被給孩子們用，又鬆又軟又溫暖，品質真的沒話說。

我的經營策略績效顯著，員生社的盈餘呈倍數成長，由接手時的三萬多，第一年成長到八萬多，第二年破十萬，第三年破二十萬……，業績和盈餘全都一路長紅，給全體教職員工的三節福利品也年年加倍，社員大會的抽獎，理監事會也不吝加碼抽獎的獎品，參加社員大會幾乎所有教職員工全員到齊，這種狀況在新校長到任之後，更是達到高峰，年盈餘超過五十萬元。

耿相曾校長調任新竹師專，南師專校長由高師大教授陳英豪博士接任，陳校長親和力十足，也非常關心同仁福利，上任不久即約見我，談員生社的經營，我提出擴大營業項目的計畫，希望提供學生更舒適的學校生活，包括在學生宿舍提供投幣洗衣的服務，增設圖書部以方便學生購書，增設餐飲部讓學生吃宵夜無須跑出學校外等，陳校長十分肯定，於是請總務處協助尋找場地供員生社使用。

陳英豪校長是完美主義者，對於各項校務行政工作都要求達到較高的標準，他特別關心學生的學習與生活環境，所以除了我所提的計畫項目之外，他還希望我改善賣場環境，甚至於提供學生課外有休閒娛樂活動的空間，為此，他親自走遍全校各角落，希望能找到適當的地方來規劃，他發現有一個地方挺適合的，於是帶我去現場勘查，那是學生餐廳閒置的三樓，說要把整個三樓數百坪的空間全部交給員生社，希望我好好規劃。

面對如此艱鉅的任務，我是一個頭兩個大，不知從何下手規劃起，於是看到同仁就請教希望未來的員生社提供什麼樣的服務？陳英三主任建議要設撞球台，而且要有一台是傳統的四顆球的球台；黃富元老師認為較流行的是司諾克，學生會比較喜歡，所以球台應多一些；汪榮才老師認為桌球是很好的運動，值得推廣，讓學生課後有一個休閒好去處；黎玉光老師建議乾脆規劃開超市，除提供學生購物外，也讓教職員工可以有消費的空間；吳文宗教授則希望員生社也能賣咖啡……，我想這些建議不就是「市場需求」嗎？我把每個人的意見都仔細記錄下來，然後找營繕組一起討論空間的分配，一個綜合型態的消費娛樂空間逐漸成形。

我把上述構想寫成書面計畫，直接呈報給校長，內容涵蓋四大部分：一是超市部，包括倉儲、櫃台、開放式售貨架以及冷藏飲料區，開放式售貨架又分生活用品區、零食食品區、文具區、卡片紙張區、常溫飲料區等，只有一個出入口，只用一個人管理。其次休閒活動區，包括撞球台四張，桌球台六張，出入口開向咖啡部，由咖啡部工作人員管理。三是咖啡部，包括吧台，桌子分成雙人座與四人座兩種，共擺設三十張桌子，雙人座二十張，四人坐十張，吧台前擺二十張桌子，雙人座與四人座各十張，另十張雙人座桌子擺在各窗口，可邊看校園邊喝咖啡談心，不受干擾。

陳校長相當滿意我的規劃，還要求咖啡座之間要以花台隔開，讓整個空間更加舒適。他將整個計畫交給總務處招標施工，是基於改善全校師生在校生活環境的想法，所以經費全部由學校負擔。而員生社則負擔超市的貨架、冷藏食物的冰櫃，以及咖啡部的各項生財器具，像撞球台與桌球台、撞球桿與桌球拍、磨豆機、煮咖啡機、杯與盤、煮紅茶的瓦斯爐與鍋具，製作冰咖啡與冰紅茶的冰櫃等，還好當年的盈餘有七十幾萬，足以添加這些設備，所以整個計畫的執行十分順利。

為了吸引學生到三樓消費，我祭出各項優惠措施，包括桌球台免費使用，冰紅茶一大杯十元……，新賣場開張的時候，吸引無數師生光顧，營業額更是誇張的突破千萬元，年盈餘超過百萬，雙雙創下南師員生社的紀錄，算一算我已擔任了九年的經理，所以我也向校長請求讓我卸下員生社的重擔，免去兼任經理的工作，何況兩年前我終於熬出頭，揮別十年助教升等為講師，又兼任實習輔導處地方教育輔導組主任，行政職務非常吃重。感謝校長的體恤，准許我的請求，而結束了長達九年的經理生涯。

助教生涯漫長而無助

我努力從事研究工作，每年都提出研究論文公開發表，累積的論文篇數絕不比別人少；我一肩扛起學生心理衛生中心的行政業務，舉凡陳主任交付的任何工作，或是各班級任導師、訓導處、教官室轉介的輔導個案，莫不妥善處理；學生心理測驗工具的標準化、施測，以及結果的分析與應用等，皆在陳主任的指導下一一完成；獨立編輯與發行《國教之友》，讓訂戶人數倍增，贏得輔導區內各學校的肯定與推崇；兼任員生社經理讓營業額及盈餘年年創新高，從接手前一年的三萬多元，到卸任當年的盈餘一百多萬，九年間增加了二十五倍。

在擔任助教期間，原本助教不能開課，我卻接下許多教授不喜歡上的課，最多時每週要上十節課；而且這期間屢獲記功嘉獎不知多少，但這一切好像都無助於升等，從擔任助教的第六年（民國七十三年）開始提出升等講師的申請，但是年年提出年年落空。於是在民國七十五年利用暑期到國立台灣師範大學教育研究所進修，不過一切努力依然於事無補。每年教評會的投票，聽說我的得票數都會過半，不過卻得不到升等所需要的三分之二教評委員的支持。

眼看先後到校服務的助教一個一個升上講師，而我卻依然原地踏步。心情之落寞難以言喻，只好安慰自己：天之將降大任於斯人也，必先苦其心志……，除此之外又能奈何。有些教授基於同情好心提點，需要到某些教授家走動，或許升等會順利些。聽到如此的建議，我只能搖頭嘆氣，果真如此得以順利升等，我將一輩子抬不起頭來。

就這樣一耗十年，原本不抱任何希望，所以提出升等申請之後，我又到師大教研所進修，這是第四個暑期了，沒有學位的進修，原本就無助於升等，根本未抱持任何期待，提出升等申請只是為了要對得起自己。不料就在這一年，我通過了校內教評會的票決，終於升等講師了，不過當我回到學校之後，人事室邢華瀛主任特別告訴我，這一次多虧了訓導長程乃光教授的力挺，在教評會中發飆，認為這個人為學校做了這麼多事，又熬了這麼多年，還不能通過，大家的良心何在？所以他要求我的票過不了三分之二就不准散會，結果投了無數次票，被他「魯」到子夜十二點半，最後終於獲得過三分之二的足夠票數。

天啊！我通過升等不是我的研究成果獲得青睞，也不是我為學校的努力與奉獻獲得肯定，而是因某人的堅持與發飆的結果，對於這樣的結果我至今猶難以釋懷。訓導長可以說為部屬兩肋插刀，我知道了當然要當面致謝，他只淡淡的說：沒什麼，都過去了，不必放在心上。

擺脫陰影，時來運轉

因為在小學服務了十年才去進修，累計這十年的服務年資，所以我一進南師專，就領助教最高薪，十年薪水沒晉級，一升上講師又是領講師最高薪，這與其他同仁只要年終考核乙等以上就晉一級，薪水年年調漲的感覺差很多。心裡想：如果不努力儘快升上副教授，薪水原地踏步就不知道要延續多久？因此，在升上講師的第三年（民國八〇年），為了準備升等副教授，毅然決然地請辭行政兼職——地方教育輔導組主任，雖然回任實習輔導處長的汪榮才教授以及陳英豪校長都極力慰留，甚至於表示可以協助我的研究工作，我仍然清空我的辦公桌，在七月三十一日打包回家。

我的講師升等論文是〈資賦優異學童之自我觀念與生活適應〉，從這一篇開始，我進行一系列小學生適應問題的研究，包括學習的適應、生活的適應、學校的適應以及家庭的適應等。我鎖定了「適應」這個領域，每年鑽研一個主題，先發展研究工具，再以所發展出來的工具進行研究資料的蒐集，我要求自己每年都得依計畫進行研究，並發表研究成果。

所以在辭行政兼職之前，我已在學校的學報上發表了〈學習方法效率量表（小學生用）修訂報告〉、〈國民小學兒童學習方法之效率的調查研究〉，以及〈國小學童生活適應量表編制報告〉等論文，因此必須辭去行政兼職來拚〈國小學童生活適應問題之研究〉這篇論文，作為申請升等副教授的代表著作。幸運的是前三篇論文都獲得國科會的乙等研究著作獎，而且國小學童學習方法效率量表也由心理出版社公開發行，獎金與版稅收入讓我獲得研究經費的挹注，可以在全台取樣，進行樣本近三千人這樣規模的研究。也正因為要做大規模的研究，所以才要辭去行政兼職，以免蠟燭兩頭燒，而致於公於私兩方面都被耽誤了。

窩在研究室裡七個月，順利完成了〈國小學童生活適應問題之研究〉這篇論文，還寫完〈數與計算的啟蒙——幼兒與智能不足兒童數與計算的教學〉近三十萬字的著作，交由「五南」出書，效率之高，連自己都嚇到。而且巧的是大學法修法，改變了大學教師升等的限制，不再是死板的四員一工就是一個教授、一個副教授、一個講師、一個助教，可以四個都是教授，也可以四個都是副教授，各級教師只要年資夠了，就可以提出升等的申請，所以系教評會與校教評會沒有理由再刁難升等的申請，除非著作外審沒有通過，或者出了重大事故，否則已經很少申請升等者被擋下來了。

我的研究著作順利通過系與學校的外審，升等副教授的申請也順利通過系教評會與校教評會的投票，送到教育部學審會的審查也很快有了結果，副教授證書由教育部頒了下來，沒有浪費任何時間，講師三年年資一滿，就升上副教授了，時來運轉，鬱悶的心情總算得到抒發，薪水跳升上來也還不到副教授的最高薪，可以享受每年晉一級加薪的快感了。

〈國小學童生活適應問題之研究〉這篇論文，不但通過了學審會副教授的審查，還讓我獲得國科會八十一年度的優等學術研究獎，獎金由甲等研究獎的十二萬元拉升到十八萬元，若要說名利雙收也未嘗不可，因為人文及社會科學領域的學術研究，能獲得優等獎的實屬少數，所以我得優等獎的消息一公布，媒體記者爭相訪問，《中國時報》以及《中華日報》的記者還特別進行專題報導，看到媒體大篇幅報導的好朋友紛紛前來道賀，實在讓我受寵若驚。

陳英豪校長一聽到我獲頒副教授證書，立即約見當面道賀，並任命新職要我接下實習輔導處長，我只有恭敬不如從命，接受新工作的挑戰了。在此之前，原本預計最少也得一年的時間，才能完成我的研究論文，沒想到在專心投入下，只七個月就提早完成，所以當他知道我論文已經完成時，就力邀我「重出江湖」，半途接下進修部訓導組主任的職務，想不到才五個月而已，就再度更換新工作，也未免調整得太快了！

接下新的行政職務，並沒有耽擱或延誤我的研究工作，我仍然依照自我的期許，每年至少有一篇論文可以發表，甚至於一年有兩篇以上。就這樣〈國小學童班級適應量表編製報告〉、〈適應的概念分析〉、國科會的專案「國小社會科課程的政治社會化內涵及成效研究」、「國小學童班級適應與學業成就、學習方法之效率的關係」、國科會的專案第二年的接續研究〈國小社會科課程的政治社會化內涵及成效研究〉等論文相繼完成，並於民國八十四年提出升等教授之申請，並將歷年所完成的兒童適應相關研究，集結成《兒童適應問題》一書，交由五南圖書公司出版，成為我的教授升等論文的代表著作，而於隔年通過教育部學審會的審查，獲頒教授證書，完成學術生涯最終戰。

而在獲頒教授證書前兩天，不幸八十八歲的父親卻在這時與世長辭，在守喪期間，縱有天大的好消息也高興不起來，只有默默跪在父親靈前，向父親報告這遲來的好消息，希望可以藉此告慰父親在天之靈。

回顧大學教師升等這條路，光是助教（民國六十八年年八月助字第一五〇七七號）一級就耗掉我十年光陰（包括民國六十七年的實習助教），而在升等講師（民國七十七年三月講字第二七七一〇號）之後，只不過八年就完成副教授（民國八〇年八月副字第一六三四四號）及教授（民國八十五年二月教字第八四一五號）的升等，這中間的差別，最關鍵的是在於制度面。舊制一個蘿蔔一個坑，讓校內教評會委員掌握了申請升等者的生殺大權，於是種種受制於人的無奈事件不斷發生，這些委屈還無處申訴，只能忍氣吞聲。新制則各憑本事，只要你的研究著作夠水準，能通過三關（系、院、校）送請校外學者的審查，就有機會送教育部的學審會作最終審查，而校內各級教評委員會，除非申請升等者有重大違法或違背教育專業倫理事證，沒有理由投下反對票阻止升等者，亦即升等可不必再受制於人。

行政歷練與專業成長

自從升上講師之後，就與行政工作結下不解之緣，最初是耿相曾校長任命為實習輔導處的地方教育輔導組主任，為輔導區高雄市、台南市、台南縣與澎湖縣等四縣市的三百多所小學提供各項諮詢服務，也負責《國教之友》的出版與發行的所有行政業務。為貼近了解國小教師的需求，三年任內走訪四縣市超過兩百所小學，特別是澎湖縣的離島學校，全都留下了足跡。

各縣市教育局都設有國教輔導團，省教育廳也設有教育巡迴輔導團，同時又將各縣市分成九個輔導區，責成九所師院設置實習輔導處，內設地方教育輔導組，以提供輔導區內各學校相關教育諮詢服務。

為了整合輔導人力資源，以及讓輔導區各縣市間可以相互觀摩砥礪，所以我提出召開「台南師院輔導區輔導工作研討會」的計畫，每學年度定期召開一次大會，時間訂在七月份，由師院召集，師院與各縣市都提出新學年度的教育輔導計畫，彼此交換；出席人員包括各縣市教育局長、主任督學、所有輔導團成員等，師院由實習輔導處長、地方教育輔導組主任以及各學系主任出席；大會主席則由師院校長擔任。

陳英豪校長十分支持這個計畫，責成我於出席各縣市國小校長會議時，先徵詢各縣市教育局的意見，在充分交換意見取得共識之後，再推出計畫才會水到渠成。校長果然英明，各縣市教育局雖然樂意配合，不過觀點與立場迥異，幸好事前有充分交換意見，據以修正計畫，才使得原計畫的效益充分顯現，我也增長不少的見識。

為了不落入大拜拜的表面形式，也不造成疊床架屋的一再重複，我特別著重在整合的部分，所以充分研讀各縣市的教育輔導計畫，把相同的部分與不同的部分依時間先後表列出來，再整合出不同縣市間可以合辦的活動，以及適合各自辦理的活動，作成提案於會議中充分討論，形成共識。架構了這個整合平台之後，確實避免掉許多重複的活動，既免去輔導教授的勞碌奔波之苦，同時也開啟縣市間教師們相互觀摩學習的空間。

為了落實地方教育輔導工作，除了設置「地方教育輔導信箱」，提供國小與幼稚園教師各項教學諮詢服務之外，還將所有教學疑難問題以及各學系教授所有解答，輯印成書名曰：《刨根集》，意即對於任何教學上的疑惑，都應該追根究底，探究個明明白白為止。

除了普通教育的諮詢服務之外，在走訪輔導區各個學校之時，提出教學疑難問題最多的則是特殊教育系統，包括資源班、啟智班等等的教師，而問題多集中在數學的教學方面。對於每個教學上的問題，我都提供相關的教學診斷，以評估孩子可能的學習困難，然後設計教學方案，包括教學輔具的研發，提供給老師們作為教學的參考，而且與提出問題的老師保持聯繫，直到問題解決為止。如此持續多年，累積的教學方案十分可觀，於是加以分析整理，而成《數與計算的啟蒙》一書。

在撰寫這一本書時，我根據兒童認知能力的發展，以及智能不足兒童障礙程度，構思課程架構與教學階段，橫軸為障礙程度與教學階段，分重度（低年級）、中度（中年級）、輕度（高年級）三階段；縱軸為數與計算的相關內容，由淺到深依序排列，「數」分為「準數概念」、「集合數」及「次序變數」，計算則以四則運算為主。書中各章的撰寫，都先提出各該階段的教學程序，其次闡明每項教學內容的選擇原則，接著舉出教學實例，並分析各階段可能出現或經常出現的學習困難，以及提出補救教學的策略，讓在第一線教學現場的啟智班老師們可以參考。

沒想到書一出版，獲得熱烈的迴響，不但教學現場的老師們購買，作為教學時的參考，甚至獲得多所師院的特教系和幼教系的教授所賞識，指定作為特教系或幼教系數學教材教法的教科書，所以五南圖書公司的楊老闆還特別致電表示感謝，告訴我這本書廣獲肯定，十分暢銷。

民主社會的必要之惡——校長遴選

陳英豪校長被宋楚瑜省長聘為教育廳長，於是台南師院依新修《大學法》之規定遴選新校長。全台大學校長遴選由台大開始，遴選過程是鬧得風風雨雨。選舉雖是民主的象徵，但從來就不是完美無缺的制度，不論何種選舉都一樣，即使像大學裡的選舉也是可能弊端叢生，內部撕裂對立，卻不一定能選出最理想的大學校長，為了符合民主精神，校長遴選制度成了必要之惡。

依照當時〈大學校長遴選辦法〉的規定，大學校長採間接選舉，先產生遴選委員，再由遴選委員投票產生二至三位校長人選，交由教育部長從中圈選一人為校長。於是校長候選人還未出現，光是遴選委員的產生就雞飛狗跳。按當時的遴選辦法規定，遴選委員九人，包括官方代表二人，社會公正人士三人（含校友代表二人），以及學校教師代表四人，候選人須獲得過三分之二的委員同意（即六票），才能成為被推薦給部長圈選的準校長，這種設計是學校代表若都不同意，即可否決某候選人，但卻無法單獨由學校教師代表決定某人為準校長。因遴選委員全數由教育部聘定，被質疑為黑箱作業，委員是教育部的橡皮圖章，不具公正客觀與代表性等的質疑聲浪喧囂不已。

十分意外的，我被教育部聘為學校教師代表，參與第一次的校長遴選。學校教師代表中另三位都是系主任（語教系的謝金美主任、社教系的朱榮治主任、數理系的葉懋堃主任），我是唯一的行政主管代表。一如台大的遴選過程一般，當遴選委員的名單一公布，耳語不斷，黑函滿天飛，質疑的聲浪在校園中沸騰，整個學校頓時陷入極度的不安之中。代理校長的陳震東教務長為消除學校同仁的疑慮，還要求四位校內的遴選委員，於每次遴選委員會議開會之後，在啟明苑會議廳公開向全校師生說明遴選會議結果，即使如此，校園中的猜忌氣氛仍未曾稍減。

部分競逐校長大位的校內同仁及其支持者，有的十分理性，有的卻十分情緒化，甚至在校園中與媒體上散布黑函，許多平面媒體與電子媒體紛紛打電話來求證，占去我大部分的辦公時間，但我仍願意盡我所知加以說明，他們也都做了平衡報導，把黑函提出的質疑以及我的說明一併披露，唯獨「第一黨報」的《中央日報》竟然把黑函「來函照登」，事先未盡查證之責，罔顧專業倫理，事後《中央日報》駐台南的特派員劉先生，請黃費光教授陪同要求拜訪我，當我知道他的來意之後斷然拒絕接受他的訪問，事後我拜訪黃教授致歉，說明因《中央日報》的報導不公對學校造成傷害，所以我才會拒見劉特派員，而且劉特派員與某位校長候選人比鄰而居，刻意偏袒報導，實在不可原諒。

在幾經紛擾之後，終於塵埃落定，歷經四輪的投票，最後由本校的劉信雄教授與師大的吳鐵雄教授脫穎而出，獲得過三分之二的票數而成為準校長，結果由教育部長圈定吳鐵雄教授，成為台南師院第一位經遴選程序產生的校長。

不同校長領導風格迥異

吳校長接篆之後，對於學校的人事並未大幅更動，一級主管都未換人，我仍然續接實習輔導處長。教育部送給他的第一份賀禮，就是將教育部每年一次的教育輔導工作研討會，交給台南師院承辦，相關業務自然落到我的頭上。這是由教育部召集，九所師範學院的校長、實習輔導處長，以及實習輔導處各組組長出席的會議，受託承辦活動有兩大好處：一是教育部會挹注充分的經費；二是承辦單位會成為活動的主角。

當時的教育部中教司長是吳清基博士，在交付任務時，除了指示會議的中心議題與預訂會議日期之外，還告知活動預算的額度，希望我在最短的時間內提出計畫，以便核撥經費。我先召開內部會議，要求地方教育輔導、教育實習、教育研究三組組長先針對部定的中心議題，研擬各組的討論題綱，其次要求各組提出會議場所的建議地點，然後分別進行現場勘查與訪價，以決定可供作兩天研討會的最佳場所。再由我將這一切整合成計畫，提交學校行政會議討論，做成最後的計畫呈報教育部。

教育輔導工作研討會選定在台南縣北門的「康椰山莊」舉行，這裡的客房是仿閩南四合院的建築，古色古香，相當別緻，我又透過在地的校長出面協商，所以價格十分優惠，好同學王永長是北門「花跳」的養殖大戶，熱情贊助養殖海鮮為大會加菜，所有安排讓與會者讚不絕口，部裡長官十分重視，除了政次楊朝祥親臨主持之外，中教司也幾乎全員到齊，九所師院的校長來了七位，盛況堪稱空前。

唯一美中不足的是：吳鐵雄校長當天晚上不能留在康椰山莊招呼貴賓，理由是他的夫人晚上不敢一個人住校長公館，所以他必須趕回學校陪夫人，即使我建議把夫人接到康榔山莊一同接待貴賓，他還是執意要回學校，獨留我下來張羅一切。這一決定讓我錯愕不已，如果是陳英豪校長，絕對不會這樣做。為了不讓貴賓感受到被冷落，我請吳清基司長出面招呼所有與會校長，我還邀集十幾位北門地區的校長，協助招呼所有與會的教育部的長官，以及各師院實習輔導處的處長和組長，總希望能賓主盡歡。經過這一次活動，我算是認識了吳校長這個人的風格了！

理念不合堅辭行政職務

民國八十二年教育部修訂了歷經十八年（六十四年修訂之後）未曾修訂的國小課程，按照「板橋模式」，新課程標準公布之後，依據新課程標準所編的教科書，必須經過三年的實驗教學與修改，第一年為實驗本，由參與教材編輯的小學教師在自己的學校中進行實驗，經修改後成為試用本，由教育部在全國抽取一百所小學作為試用本實驗學校，並委託九所師範學院各負責一科試用教材的教學實驗工作，經實驗後修正，才能成為正式的版本。

為此，教育部國立編譯館召集九所師院校長開會，以便決定各校要負責進行實驗的科目。接到國立編譯館開會通知的吳校長，約見各學系主任，希望有一個學系願意承接教學實驗的工作，結果是所有系主任都拒絕承擔，所以吳校長就約見我，希望我的實習輔導處可以接下新課程實驗的工作。因為實習輔導處本就有教育研究組，進行各項教育實驗研究工作是理所當然，何況我本身就是擔任課程設計以及教學設計的教學工作，做新課程實驗研究算是份內的工作，所以我不假思索地就答應承接。

吳校長很高興終於可以放心北上出席編譯館的會議了，他問我有沒有想要選擇哪一科，我提醒吳校長：除了國語科別接之外，任何一科都行。當時他沒問為什麼別接國語科，所以我也就沒有進一步說明原因，沒想到開完會後他就很得意的告訴我，我們負責實驗的就是國語科的教材。我一聽臉都綠了，所以直接的反問：我不是請校長千萬別接國語科嗎？

我告訴他國語科教材目前正在鬧雙包，除了板橋教師研習會的版本之外，另有一位編譯館的編審委員也提出另一個版本，中文系教授門閥之間的惡鬥正血淋淋地展開，所以沒有人要去淌這個渾水。校長果然不知道這個訊息，所以他說其他校長都說「南師是師院的龍頭，一定要接手最重要的課程」，簡單的高帽子一套上，就讓菜鳥暈頭轉向，欣然接下「最重要的」國語科實驗工作。

官場文化是沒什麼道理可說的，國立編譯館擺明的就是挺「御用學者」的版本，但學術研究是嚴肅的，我可不是編譯館的橡皮圖章，所以我提出的試用教材實驗研究計畫是採取多組實驗，我要同時進行「板橋教師研習會的版本」、「某編審委員的版本」，以及舊有版本之間的對照比較實驗研究。這個研究計畫送上去之後，國立編譯館的趙麗雲館長急得跳腳，立即打電話給吳校長，要求修改研究計畫，只針對編譯館委託的版本進行單組實驗研究。

校長約見我，希望我按照編譯館的意思修改研究計畫，我分析若依編譯館的意見修改，南師將留下笑柄，我們的學術研究只是在為長官個人的好惡背書，將毫無可信度可言，因為其他學校實驗的都是板橋教師研習會的版本，唯獨台南師院在為某個人服務。校長也知道我的計畫是比較好的，多組實驗的結果，如果某編審委員的版本較好，也可以杜天下悠悠之口。校長說不動我，只好向趙館長回報，趙館長十分堅持，請吳校長約我直接和她面談。

我心裡有數，北上之前就已經寫好辭呈，因為我既不願修改研究計畫，也不想讓校長為難，辭兼行政是唯一解套的方法。見了面，館長很客氣地提出她的意見，我則從純學術研究的立場，說明我的計畫構想，如果要我改，請指出我的研究計畫的缺失，如果我的研究計畫沒有問題，我就不知道為何要修改。同時，其他學科都是板橋版本，為何國語科不是？對於我提出的兩個疑問，趙館長都沒有正面回應，卻依然堅持希望我改採單組實驗。我看見面結果一如我的預期，所以就起身告辭，我告訴趙館長，對於課程實驗研究，我有我專業的堅持，很抱歉讓館長與校長失望。

一踏出編譯館大門，我立即搭計程車趕赴松山機場，準備搭機回台南。吳校長約晚了三十分鐘到機場，我們搭同一班飛機回程。一路上校長還是希望我考慮一下，做單組實驗也一樣可行，何不變通一下。我默不作聲，不想再多說什麼。回到學校，我立即掏出辭呈面呈校長，向他致歉，因為個人的堅持而讓校長感到為難，請校長找人來接實習輔導處長的職務。校長雖然感到錯愕，卻也收下了辭呈。

帶團出訪拓展國際視野

之一——初訪日本，感受深情回饋

教育部為了修訂《師範教育法》，各項準備工作積極進行，同時委請各學者專家組團出訪並收集先進國家當下的師資培育制度，我也接受教育部的委託帶團出訪日本，重點放在日本培育師資過程中的「教育實習」制度與措施。我委任實習組長林瑞榮擔任隨團秘書，負責處理訪問團各項行政業務，我召集了訪問團的四位教授討論行程，規劃訪問計畫。

我對日本根本不熟，實在提不出該訪問哪些單位、拜訪那些學者？突然想起去年曾有一位去日本留學的女學生劉禧琴，在回國蒐集論文撰寫資料時，曾請我指導，包括授權她使用我發展的測驗作為研究工具，以及調整修改她的論文架構等，事後留有連絡電話。於是我請瑞榮與她聯繫，並把訪問計畫寄給她，請她提供參考意見。

想不到她的指導教授——東京學藝大學教育實習部長藤田教授，根據我訪問計畫中的所有訪問重點，為我規劃了完整的訪問行程，包括訪問設有教育學院或師培課程的大學，以及任用新手教師的小學等，涵蓋了培育中的實習以及培育後新手教師的輔導，這些資料對於我國修訂《師範教育法》極具參考價值。我和瑞榮根據藤田教授的建議，同時找來鳳凰旅行社的業務代表，研擬了訪日計畫的草案，這個計畫獲得訪問團其他三位教授的認可，於是做成定案，於民國八十三年一月成行。

訪問團自走行程與參加旅行團的報價差很多，旅行社的業務建議我們前半段行程跟團，後半段行程離團進行訪問，如此行程可以很豐富，費用也可以很省，只是訪問團必須自行返國，訪問期間的交通、食、宿都要自理。第一次出國的心情是既興奮又惶恐，興奮的是終於可以踏出國門，增廣見聞；惶恐的是肩負任務，到一個人生地不熟的地方，對於能不能完成使命毫無把握。

整個行程前後七天，一月十七日從桃園國際機場出發，飛到福岡機場進入日本，夜宿福岡機場附近的一家旅館，第二天（十八日）拉車趕赴九州著名的渡假勝地豪斯登堡，展

這次參訪從福岡機場進入日本，第二天就到「豪斯登堡」森林渡假村

開前段的觀光行程。當天夜宿豪斯登堡，觀賞精彩的海盜秀。第三天（十九日）驅車北上，途中遇到大雪，司機告訴大家為了安全起見，必須在高速路的休息站暫停等待，等雪停了才能繼續趕路。遊完名勝古蹟清水寺、東大寺之後，夜宿東京新宿的王子飯店。第四天（二十日）遊東京迪士尼樂園，晚上繼續住在原飯店，導遊帶我們到新宿地鐵站，告訴我們在哪裡買票，在哪裡上車，並把回程的機票交給我，因為二十一日他們逛完免稅商店之後就要搭機返國，而我們的訪問行程則是：二十一日訪問東京學藝大學、小金井市的本町小學以及東京學藝大學的附屬小學；二十二日訪問東京帝國大學，二十三日從東京羽田機場搭機返國。

二十一日早上，按照劉禧琴小姐的建議，搭地鐵到他們學校附近的車站，他們學校的公務車會在車站接我們。第一次使用自動售票機購票，新鮮感十足，還好大學時代我有修過日文，操作售票機購票還應付得來，順利買了車票，也順利地搭上車，到達目的地車站，下車時就看到禧琴拿著歡迎牌站在月台邊等候，彼此還是第一次見面，寒暄問好之後，我介紹團員給禧琴認識，然後就搭學校公務車直驅東京學藝大學。

藤田部長親自在大門前迎接，誠意十足，令人感動。進入會議室坐定之後，藤田部長先介紹學藝大學參與會談的教授，然後由我

1. 華麗的海盜船　2. 生平第一次站在大雪中　　1|2

介紹訪問團的成員，接著藤田部長致歡迎詞，也大略提及日本的師資培育中有關教育實習的制度。我致詞之前，先致贈禮物，同時特別感謝藤田部長的協助安排參訪行程，並說明此次到訪的主要目的，乃因台灣政府要修訂《師範教育法》，以改善台灣的師資培育，因此希望吸取日本在師資培育方面的經驗，所以會談時除教育實習制度之外，也希望觸及師資培育的各個面向的問題。

與學藝大學擔任教育實習指導的三位教授相談甚歡，簡直是欲罷不能，不知不覺已過了正午十二點，藤田部長連忙喊卡，由他設宴款待我們，也邀三位與談的教授作陪，席間繼續未談完的議題，豐盛的佳餚，賓主盡歡。藤田部長帶著他指導的研究生禧琴來向我致謝，感謝我給禧琴在研究上的指導與協助，我認為那是舉手之勞不足言謝，不過禧

1. 清水寺依山建築甚是宏偉　2. 東大寺的水鹿會向遊客討食物吃
3. 我致贈禮物由藤田部長代表接受　4. 會談時由劉禧琴擔任即席翻譯工作

1 | 2
3 | 4

琴還是千恩萬謝，認為她的論文之所以能順利完成，我同意授權她使用我編制的測驗作為研究工具，對她的論文來說，絕對是一個關鍵。藤田則對於我給一個陌生的年輕人熱心的指導感到敬佩，所以這次有機會稍作回報，感到非常高興。

飯後藤田部長親自開公務車帶我們去訪問實小以及本町小學，訪問的重點在學校對於初任教師的輔導措施，因為日本師培生畢業之後，便可報考「教師免許狀」（即教師證書），擁有免許狀者即可以參加學校的教師甄試，通過之後便可應聘為教師，不似國內規劃中的師培制度：師培生畢業之後，必須先行到學校擔任實習教師一年，實習成績及格，才能參加教師證書的國家考試，獲得教師證書之後才能參加各個學校的教師甄試。在上午的會談中，我們知道日本沒有實習教師的制度，卻採用在職訓練的模式，要求遴選新手教師的學校，必須採取一系列的措施，幫助新手教師得以邊教邊學，儘快上手，藤田部長安排我們參觀新手教師在職訓練的實際運作。

本町小學的「教頭」（即台灣的教導主任）告訴我們，學校今年聘用了兩名新手教師，所以學校成立了一個新手教師輔導小組，由他擔任小組召集人，新手教師授課時數為一般教師的三分之二左右，以便他有時間可以到輔導小組中的資深教師班上觀摩學習，以及參加各個學科教學研討會議；除此之外，新手教師任教班級的教

1. 小金井市立本町小學的參訪　2. 東京學藝大學附屬小學的參訪　1｜2

室中設有熱線電話，只要教學過程中遇有任何疑難問題，就可以打熱線電話向教頭求助，教頭可以透過電話或直接到教室中協助新手教師排除困難。

東京學藝大學附屬小學的做法與本町小學類似，不過輔導小組的作為更為積極，輔導小組不同成員會輪流進入新手教師的教室，評估新手教師的教學表現，在發現新手教師專業不足的地方之後，會要求新手教師參與該科教學研討會，也會擬定輔導計畫，交由教頭或該科具有專長的資深教師進行輔導，直到新手教師的教學表現達到一定水準為止。這種做法非常務實，值得台灣在規劃實習教師輔導制度時的參考。

歷經一整天的考察訪問，回到飯店之後是自由活動時間，晚餐由各個教授自行處理。我向櫃台要了飯店周邊的旅遊資訊資料，研究晚餐要到哪裡解決，瑞榮表示他要跟著我一起用餐，於是我們一起討論探險路線，首先去著名的「歌舞伎町」逛一逛，再到新宿的地下街美食區找吃的。這兩個地方都是旅遊書上特別推薦的熱點，而且離我們下榻的王子飯店很近，是很不錯的選擇。

入夜之後的歌舞伎町，簡直就是一個化外之地，各種膚色的人種在這裡都可以看得到，呼麻、喝酒、喧嘩、放浪行駭的行為不一而足，真是讓人大開眼界了。走在路上得繃緊神經，就怕有任何閃

1. 東京帝大「紅門」前留影　2. 與曾我德興教授於東京帝大校園中合影　1|2

失，後果可就難以設想了。轉入地下商店街之後，眼前情況為之一變，彷彿是從化外之地回到了人間，逛街的人潮洶湧，但卻是溫馨而又充滿歡樂笑聲的，於是放鬆心情，四下尋找好吃的料理，每家店的櫥窗裡都展示店裡所賣的東西，模型做得惟妙惟俏，看得令人口水直流，於是我和瑞榮進入了一家壽司店，點了他們的招牌握壽司，每份才一千兩百元日幣，既道地又比台灣便宜，吃完直呼：賺到了！

二十二日要訪問的學校是東京帝國大學，由台灣旅日學者曾我德興教授安排與引見，曾教授出身東京帝大，學成之後留在日本大學任教，他曾利用休假期間來台灣考察中文教育，所以有機會認識。因東京帝大是綜合型大學，不像東京學藝大學是專門的師資培育機構，學校也沒有設置實習部，教育學系佐藤教授告訴我們學生的教育實習是整個學習課程中的一門課，只有兩學分，此外並無特別的實習活動，相關的教育實習比起像學藝大學或師範大學要少很多。因師資培育多元化，學生畢業只要能通過免許狀的考試就好，各校之間並沒有統一的做法，因此不具參考價值。

告別曾我德興教授，拜訪行程全部結束，下午是自由活動，讓團員自行用午餐和購物，以及收拾行囊，二十三日一大早就由飯店備車送我們到機場搭機返國。第一次出國訪問，一切行程較預定順利，劉禧琴小姐的回報無比真誠，藤田教授的用心更令人感動，謝謝啦！

之二——再訪日本，收穫滿行囊

台灣省政府教育廳八十四年度獎助績優教育人員短期出國考察，聘我為第九團團長，於八十四年五月二十一日至六月二日期間，帶領十三位團員赴日本考察特殊技藝教育。在三月初接到教育廳的委託的時候，嘉義師院的周煥臣教授也接受委託帶團考察日本的生活教育，周教授對日本不熟，知道我去年剛赴日考察，所以要求我協助安排訪日行程，甚至於希望兩團併團走同一行程。

因我這一團較迷你，只有十四人，而周教授的團有二十人，兩團合併剛好共乘一部遊覽車，團費會更省。於是立即與日本的友人聯絡，包括日本橫濱大學的小林芳文博士，以及大正大學的溫禎祥博士。小林教授本身兼橫濱大學附屬養護學校的校長，是陳英三教授留日的同學，曾應陳教授邀請到南師辦理動作教育研習活動而熟識，因此我拜託他推薦可供訪問的特殊技藝教育學校或機構，小林教授除了歡迎我到他的學校訪問外，特別推薦大阪府光明學園的羽地弘老師，說他對於特殊技藝教育這個領域特別熟悉，應該可以給我很好的建議；至於生活教育這一部分，則請南師校友的溫教授推薦可供參訪的中小學，因為溫校友常帶日籍校友團來台訪問母校，由我多次接待而熟識。

在多方聯繫協調之後，終於確定了整個考察行程，於是和承辦的廣達旅行社協商總共十三天的所有行程，有正式的考察參訪，也有輕鬆的觀光旅遊，第一天（二十一日）從桃園國際機場出發，由大阪的關西國際機場進入日本；二十二日立即展開參訪大阪府立豐中養護學校及大阪府光明學園；二十三日搭日本國內線飛機強往鹿兒島，遊覽櫻島火山、池田湖，住宿指宿溫泉飯店；二十四日驅車北上，遊覽天草五橋、鬼池、長崎原爆紀念公園，夜宿長崎；二十五日遊覽荷蘭村，進駐豪斯登

1. 與豐中養護學校校長合影留念
2. 參觀養護學校的感覺統合訓練教學

1|2

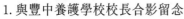

堡森林之家；二十六日遊覽西海橋、新門司港，夜渡瀨戶內海；二十七日遊覽大阪公園、金閣寺、東本願寺、平安神宮；二十八日繼續驅車北上，遊覽永平寺、東尋坊、兼六園、夜宿金澤；二十九日遊覽立山黑部坪，夜宿石和溫泉；三十日回頭南下直奔橫濱，下午參訪聖坂學園，夜宿橫濱；三十一日參訪橫濱大學附屬養護學校，下午遊覽明治神宮、東京都廳，夜宿東京；六月一日上午參訪淑德中小學、淑德日語學校；下午參訪玉川學園；六月二日遊東京羽田機場搭機返國，結束此次日本教育考察行程。

五月二十一日起程那一天，天空飄著雨，大家相約九點四十分於桃園機場的日本亞航櫃檯前集合，廣達旅行社劉總經理親自到櫃檯前幫大家辦理登機手續，帶團的導遊陳先生更早就忙進忙出，清點人數、發護照機票、托運行李，仔細的招呼三十四位考察團成員。飛機準時於十二點十五分起飛，於十四點十五分抵達大阪關西機場。關西機場是填海造陸而成，耗費七年的時間建造，才於去年（民國八十三年）九月三日啟用，是當時全世界最新的國際機場。搭車離開機場直奔大阪市區，下榻於大阪第一飯店，晚餐到中華川菜館吃飯，餐後順道一遊大阪著名的梅田地下街。

二十二日上午參訪大阪府立豐中養護學校，專車準時九點到達，校長早就率領學校師生列隊歡迎。大家進入禮堂坐定之後，

1. 與熱心協助安排參訪行程的羽地弘先生合影
2. 光明學園所長代表接受致贈禮物

1 | 2

校長致歡迎詞，並簡報介紹學校的各項設施與特色，接著由教頭介紹學校所安排的參訪行程。參訪完畢之後還安排綜合座談，我們委請學校代訂便當，大家邊吃邊談，直到下午一點三十分才離開豐中，前往光明學園訪問。

光明學園離豐中養護學校甚近，車程不到十五分鐘，大約一點四十五分就抵達學園，這個學園專門為精神薄弱者（智能不足者）進行職業技能訓練的工場，收容養護學校畢業後進入職場之前，年齡在十五到二十五歲之間的學員。學員內各項職訓設施充足，學員在這裡一方面學習職業技能，一方面學習如何獨立生活，是對於智能不足者非常貼心的轉銜設施，值得台灣借鏡。

二十三日大清早趕搭日本國內班機南下鹿兒島，受到麻原彰晃沙林毒氣事件的影響，日本觀光旅遊業受到重創，不但外國旅客稀稀落落，就連國內的國民旅遊也十分冷清，所以整架波音 747 客機空蕩蕩的，登機後大家都可以隨意坐。不但如此，當我們到達下榻的指宿溫泉飯店，所有服務人員都在飯店門口列隊恭迎貴賓上門，還前所未有地在飯店的旗桿上高掛青天白日滿地紅的國旗呢！

鹿兒島的櫻島火山是一座活火山，還不時的噴出一團團的黑煙，土地貧瘠的鹿兒島卻能種出重達八十公斤的「櫻島大根」（蘿蔔），以及比蘋果還貴的紅皮番薯，更有獨一無二的溫泉沙浴，埋身在溫泉沙中，不需幾分鐘便全身大汗淋漓，舒暢無比。

二十四日開始逐日驅車北上，經過「天草五橋」前往長崎，中途停在天草四橋下吃午餐，並瞻仰「天草四郎」的雕像。用完午餐略事休息，順道逛一逛養珠加工廠，許多女團員禁不起「珠圓玉潤」的誘惑，紛紛掏錢「血拚」一番。接著下來的行程改走水路，連遊覽車一起由「鬼池」上渡輪，然後由「口之津」上岸，再驅車前往長崎市區，走訪鄭成功紀念館、孔廟等。

二十五日上午先到「和平公園」，「原子彈爆炸紀念館」還在興建中，公園中象徵世界和平的雕像林立，這些雕像來自世界各地，由各國政府捐贈，祈願世界能真正和平，不再有核子戰爭的毀滅性災難發生。當然，也有團員提起，二次世界大戰期間，日軍四處肆虐，燒殺擄掠，其所造成的苦難恐怕不下於長崎廣島的兩顆原子彈吧！

離開和平公園，下一個行程就是荷蘭村，這是由長崎地區九十九家財團集資經營的，村內設施包括荷蘭式建築的大飯店、風車、海盜船、博物館以及各項遊樂設施。這個晚上就住在豪斯登堡的森林之家小木屋閣樓裡，四個人住一棟小木屋，要價新台幣三萬六千元，每個人一天晚上要付九千元，到底要睡他一覺比較划算？還是睜著眼睛看整晚比較划算呢？

二十六日上午瀏覽「荷蘭皇宮」，欣賞來自歐洲的各類藝術品，十一點左右離開荷蘭村，搭車繼續北上，途經佐世保市、佐賀市、福岡等，直達北九州的新門斯港，搭船夜渡瀨戶內海，半夜觀賞橫跨四座小島的瀨戶大橋，全長八．五公里的瀨戶大橋，在燈光的照耀下橫過天際，非常壯觀，儘管夜晚海風冰冷刺骨，但大多數的遊客仍然興致盎然的出來觀賞這難得一見的景色。

二十七日清晨六點抵達大阪港，下船後即驅車前往大阪城，憑弔一下日本的大英雄豐臣秀吉。離開大阪城，專車開往日本文化古城京都。京都有獨特的文化，尤其茶道和花道都執日本牛耳，西陣

1. 和平公園的這座雕像意涵為何？你的解讀是？
2. 在東尋坊地標前留影　3. 第九團全體成員穿著和服在旅館大廳合影　1|2|3

第一次踩在厚厚的積雪上，感覺並不冷，美景當前，爭相合影

織的布料做成的和服更是日本和服之最，城裡寺廟和古老建築特別多，沒有現代化的五星級飯店，木造的旅館越古老越貴。

下午遊覽金閣寺，矗立湖中的金閣寺金碧輝煌，周邊的老松樹猶如盆栽，每棵樹都經人工刻意雕琢，太過匠意了，反而失去自然之美的逸趣。翠綠的細葉古楓倒是特別吸引我的注意。離開金閣寺，接著遊東本願寺、平安神宮，就離開京都，北上賀滋縣的琵琶湖，夜宿湖畔三十八層高的王子飯店，憑窗遠眺琵琶湖的水光山色，令人心曠神怡。

二十八日繼續北上，先到有五百四十年歷史的永平寺，再到東尋坊用午餐。東尋坊是日本海海濱的一個小鎮，卻十分有特色，不但有海中石柱與千疊敷斷崖的奇景，還有美味的特產甜蝦與松葉蟹。社區合作經營的「餘霞樓」，提供遊客品嘗甜蝦和松葉蟹等做成的美食，還共同經營海產一條街，行銷甜蝦與松葉蟹至全日本各地。

離開東尋坊，驅車前往金澤古城。中途在「九谷燒」專賣店休息，精美的陶瓷作品令人有一股想擁有的衝動，高不可攀的價格卻讓人打退堂鼓。傍晚趕到兼六園，這個仿中國的庭園造景設計的名園，美不勝收。當天晚上就下榻於金澤的信開旅館。

二十九日的旅遊重點是立山國家公園，五月底雖已入夏，但是立山上的積雪仍深，導遊特別提醒大家要準備禦寒的衣物。我們由立山的美人平車站上山，陡峭的施工隧道中，我們搭乘的軌道台車，是用絞鍊把台車往上拉的，上去之後再搭乘巴士經過兩旁十五米高的雪壁通道，上到黑部坪，這是立山黑部水庫上的一處台地，站在台地上環顧四周，湖光山色，十分壯麗。在山上用完午餐，於下午一點半下山，由另一頭扇澤車站離開立山國家公園，途經諏訪湖，夜宿於山梨縣的君佳旅館。

三十日離開君佳之後，一路不曾歇息直奔橫濱，要趕在一點三十分前拜訪聖坂學園。這是特別為智能不足者所設立的職能訓練所，地點選在鬧區，希望能融入社區，並方便與鄰近的學校交流。但成立之初遭到社區民眾激烈的反對，深怕這個機構會造成鄰近社區房價的崩跌。幾經折衝溝通，反對聲浪才逐漸平息下來，經過時間的驗證，房地產價格並未受到影響，居民才反過來熱烈地參與該園的活動。

學園收容五十名二十至三十八歲的中重度智能不足者，依他們的興趣、身體狀況等條件，安排學習陶藝、寶石加工、編織、蠟燭製作等職業技能，這些學員都是經過從小學到高中十二年的養護訓練之後，再到這裡來接受兩年密集的職能訓練，希望離開之後能夠融入社會並順利就業。回程順道遊覽橫濱的山下公園，晚上下榻於橫濱的假日飯店（H0LIDAY INN）。

三十一日早上準時到達橫濱大學附屬養護學校，校長小林芳文博士率學校師生及家長，熱烈歡迎訪問團的到來，學校還特別安排一位多重障礙的學生為我獻花，我蹲低身子接過花束，我感動的將他摟在懷裡，並在他耳旁輕聲地說聲阿哩嘎多（謝謝）！小朋友靦腆的笑著，同時拉著我的手不放，所有的人都被溫馨的這一幕所感動。

小林告訴我這位小朋友來自台灣，他的母親現在是學校中最熱心的義工媽媽之一，並為我引見這位媽媽，真所謂為母則強，當這位媽媽發現孩子的問題在台灣得不到適當的幫助時，就毅然決然的帶著孩子遠渡重洋到日本，接受橫濱大學附屬養護學校的養護教育，看到孩子不斷改善進步，再辛苦也值得！當我告訴來自台灣的訪問團成員這個故事時，大家都起立為這位媽媽鼓掌致敬！

學校安排盛大的歡迎茶會，小林博士致歡迎詞，並簡介他的學校，這所養護學校從小學部到高中部都有，除編制內的教師之外，橫濱大學特殊教育學系的學生會到這裡見習，還有媽媽群組成的義工，提供照護孩子充足的人手。小學部依障礙類型與程度分成A、B、C三組各有七名學童，共二十一名學生；中學部一年級六人，二年級九人，三年級七人，共二十二名學生；高等部一年級六人，二年級九人，三年級七人，共二十二名學生，學生總數共六十五人，教職員編制共二十九人。

九點半到十一點參觀教學與學校設施，十一點開始全校學生總動員，舉行盛大的歡迎表演會，又是管絃樂的表演，又是撼動人心的鬼太鼓表演，讓人難以想像這是一群智能不足學生的演出。表演完畢，學校招待我們吃營養午餐，這是學校平常為孩子準備的色香味俱全的營養午餐，招待我們只是加了份量，並沒有特別加菜。對於小林博士的隆情厚誼，真是感激不盡。

在養護學校師生熱情的歡送下，我們依依不捨的道別，也離開橫濱，往東京前進。下午沒有參訪行程，於是悠遊明治神宮、

1. 原來這位小朋友來自台灣
2. 我捧著孩子獻給我的鮮花，述說這對母子的故事
3. 小林博士致歡迎詞並做簡報

1|2|3

日本天皇皇宮外圍的二重橋以及東京都廳，夜宿王子飯店（很熟，去年來東京也是住在這裡）。

六月一日上午九點準時到達淑德中小學，首先參觀小學部，校長簡介時特別說明這是一所以佛教哲理來經營的私立學校，希望藉宗教的力量來淨化學生的心靈，所以學生每天都要虔誠的禮佛；其次，為了提升學生的競爭力，拓展學生的國際視野，所以特別重視英語教學。正因為學校藉佛理來教化學生，所以堪稱生活教育的典範。

接著參觀淑德日語學校，這是為外國人進入日本大學的語言先修班，去掉語文的障礙，才能有效的學習。學員中好多來自台灣的學子，在這裡苦學「阿依屋ㄟ喔」。

下午的行程為參訪玉川學園，不意因交通大堵塞，專車困在超長車陣中動彈不得，趕緊請導遊與學校聯絡，報告受困情況嚴重，可能無法趕在一點半之前到達學校，學校公關主任傳來不幸的消息，告訴我們高速公路發生了連環大車禍，短時間內恐怕難以排除，事到如今，除了等待還是等待，實在無奈。

玉川學園是私立教育機構，從幼稚園到博士班都有，經營策略走精緻教育路線，學費高昂，堪稱「貴」族學校。當我們脫離車陣抵達校門口的時候，已經接近下午三點，學校已經準備放學，所有

1. 淑德中小學校長親自接待訪問團
2. 我致贈禮物，由玉川學園公關部主任代表接受　　1 | 2

排定的參訪行程都無法進行。下車之後，所有要進入校園的人都要通過金屬檢測器的偵測，所有人的行李與包包都要存放在警衛室，改搭學校專車進入校園。

玉川學園公關部主任負責接待我們，對於我們的遲到表示可以理解，但也坦言原先約定的參訪行程已經取消，他會為大家做學校簡介，之後會帶我們參觀部分學校設施，也可以回答我們的提問。儘管心中留有遺憾，但也只有接受了。

離開玉川學園，所有參訪行程全部結束，大家思鄉心切，都紛紛在為明天要踏上歸途做準備了。

之三——首度出席兩岸學術交流

卸下行政工作之後，居然也有好康的事情來到，真是意想不到。學校人事室通知我，陸委會推動兩岸學術交流，校長推薦我和教務長陳震東教授代表台南師範學院，出席兩岸師範教育學術交流活動，時間是民國八十四年十二月二十二日出發，然後八十五年元旦回到國內，前後共十一天。驛馬星動，竟然一發不可收拾，兩年內三度出國，而且還都是全額公費，政府真是對我不薄，感恩啦！

第一次有機會到訪大陸，內心卻是五味雜陳，大陸到底是什麼模樣？他們如何豎起無形的「鐵幕」，竟可控制十幾億人口？小時候老師告訴我們的「共匪」會不會很可怕？家裡的族譜還載明祖先是來自福建泉州的晉江，歷史也告訴我們台灣與大陸的關係，從語言、文字與血緣來看，兩岸關係密切，敵意卻是那麼的深，何以致之？心想藉此次的訪問，試著去找答案，以解開心中的疑惑。

除了護照之外，還得另外辦一本「台胞證」，兩岸之間到底是什麼樣的關係啊？真是世界奇觀，普天之下，就只有我們這邊有這種現象，這意味著什麼？我們政府有沒有相對的要求大陸人要來台灣，也要另外辦一本「陸胞證」呢？

教育部中教司與陸委會都派員隨團出訪，九所師範學院都有兩位教授代表，因為同屬師範學院，所以彼此之間都曾見過面，大家並不陌生。十二月二十二日由高雄小港機場出發，一個多小時就到了香港，還未進飯店安頓行李，專車就直達香港城市大學，與教育學院的教授們舉行座談。還真是隨興，大家坐定之後，交換名片、簡略自我介紹，隨即自由交談，沒有事先設定的主題，更沒有預設的討論綱要，預定的時間一到，就揮揮手互道再見。

離開城市大學，接著拜訪香港中文大學，模式與在城市大學一樣，只不過晚餐和中文大學的教授們再聚，情況十分熱絡，不過也因為聚餐用去太多時間，所以雖然住在中環地區的酒店，卻無緣一覽東方明珠的璀璨夜景。

二十三日早上搭機直飛北京，下機後有大陸中央國台辦的官員負責接待，設宴於有名的全聚德餐廳，品嘗美味道地的北京烤鴨，佐以二鍋頭白酒，接風酒賓主盡歡，飯後安排下榻於北京薊門大飯店。我的動作比較快，放下行李之後立即跑到飯店櫃檯，我要兌換一些人民幣，以便購買電話卡，才能打電話回家。

看著櫃台牆上掛著的匯率表，美金兌換人民幣是八．一比一，於是我拿出一百元美鈔向櫃檯小姐要求兌換人民幣，美麗的櫃檯小姐笑臉迎人，很客氣的雙手接過美鈔，就低頭從櫃檯抽屜裡拿出八十一元人民幣給我，我一看不對，一直望著櫃檯小姐，他笑著問我：「還需要什麼服務嗎？」

我真是傻眼了，心想，國台辦的官員不是告訴我們：薊門大飯

兩岸師範教育學術交流的第一站是香港的城市大學

1. 萬里長城萬里長　2. 在北京師範大學大門留影　1|2

店是專門用來接待台灣來的貴賓的嗎？怎麼櫃台小姐這麼賊？看到他裝傻，我的臉也就拉了下來，提高音量反問：「小姐，你沒算錯嗎？」這時，他好整以暇的從抽屜裡拿出一張十元美鈔，然後指著匯率表說：「八．一倍，給你八十一塊沒錯啊！」

何曾見過這種狀況，所以心裡真是急了，音量更高了，我掏出皮夾，告訴櫃檯小姐我帶的美金全是百元鈔票，十元美鈔不是我的。就在這個時候，接待我們到飯店的國台辦官員適時出現，問我發生了什麼事。我還沒來得及回答，櫃台小姐就搶先賠罪說：「啊！對不起，我看錯了，你給的是這張百元美鈔嘛，我重新算給你！」

我看了看國台辦的官員，沒再說什麼，可是這位官爺已經一臉鐵青，顯然他已經知道我遇到什麼事了，他一直等到我換好錢，買完電話卡，好心告訴我打電話的位置，然後才離開飯店。從此以後，住在薊門飯店的這幾天，就沒有再看到這位美麗的櫃檯小姐的身影了！這個事件是我對北京的第一個印象。

二十四日，國台辦安排我們與「中央教育科學研究院」的研究員座談，這是大陸制訂各級學校教育課程的最高機關，我很想了解大陸各級學校課程的制度，以及制定課程的過程。不過談了半天，我想要的資料一點也要不到，這些高級研究員所關心的竟然只是錢，他們關心台灣的教授一個月領多少錢？要一起做研究所需要的經費能不能由台灣負責？沒有主題、沒有架構的座談，當然也談不出什麼結論。座談時間準時結束，中午就由中央教育研究院作東，設宴款待我們這群台灣來的教授。

下午的行程是拜訪「首都教育學院」，座談的過程如出一轍，交換名片之後就先自我介紹，然後是自由交談，一對一對談，沒有主題，沒有架構，當然也沒有辦法聚焦，雙方都在彼此試探，所以也就不可能有任何結論。晚餐輪到首都教育學院作東，又是酒醉飯飽，賓主盡歡。這是兩岸學者的交友聯誼，卻高掛學術交流這一冠冕堂皇的招牌，真妙！

回到薊門飯店時間還早，於是有幾位教授來邀去逛「琉璃廠」，這是北京有名的市集，整條街都在賣骨董文物，特別是文房四寶。我們走到公車站，仔細看站牌上標示的路徑，尋找停靠琉璃廠的公車。沒等幾分鐘，公車就來了，不須事先買票，而是上車後向隨車服務員買票，服務員一看我們七個人都要到琉璃廠站，就問我們是不是一道的，我們說是，他就問我們要不要包車，只要比公車票價多給兩塊人民幣，就讓我們包車，還真稀奇，竟然臨時都可以包車，我們同意了，服務員竟然在下一個停靠站就把其他乘客趕下車，然後專車直達琉璃廠站。天啊！這是哪門子的公車啊！這是我對北京的第二個印象。

二十五日國台辦安排我們參訪北京師範大學，對這個聞名已久的學府，心裡有幾分崇敬，果然不同凡響，校舍巍峨，占地極廣，這一份氣派，台灣的學校殊少可以匹比。座談會的過程都是一樣，交換名片，自我介紹，然後一對一的自由交談。座談完畢，由北京師範大學作東，設宴款待我們這群台灣來的教授。

下午的行程沒有座談，參觀了北京師範大學的附屬小學，然後安排我們參訪「中央繪畫研究院」，事實上是到這裡「瞎拚」，我挑了三幅水墨畫，共花了兩百四十美金，還真便宜呢！

二十六日是輕鬆愉快的行程，上午到「明十三陵」觀光，看看已經開挖並整理過的明朝皇帝的陵墓，由北京的「地陪」引導並作解說。一般人死了之後就回歸塵土，但歷代帝王死後還得耗費民脂民膏，建造工程浩大的陵寢，徒然吸引盜墓者的覬覦，何曾庇蔭其子孫了呢！

時值隆冬，北京的氣溫是攝氏零度，天空還飄著雪花，每一次呼吸都噴出濃濃的霧氣，在台灣何曾碰到這般冰冷的天氣，所以集合的時間還沒到，大多數的教授都已經回到車上吹暖氣了。好心的領隊（台佳旅行社的總經理賴錦雲親自擔任領隊，因為他們第一次接待整團都是教授，所以特別慎重）說要去買水果送給教授們吃，他下車走到賣「雪花梨」小攤販前，挑了一個攤販所賣的梨，算一算數量還不夠，又向第二個攤販買，結果不知發生了什麼事，所有的攤販把領隊團團圍住，不停鼓譟，地陪一看事情緊急，要求車上的教授們下去為領隊解圍。他告訴我們說他自己不能出面，否則下次再帶團來，可能怎麼死的都不知道。他告訴我們不可以直接去找這些攤販理論，不遠的地方有公安在值勤，只要大聲呼喚公安前來就可以了。

車上的教授面面相覷，就是沒有人下車去。事情緊急，也顧不了那麼多了，我請司機打開車門，跑出車外就大聲疾呼公安，招手請他過來，公安聽到了，轉身朝停車場走過來，那一群攤販也聽到了，還沒等到公安來到，就一哄而散了，留下驚魂未定的領隊站在原地。我趕緊跑上前去幫她提一大袋雪花梨，她才回過神來，花容失色的她連聲道謝，我告訴她沒事了，一起回到停車場，並向前來的公安道謝。這一事件是我對北京的第三個印象。

午餐沒有人作東，吃旅行社安排的「團餐」，就是菜煮肉，肉煮菜，大家將就著吃。下午逛萬里長城，由居庸關登上長城，蜿蜒萬里，盤踞在山嶺的脊背上，無比雄偉。我和陳震東教授爬了好長的一段，還翻牆到塞外去，不小心闖進獒犬繁殖場，差一點被大群的藏獒給吃了。嚇出一身冷汗的兩個人，還得多付二元人民幣的門票費，才由狗場主人帶我們到居庸關大門。

晚餐繼續用「團餐」，我跟同桌的教授說，菜這麼差，大家少吃些，回到飯店後，我們請地陪帶路，到他們本地人用餐的餐廳吃飯，由我作東，請大家品嘗道地的北京料理，大家都同意了，於是我和地陪商量，並請她找「愛人」（大陸人稱配偶為愛人）作陪，陪我們吃飯。大家依約而行，三人搭一部黃包車（大陸的計程車，屬個體戶，夜間載客只限後座，前後座隔離，只留一小洞供對話與收取車資用），隨地陪出門，來到一家蠻體面的餐廳，點了十道店裡的招牌菜，喝山西汾酒、孔府家酒等，酒醉飯飽之餘，請地陪幫忙結帳，我問店家收不收新台幣，店家回說收台幣，結果給一千元新台幣，還找回一百多，我全部拿給地陪當小費，她很高興的收下，連聲道謝。

二十七日上午也是觀光行程，旅行社安排到北京故宮「紫禁城」，宏偉的建築令人嘆為觀止。雕梁畫棟，金碧輝煌。不過導覽的地陪也說，故宮裡最珍貴的文物都不在此，而是在台灣的故宮。

下午離開北京，搭機飛往上海繼續學術交流的行程。上海這個中國最國際化的大都會，我早就心儀不已，有機會一遊，於願足矣！國台辦安排我們住在上海教育學院的賓館，晚餐由上海教育學院作東，設席於賓館附設的餐廳，未交流前先聯誼，飯後還唱卡拉 OK，氣氛十分熱絡。

二十八日早上正式與上海教育學院的教授們座談，由於前一晚

故宮前留影

已經見過面，座談的氣氛更加熱絡，我請教對談的教授，為何他們校園內會出現「大酒家」，他說大陸的大學經費並不寬裕，年預算要自籌一半，所以各個學校莫不絞盡腦汁找錢，上海教育學院出租大禮堂變身大酒家，學生宿舍有一棟拿來改設為賓館，就是接待各位投宿的地方，學校對外營業，來挹注學校的經費。

台灣也因大幅擴充高等教育，加上政府預算吃緊，所以也推動學校基金政策，所有國立大學都需自籌一定比例的預算經費，初期從自籌百分之二十五，最終的目標各校要自籌百分之四十。台南師院為此焦頭爛額，卻也還沒誇張到經營酒館飯店，不過未來會不會步入大陸大學的後塵，只有天知道。

午餐由上海華東師範大學作東，方式和上海教育學院一樣，大家先吃飯聯誼，然後再進行座談交流。上海美食的精緻程度，與北京相較毫不遜色，光是一道包子的餡料就有非常多的變化，製作過程更是講究，是歷經千百年的淬鍊所進化的成果。

與華東師範大學的交流活動，依然是沒有主題、也沒有架構，一對一自由交談，相互試探，相互試著了解對方，當然最後也不會有結論，看不出來交流的實質成果。結束會談之後，晚餐是由旅行社安排的團餐，於是同桌的教授又有人提議，請我與地陪安排到上海本地人消費的餐廳，台中師院的賴清標教授聲明這次輪由他作東，地陪很高興的答應，帶我們到上海一家相當高檔的餐廳，盡情點美食叫美酒，一千台幣依然有找，賴教授把找來的錢另加一百元台幣送給地陪當小

與陳震東教授在黃埔公園留影

與賴總經理攝於東方明珠塔前

費，她樂得眉開眼笑的不停道謝。回到上海教育學院賓館，聽到一些去上海「大排檔」用餐的教授食物中毒，上吐下瀉送醫院掛急診，實在慶幸沒有跟他們一道去。

二十九日排定的是觀光行程，上午逛上海土地公廟商圈，午餐自理，大家四處閒晃，整個商圈多的是吃得與喝的，難得的半日悠閒。下午遊覽著名的上海灘，黃浦江岸大樓林立，卻有明顯差異的建築風格，這是歷史留下來的所謂「上海租界區」獨特的景觀，列強魚肉中國，予取予求，留下鮮明的印記，看了令人感嘆不已。

三十日早上離開上海，搭乘火車前往杭州。上海火車站前廣場，出現令人觸目驚心的景象，當時的氣溫只有攝氏二度，地面上卻躺滿了人，彎曲的身體緊縮在破棉被或破棉襖底下，一眼望去，看不見地面。這時國台辦的官員站在隊伍的前頭，要求大家跟著他走，否則恐怕進不了車站。說完後只見他轉身走在我們前方，每走一步就用腳踢一下躺在他腳邊的人，被踢的人身體跟著挪了一下，就這樣他踢出了一條路來，台灣的教授就亦步亦趨的緊跟著他往前走。

這就是大陸媒體經常報導的「氓流」，跑到沿海地區找工作謀生的內地人，趕在年前要搭車返鄉，卻沒錢住旅館，只得露天席地而臥，忍受天寒地凍的煎熬，如今還得忍受同胞的腳踢，看到這些可憐人這般景象，這條踢出來的路我是走不下去的，於是我繞著廣場邊緣的水溝邊跑，大概因為溝水太臭，所以水溝邊沒有躺著人，我繞著一大圈跑到車站大門口，卻看到國台辦的官員臭著臉在等我，劈頭就問我是什麼意思，為何沒跟著大家走？

擺臭臉要給誰看啊，我才不甩，所以也冷冷地回他：太冷、跑一跑，有問題嗎？他沒再說什麼，我也直接進入車站內，往其他教授聚集的地方走去，陸委會的官員過來關心，我告訴他沒事，事件就此結束。這是我對大陸的第四印象。

我們坐的位置是「軟鋪」，意思是座位上鋪有沙發墊子，地陪說大陸人是不准買這種座位的，大家只能買硬鋪，所以是分開在不同車廂裡的。大陸人嗓門特別大，大聲喧嘩肆無忌憚，不同車廂也好。

下午拜會杭州師範大學，這是最後的一個交流行程，大概是因為太過形式化的關係，所以我看到許多教授在座談時，好像已經意興闌珊，注意力不太集中了，因此，結束的時間未到，大家好像已經無話可說了。晚上由杭州師範大學作東，在西湖畔的天外天九樓設宴，品嘗叫化子雞、西湖漕魚等美食，再佐以紹興加飯酒，堪稱絕配。

三十一日安排遊西湖，上有天堂，下有蘇杭。杭州美景天下聞名，而杭州之美又聚焦在西湖。遠山含黛，湖水如鏡，西堤、白提垂柳隨風飄舞，真可謂是美景天成。

民國八十五年年一月一日從杭州搭機到香港，再轉機回到高

1. 杭州西湖的美景當前
2. 兩岸師範教育學術交流訪問團的全體成員在杭州西湖畔合影

1 | 2

雄小港機場，結束了印象深刻的首度大陸之旅。

回鍋行政出任艱鉅

民國八十七年八月一日回鍋接任教育實習輔導處長，我之所以形容為跳火坑，因為除了要為十二月底的校慶活動募集一千五百萬元的活動經費之外，八十七學年度新的師資培育制度也要上路，而教育部對於新的師資制度，內部相關的各項規定又舉棋不定，只要有立委一質疑，就立即轉彎，換一套說法。因此，八七級畢業的師培生人人惶恐萬分，又找不到明確的答案，連怎麼實習？怎麼才能取得教師證書？實習教師要上多少課？實習教師有沒有薪水？是領全薪、半薪，還是多少津貼？完全沒有明確的說法，要命的是各種傳說一日數變，面對如此這般的狀況，又有誰能不急呢？

正因為教育實習輔導處的業務要承擔如此艱鉅的任務，所以「死的死，逃的逃」，李坤崇接兩年逃到國立成功大學教育研究所去任教，薛梨真教授接一年就堅決請辭兼職，因為剛畢業實習的學生滿懷疑慮無解，信件塞爆了處長的電子信箱不打緊，有些還口出惡言，讓薛處長氣炸了。沒有任何教授願意承擔這項職務，所以我回鍋再接，就是讓自己往火坑裡跳。

師範校院募款艱難

校慶籌備會議中，我提出了許多募款計畫，包括舉辦募款餐會，發函向校友募款，彙整學術性活動計畫向教育部申請專案補助，演藝團體的演出活動請企業界認養，書畫展出作品義賣，設計百週年校慶紀念品販賣來籌款。包括紀念金幣銀幣、絲巾、領帶、客製化專屬紀念茶杯（美濃窯）等。計畫討論通過之後，順便進行分工，向教育部申請專案補助的學術性活動，由教務處彙整後提出；招商認養演藝活動由訓導處負責，書畫展出作品的募集由國文系與美術系負責，舉辦募款餐會以及向校友募款和紀念品的製作販售由實習輔導處負責。

校友總會李昭德會長陪同吳鐵雄校長，拜會行政院秘書長張有惠校友，得到張秘書長的協助推薦企業主，幫忙認養三場演藝活動，同時請行政院第六組主任吳清基博士協助，協調教育部、國科會以及文建會補助各項學術活動經費，再由李昭德會長認捐興建紀念鐘樓所需費用，這一下一千五百萬經費已經解決大半了，當然校內各單位還需非常努力，才能募得其餘所需的經費。

教育實習輔導處以校長的名義發函給所有校友，請大家慷慨解囊，捐款協助母校辦理創校百週年校慶活動，也同時提供相關訊息，告知校友所有百週年校慶所有紀念品的項目，鼓勵踴躍選購。除了促銷紀念品之外，我也動用個人人際關係，商請高雄縣市、台南縣市以及澎湖縣的好朋友，籌辦募款餐會，積極展開募款工作。

台南市林亨受校長答應邀集台南地區熱心校友，出席募款餐會，協助募款活動。在榮勝餐廳席開十桌，近百位熱心校友出席。為了炒熱募款氣氛，林亨受校長登高一呼：「只要吳鐵雄校長乾一杯，大家就負責募十萬元！」出席校友也跟著起鬨，高喊著：「一杯十萬！一杯十萬！」相對於校友的熱絡，吳鐵雄校長的反應卻冷得出奇，只喝了一杯，就搖手說沒辦法了，不管大夥兒怎麼勸，不再喝就不再喝。

餐會的氣氛一下子降到冰點，我挺身而出希望代喝，可是被惹惱的校友很不給面子，斷然說我喝的不算。說得也是，募款餐會是學校伸手向校友要錢的呀，又不是校友來求你，如今校長擺起譜來，還有誰鳥你！

第一場募款餐會在冷清中收場，翌日我求見校長，請教接下來的募款餐會到底還要不要辦？校長居然覺得我問得奇怪，還說：當然要辦啊！我只好直截了當的向校長報告：「如果要繼續辦，就要請校長設法營造熱絡的餐會氣氛，否則像第一場一樣勞師動眾，最後的效果可能十分有限。因為捐款者的心裡如果不高興，又怎麼可能掏出錢來呢，如果校長不能喝，一開始就要說清楚，否則容易引起誤解，以為是校長的架子太大，那會不歡而散的。」

校長告訴我他不能喝啤酒，因為會引發痛風。原來是這樣，也不早說，連我都誤會了校長呢！於是我事先將這個訊息傳給熱心籌辦募款餐會的澎湖中興國小的許義次校長，以及高雄市四維國小的莊明聰校長和高雄縣岡山國中的余添義校長，酒會中除啤酒之外還準備一些紅酒或是白酒，果然鐵雄校長不再推辭敬酒，酒量還出乎我意料的好，也讓後續的募款餐會氣氛熱絡，有的校友允諾募款若干，最少也都樂意積極為母校募款。

募款餐會搭配致校友的募款專函雙管齊下，發揮了很大的作用，輔導區內許多學校採集體捐款，從幾千元到十幾二十萬元都有，各地捐款不斷匯入百週年校慶募款專戶，學校同仁深受鼓舞，各項慶祝活動也都如火如荼展開，百週年校慶和歷年的校慶真的很不一樣，校內到處一片喜氣洋洋，四七級、五七級的校友都擴大舉辦他們的畢業四十年和三十年的級友會，各地校友組團回母校慶賀也絡繹於途，就連日籍的老校友也沒有缺席。

百週年校慶紀念品包括三大類，紀念金幣與銀幣由潘元石學長推薦一家金屬工藝社承作，由實習輔導處負責行銷；紀念茶杯則由我親自跑到高雄美濃，找到知名的陶瓷廠「美濃窯」承作，我挑選了兩款茶杯，採預約訂作的方式，刻上購買者的名字；絲巾與領帶部分由秘書處負責接洽紡織廠承作，作為贈送男女貴賓的禮物。

全校總動員的結果，為籌辦百週年校慶活動的募款工作，圓滿達標。總金額達兩千三百多萬，使各項活動都能順利進行，百年老校顯得活力四射。校慶之後，結餘款項加上熱心校友總會李昭德會長的積極動員，繼續募款將金額推升到一千二百萬元，成立「財團法人國立台南師範學院校務發展文教基金會」，以長期支持母校校務的發展。而且基金的規模逐年擴大，已達三千萬元，利用孳息以及買賣有價證券的殖利來補助學校各項活動，對於社會資源相對匱乏的台南師院來說，的確不無小補。

就在南師百週年校慶活動結束後三天，民國八十八年元旦（農曆十一月十四日）凌晨四時，母親溘然逝世，享壽八十五歲，距父親別世不到三年，雙親相繼棄養，內心哀傷難以言喻，但也必須強忍悲痛，送母親最後一程。

家族親友的鼎力協助，以及學校同仁的大力幫忙治喪，讓母親的喪禮十分隆重，小舅（母親最小的弟弟蔡明星舅舅）還特別從花蓮趕來送別他的大姊，讓人衷心感謝與感動。歷經百週年校慶與母喪，讓我身心俱疲，也特別感謝校長的體諒，讓我多請幾天喪假在家歇息。

師培新制上路步調凌亂

《師資培育法》在民國八十二年完成立法，八十三年開始實施師資多元化的培育，各大學紛紛開設師資學程，教育部對此幾乎零管控，也不管每年的師資需求量，師資培育流於浮濫，供過於求的情況下，所謂流浪教師滿街都是的情況就這樣造成。八十七年是《師資培育法》實施後第一屆的師培生畢業，中等以下學校擠滿了實習教師，由於中等學校師資學程加修的學分數較少，所以吸引公私立大學的學生一窩蜂往這個學程鑽，畢業後要參加學校的教師甄試就擠破頭，只一屆的畢業生就讓國高中的教師職缺供過於求，拿到教師證書卻找不到教職者比比皆是，流浪教師的現象一發不可收拾。

政府為顧及師資培育多元化之後，必須挪出教師缺額給自費生，所以八十四學年度各師範校院招生時，公費生名額減半，而且逐年遞減公費生的名額，最後取消公費培育師資。公費本是吸引優秀青年進入教職的最大誘因，公費一旦取消之後，教職的吸引力必然驟減，少了精英分子的加入，教師素質實在堪憂。

我接受教育部委託考察日本的師資培育制度回國之後，就向教育部建言，日本師資培育多元化比台灣早二十多年，他們發現多元培育出現許多問題，最大的問題就是優秀青年不再進入教職領域，使得教師素質常被質疑。

其次，當國家經濟繁榮發展之際，許多教師會棄教職而去，轉入企業體系發展，教職開了天窗，有些學校甚至連代課教師都找不到，嚴重傷害學生的受教權。而當國家經濟處於低迷狀態時，許多被企業裁員的合格教師又蜂擁回鍋想當教師，讓學校教師的供需十分不穩定，時而供過於求，時而供不應求，每次供需失衡都要延續四至五年才能恢復平衡。

因此最近十年來日本的師資培育正走回頭路朝一元化培育蛻變中，最明顯的證明是專責培養師資的「學藝大學」（即師範大學或教育大學），又一所接一所的設立，而一般綜合大學則陸續關閉師資教育學程，退出培育師資的行列。

可是我的考察報告，終究敵不過國內為搶食教職大餅的公私立大學聯手的壓力，教育部屈服於這股龐大的壓力之下，甚至於潰不成軍，整個師資培育制度被徹底摧毀，任憑各大學亂搞，不要說制度了，簡直連基本的章法都沒有了，任何一所大學，只要設置一個「師培中心」，聘滿四個教職，就可以開班培育師資，師培中心編製的四個老師，就可以抵上原來的師範院校整所學校師資人力，可以同樣合法培育師資，師培中心的教授比小學教師更全能，數十學分的教育專業課程，他們好像什麼課都能開，中小學師資素質，在這種師培制度下如何確保？師培制度的改革如果無法求得改善，則改革的意義又何在？

實習教師可不可以領薪水，如果可以，該領多少？不但應屆畢業的師培生關心，社會各界也有諸多討論，不過教育部似乎也舉棋不定，沒有定見。是發給合格教師一半的薪水，或是比照當年的勞工最低薪資標準，或另訂出一個額度？教育部還召集各師範校院的實習輔導處長開會，討論實習教師的薪資額度，結論是根據新制教育實習辦法的規定，實習教師授課時數不得高於合格教師法定教學時數的二分之一，其餘時間必須參加實習學校所安排的教學研討會，以及觀摩教育實習輔導教師的教學，所以略高於合格教師薪資的二分之一，也略高於當年的最低工資，大家都同意的額度是二萬三千元。

然而當實習教師都已進入實習學校報到開始實習了，教育部才公布的教育實習津貼竟然只有八千一百四十元，這個奇怪的數字在立法委員的質詢逼問下，教育部才說明是當年教育部可以勻支的剩餘預算，除以實習教師的總人數，再除以十二個月，算出每名實習教師每月的津貼就是八千多，真是滑天下之大稽的說詞，雖然舉世譁然，最終就是這樣定調。教育部就是沒錢，不然還能怎樣！實習教師只能逆來順受，聊勝於無囉！

實習輔導教師基本上也無義務輔導實習教師，教育部只憑一紙命令，就將許多與教師教學本職無關事務加諸教師身上，卻沒有任何配套措施來推動一項新制度的實施，尤其實習成績掌握在實習學校與實習輔導教師之手，因此實習教師的實習過程就狀況百出，許多實習教師淪為學校免費的雜役，各種教師不願做的工作就交給實習教師去做，甚至成為實習輔導教師的幫傭，包括：幫忙批改作業、代為上課、代買東西、幫帶孩子、幫忙買菜……，不一而足。

我為實習教師規劃了兩次全體實習教師返校座談，以及四次的分區（部分實習教師）座談，動員全體實習指導教授四處奔波，全都希望能在充滿不確定因素的當下，可以儘量為實習教師們解惑，以安撫他們忐忑不安的心，也利用座談的機會蒐集各式各樣實習過程中遭受的不當對待，向教育部反映，尋求合理的解決。我們的用心讓學生們感受深刻，我們代為反映的實習教師的問題，也獲得教育部善意的回應，行文各縣市教育局，要求所屬各實習學校善待實習教師，不當對待的狀況獲得顯著的改善。

南北奔波只為保護學生

八十八年四月，到教育部開完會後，在返回台南的火車上，看到一則桃園地區的報導，觀音國小出了工安事故，四個小朋友被壓在倒塌的圍牆底下，造成一死三傷的事件，該校的代理總務主任以及代理訓導主任將面臨司法調查，極可能被提起公訴。我正納悶，這所學校怎麼同時有兩位代理主任，突然覺得代理總務主任的名字有一點眼熟，於是就拿筆把這個名字寫下來。

回到台南直接到辦公室，查閱實習教師名冊，果然查到教育系乙班的學生有人在桃園觀音國小實習，而名字和代理總務主任一樣，於是立即打電話給該班實習指導教授尹玫君老師確認，她告訴我確實就是她班上的學生，她們師生為這件事煩惱不已，卻不知道該怎麼辦才好？

我請尹教授將這件事情交給我處理。我找到桃園縣南師校友會聯絡人，桃園大成國中的教務主任劉銘堯校友協助，希望找尋當地校友來幫實習教師呂清峰解決可能面對的法律問題。劉主任告訴我他也關心這個校園工安事件，只是不知道代理總務主任竟是實習中的小學弟。他告訴我有一位南師學長在中壢開律師事務所，為人很熱心，跟他很熟。

於是我請劉主任聯繫黃律師，約定時間，我要拜訪黃律師當面請託。當約好與黃律師的見面時間後，我另外聯繫桃園觀音國小張校長，約定前往學校拜訪的時間，希望對學校工安事件有比較全面的了解。另外也約見實習教師呂清峰，希望當面表示關心與慰問。

劉主任開車到桃園火車站接我，帶我到離車站不遠的一家咖啡館，黃大律師已經在咖啡館等我。

見面略事寒暄之後，立即進入主題。黃律師仔細詢問有關教育實習的相關規定與辦法，我鉅細靡遺的向他完整說明，他當下評估，既然實習教師依相關規定不得兼任行政職，如此，學校違反相關規定任用實習教師代理主任，則實習教師被提起公訴的可能性甚低，並表示願意義務的全力協助小學弟處理這一法律事件。我請黃律師幫忙即使要起訴，也希望等到七月以後，讓教育實習全部結束之後再辦，以確保未來教師資格的取得無虞。

我代表小學弟以及學校向黃大律師表達最誠摯的謝忱，告別之後，我搭計程車直奔觀音國小，到達時正逢學校放學時間，只見師生們離開校門之後幾乎是一哄而散，在很短的時間內走得一個不剩。呂清峰在校門口看到我立即衝了過來，以顫抖的聲音問候老師好，看到消瘦憔悴的學生，心中百般不忍。我要他在校門口等著，我先去見過他的校長，然後再找他深談。

學校建在斜坡上，校門口離馬路地面大約十幾公尺，所以必須爬上三十幾個階梯才能進入學校。我依呂清峰告訴我的位置找到校長室，張校長穿著合身的旗袍，艷光照人，親切的招呼我入座，並請工友為我奉上茶水。我詢問呂清峰在校實習的狀況，張校長對呂清峰的實習態度讚譽有加。我請張校長能在六月底以前將呂清峰的實習成績寄到台南師院，以便學校統籌作業，張校長也滿口答應，直說沒有問題。接著我詢問學校之前所發生的工安事件，關心學校在處理後續工作有無困難。張校長並未對事件經過多做說明，只說謝謝關心。

一所十八個班級的學校，竟然只有校長和工友留在學校，放學後偌大的校園顯得空蕩冷清，透露出一股不尋常的氣息。結束和張校長的訪談，來到校門口與呂清峰會合，由他騎著機車載我回到桃園車站附近的那家咖啡館，清峰詳細說明事故發生的經過，那是學校的一個新建工程，早在他到學校實習之前，禮堂的興建工程就已動工，但是沒等工程完工，原負責新建工程業務的總務主任就申請外調他校服務。

所有桃園縣候用的儲備主任，一接到教育局即將派到觀音國小擔任主任通知時，就都放棄接任主任，寧願退到候補的最後順位，因此教育局最後妥協，同意學校任用不具任用資格的代理主任，卻沒想到學校內所有的合格教師之中，除了有一位願意接任代理教務主任之外，訓導主任與總務主任都找不到人代理，於是又退而求其次的任用實習教師代理主任職。清峰就這樣當上代理總務主任，而代理訓導主任的則是嘉義師院畢業的另一位實習教師。

學校新建禮堂的工程已經完工，卻在最後驗收前一天發生事故，不知道要如何解釋這個巧合。由於學校是建在一個斜坡上，施工時拆掉原有的學校圍牆，卻留下側門的一根門柱，以及固定在門柱上的一片柵欄式鐵門。或許是承包廠商為了方便，將這一片鐵門當作工地的大門，所以沒有拆掉。因所有工程都已完工了，施工圍籬都已經拆除了，本來這根舊圍牆的門柱和柵欄式鐵門都該跟著拆掉的，不知何故卻留著。於是小朋友就攀在柵欄式鐵門上玩，結果因為太多人同時攀在門上，舊門柱支撐不住斷裂，小朋友摔落地面壓在鐵門下，又被滾落斜坡的紅磚門柱輾過，造成一死一重傷兩輕傷的不幸事件。

清峰告訴我事故發生之後，校長就一直將責任往代理訓導主任以及代理總務主任身上推，加上她與教育局的關係極好，教育局的督學來學校調查的時候，和校長的口徑一致，都將必須承擔責任的矛頭指向兩個代理主任，所以他們兩個代罪羔羊，真是日夜煎熬、寢食難安，尤其最近地方法院的檢察官即將傳訊，內心更是惶恐，不知該如何是好。

我告訴他暫且寬心，我已拜託南師學長黃大律師幫忙，他答應完全義務幫忙給予面對司法時必要的一切協助，我要清峰儘快和黃律師聯繫，律師要我把他的連絡電話給清峰，希望清峰要主動聯絡，尋求協助。除了給予司法方面的協助之外，我告訴清峰在教育行政系統方面，我也已經和教育廳長陳英豪博士通過電話，請他關心這個事件，別讓桃園縣教育局袒護校長，欺壓實習教師；另外我也和教育部中教司長吳清基博士報告這一事件，請他調查學校以及教育局在任用實習教師代理行政職務方面的違失。

聽到我的說明之後，清峰寬心不少，頻頻表達謝意。我要清峰轉告那位代理訓導主任，我會連同他的問題一起解決，只是在檢察官傳訊的時候，說話必須十分謹慎，不懂的或沒把握的部分就說不知道，凡事多請教黃大律師，在校長前面別多說些什麼，也不要讓他知道有律師在幫忙，以免橫生枝節。整個事件根據黃大律師的評估，兩位實習教師被起訴的機率甚低，不必太擔心。

事件最後結果，只有校長一人被提起公訴，兩位實習教師都獲得檢察官不起訴處分，實習成績也在六月底收到，呂清峰同學順利完成了教育實習，取得合格教師資格。

史無前例的課程改革

民國八十七年九月，教育部在教育界投下了一顆震撼彈——公布所謂的「國民中小學九年一貫課程綱要」，提出七大學習領域以取代舊有的學科課程，希望藉此培養全體國民帶得走的「十大基本能力」，政令一出，舉國譁然，因為這意味著未來將把從民國十八年實施以來的國定課程廢掉，一舉改為學校本位課程，當下的國民中小學教師，幾乎殊少有人懂得什麼叫做學校本位課程，更有許多老師擔心未來除了教學之外，還得承擔課程設計的工作，日子不知要怎麼過？搞得國中小學的教師們惶惶不可終日，甚而引發一波波的退休潮（逃亡潮，逃離教育的現場）。

沒有改革不會進步，這是擁護改革者最動人的說詞。不過改革並不能保證進步，沒有妥善的規劃與設計，盲目進行改革很可能事與願違，甚至於導致災難性的制度崩毀。就拿這次的課程改革來說，不但沒有推進台灣的教育品質，甚至於將中華民國百年的教育基業，侵蝕逾半，恐怕再也回不去了！

在學校我為學生開「課程設計」這門課，所以對於政府推動的課程改革一事極度關注，相關訊息的蒐集也幾乎是點滴不漏，為的是要即時掌握狀況加以因應，提供給學生有關課程改革的真相，讓他們在畢業投入學校教育之前，能做好準備工作，以免慌了手腳，甚至於誤人子弟。

這一次的課程改革之所以倉促上路，源於民國八十五年間，教育部長吳京於立法院教育委員會備詢時的承諾。多位委員質詢部長，有關李遠哲院長所主導的《中華民國教育改革總諮議報告書》（簡稱：教改白皮書），已經提出多時，上面所擘劃的教育改革何時上路？教改白皮書所提台灣的教育要朝開放的、多元的、國際化的方向邁進，究竟要如何落實？

猛烈的質詢炮火，讓學航太工程的吳京部長毫無招架之力，部裡的幕僚遞紙條也來不及看，慌亂中答覆：從課程改革著手加以落實，新的課程從民國九〇學年度開始實施。教育部的幕僚群急得跳腳，因為國民小學的課程八十二年才修改完成，剛於八十五學年度起實施，至少也要到民國九十一年才能從一至六年級全部實施一輪，所以如果要立即再一次進行課程改革，也必須是從九十一學年度起實施才對，因此請部長要求更改議事錄，將新的課程實施訂於九十一學年度開始。不過立法委員不同意更改議事錄，更誇張的是國民中小學一至九年級的課程，必須於四年內逐年加速完成，於是一場荒誕不經的課程改革於焉在台灣上演。

這一次把台灣人民搞得雞飛狗跳的課程改革，當媒體一直在追問誰該負責的時候，卻一直找不到那該負責的人，甚至於有一次媒體安排四位先後擔任課程改革時期的教育部長排排坐，企圖讓他們講清楚說明白，最後竟然還是弄不清楚誰該為這次的課程改革負政策決定的責任，十分「羅森門」式，夠神奇吧？但如果不是在追究責任，而是在談論改革的功勞的話，大概會冒出一堆自稱有功的人士吧？這就是典型的官場文化，搞清楚這種文化，則政策失敗時找不到該負責的人，也就不足為奇了。

在此之前的課程改革，都屬於國定課程，當國家領導人或教育部長下定進行課程改革的決策之後，業務單位如國教司、中教司以及國立編譯館等，就會遴聘課程學者與學科專家，組成課程發展委員會，討論新課程的架構、目標、教學時間分配等，定案之後，再交由各學科專家分別討論，訂定各學科的課程範圍、學科知識的年級截割等，最後交給國立編譯館，負責各學科教材的編纂，以及進行三年的新教材教學實驗，然後再逐年付諸實施。不過這次的「國民中小學九年一貫課程」，拋棄既有的模式，另起爐灶，可輕易地避開往後責任的追究。

妙絕人寰的課程政策決定歷程

立法院教育委員會不肯更改議事錄，新課程實施確定為九〇學年度之後，吳京部長火燒屁股，急於找人幫忙滅火，鎖定前國立中正大學校長，時任考試院考試委員的林清江博士，幾度登門拜訪，才讓林博士鬆口，同意擔任「國民中小學課程發展專案小組」的召集人，歷時半年（86.4~87.9），負責研訂國民中小學課程發展及修訂共同原則，探討國民中小學課程共同性的基本架構，研訂課程領域、授課時數比例等課程結構，最後完成「國民中小學九年一貫課程總綱」，完成階段性任務之後，等國民中小學九年一貫課程總綱一公布，這個專案小組就解散了，以後的事情和他們無關啦！

接著成立一個「國民中小學各學習領域課程綱要研修小組」，預計花十四個月的時間（87.10~88.11），去研訂「國民教育各學習領域課程綱要」，並確定各學習領域教學目標，以及應培養之能力指標，同時訂定各學習領域的課程實施原則。當然，階段性任務完成之後，這個研修小組就解散了，以後的事情也和他們沒有關係。

接著教育部又成立「國民中小學課程修訂審議委員會」（88.12~90.8），賦予的任務是：審議並確認各學習領域課程綱要內容之適當性，審議並確認國民中小學課程綱要之公布格式及實施要點，以及研議並確認推動新課程之各項配合方案。這個委員會在新課程實施上路之後，也隨之解散了。

最妙的是這些與新課程密切關連的任務編組，一個接一個成立，又一個接一個解散之外，在新課程上路前的關鍵時間，教育部長也一個接著一個換，吳京部長交給林清江部長，林部長又在短暫的任期內辭世，由楊朝祥部長接任，繼之黃榮村部長、曾志朗部長等等，直叫人眼花撩亂，部長的位置還未坐暖就換人，要這些部長們負課程改革失敗的政治責任，也未免失之苛責。

台灣社會的集體焦慮

我根據教育部公布的書面資料，很仔細的研讀，摘述這個階段課程綱要研修小組的工作成果如下：

1．課程目標：培養國民十大基本能力，這十大基本能力關聯著學習者的三個生活面向，其一是促進學習者個體的身心發展，為此，必須培養學習者：（1）了解自我發展潛能的能力；（2）具備欣賞、表現與創新的能力；（3）生涯規劃與終身學習的能力。其二是促進學習者與社會文化的結合，為此，必須培養學習者：（4）具備表達、溝通、與分享的能力；（5）尊重他人、關懷社會、與團體合作的能力；（6）文化學習與國際了解的能力；（7）具規劃、組織與實踐的能力。其三是促進學習者與自然環境的結合，為此，必須培養學習者：（8）運用資訊與科技的能力；（9）具備主動探索與研究的精神；（10）具備獨立思考與解決問題的能力。

2．七大學習領域的結構：拋棄原有的學科課程，改採科目界線不明的廣域課程，將國小舊課程中的十二個科目、國中舊課程中的二十幾個科目，統整在七個領域當中，包括：（1）**語文領域**：整合國語、英語、鄉土語言在一個學習領域中，以文化與習俗為內容，培養學習者聽、說、讀、寫、溝通的能力；（2）**健康與體育領域**：統整身心發展與保健相關的知識與技能，以運動與健康的生活習慣為內容，培養學習者運動技能與營造健康環境的能力；（3）**社會領域**：統整史、地、政、經、社會、道德於一個學習領域中，以關懷社會與行為實踐為內容，以培養學習者人際關係、公民素養、鄉土情懷與幸福生活；（4）**藝術與人文領域**：統整音樂、美術、表演藝術於一個學習領域中，以欣賞與藝文活動的參與為內容，培養學習者對藝術的感受、想像與創作能力；（5）**數學領域**：統整數、形、量的概念與運算在一個學習領域中，以數學作為人際溝通的內涵為內容，培養學習者對數、形、量的解題、應用、推理能力；（6）**自然與生活科技領域**：統整物質與能、生命世界、地球環境生態保育、資訊科技於一個學習領域中，以尊重生命、愛護環境、善用科技為內容，培養學習者主動探索、研究、思考、解決問題的能力；（7）**綜合活動**：統整認識自我、生活經營、社會參與、保護自我與環境在一個學習領域中，以提供學習者反思訊息、擴展學習經驗、推動整體關聯、鼓勵多元自主。

3．教學時間：全年授課二百日，每學期上課二十週，每週上課五日，低年級每週二十二至二十四節，中年級每週二十八至三十一節，高年級每週三十至三十三節。總節數分成兩大部分，其一是基本教學時數，用來教學七大學習領域，占總節數的百分之八十，其中必修占百分之八十至九十，選修占百分之十到二十；其二是彈性教學時數，占總節數的百分之二十，作為學校行事曆排定的活動時間，以及班級彈性教學時間。

這樣的新課程為何會引起天下大亂？理由很簡單，因為新課程改變的幅度太大，且充滿不確定性，它由教師們所熟悉的科目課程，擺盪到大家十分陌生的廣域課程，這種對於未來的不可知性，當然引起恐慌；其次，一個學習領域統整了舊課程中的若干學科，完全背離了現有的師資任用系統，以及現有的師資培育系統。

舉例來說，新課程中的藝術與人文學習領域，統整了舊課程中的音樂和美術兩科，再加入舊課程中所沒有的表演藝術，以現有的師資任用系統來看，將找不到適任的藝術與人文領域的教師，現有的音樂科教師無法教美術與表演藝術這兩部分的內容，同樣美術科的教師也難勝任音樂與表演藝術的教學，更嚴重的是若教學時數的重分配，未達專任教師法定的教學時數，甚至於可能丟了工作，只能應聘為兼任教師，茲事體大，教人如何不擔憂害怕。

師資培育機構的憂慮何嘗不是這樣，他們是對應於現有的師資任用系統，採分科來培育師資，未來若只有七個學習領域，可能有許多學系會消失不見，所以當九年一貫課程總綱一公布，誰統誰的疑慮就不曾消失過，教育體系牽一髮而動全身，關係何等重大，如此倉促之間決定了如此巨大的變革，這個體系如何能承受這麼大的衝擊，這也正是台灣社會之所以出現集體焦慮的原因所在了。

其次，教學時間的限縮，是另一個導致教師與學生家長焦慮的因素。舊課程全年上課日數是二百四十二日，一學期二十二週，每週上課五．五日，而新課程全年上課日數只剩兩百日，一學期剩二十週，每週上課剩五日。一週上課節數縮減了六節，高年級最多每週由原有的三十九節縮減至三十三節，基本教學節數還要打八折，所以數學每週的教學節數剩下三節，教師擔心教學進度趕不完，學生家長擔心每週只三節課，數學怎麼學得好？課程改革不是要提升教育素質嗎，怎麼變成向下沉淪的疑慮揮之不去呢！

最讓大家焦慮的是教科書編出不來的這件事情。從八十五學年度起，教育改革審議委員會建議教育要開放，政府要為教育鬆綁，所以要允許民間出版業者投入教科書的編輯與出版，不再由國立編譯館獨家專賣，要提供學校有更多版本的教科書可以選擇，這樣才可以使教育更多元化。

國立編譯館委託板橋「國校教師研習會」編輯出版的教科書，乃是歷經三年由「實驗本」、「試用本」到「正式本」三階段的教學實驗，而民間出版業者於倉促間投入教科書市場，並未經過教學實驗與修正的歷程，故其所出版的教科書品質不良，錯誤百出，根本無法與「部定本」的教科書競爭。所以據說許多在民間出版業者「插乾股」的「利」委，就在立法院的教育委員會發飆，罔顧國家教育品質，指責政府與民爭利，訂定「部定本」的落日條款，砍掉台灣書店出版教科書的預算只剩「一元」，逼政府「讓利」於民，吃相之難看莫過於此，這就是典型的台灣政客的嘴臉。

前面提到：「國民教育各學習領域課程綱要」，及「各學習領域教學目標、應培養之能力指標」，這是所有出版業者編輯教科書的依據，結果它在什麼時候才公布呢？答案是民國八十八年十二月，離使用時間九〇年八月只有短短的一年八個月，出版商拿到課程綱要才能著手編輯教科書，編好之後又必須通過審議委員會的審查才能付諸印刷，印好的教科書還要到各個學校行銷，向學校的「教科書選購小組」或全體教師舉辦說明會，等各個學校評比各版本的教科書之後，才有接到購買訂單的可能。問題是許多出版商所編的教科書，一直通不過審查，甚至於像「綜合活動」這個學習領域，就沒有任何一家出版商能編出教科書來，有些出版商通過審查的就出版，通不過審查的就從缺，許多學習領域的教科書，直到九〇年九月開學了，老師和學生都還拿不到某些學習領域的教科書，讓全國國民中小學幾乎都瀕臨崩潰邊緣。

國民小學本來就實施包班制，所以受到九年一貫課程的衝擊不是那麼大，大約最感困擾的部分是綜合活動沒有教科書、藝術與人文領域隔行如隔山，以及彈性教學時間不知要教什麼。國中的問題就大了，教務處不知如何為學校的教師們配課，除數學與綜合活動兩個領域之外，每個學習領域都整合原來的許多學科在一起，加上教學時數大幅縮減，使得許多教師分配到的教學時數，都無法達到法定的教學時數，而陷入面臨被資遣或改聘為兼任教師的危機中，校園中充滿極度不安的氛圍。儘管教育行政主管機關都願意從寬認定，教師們心中的疑慮卻從未消失過。

教育行政系統的慌亂

學生家長、國中小學教師、十二所師資培育機構的教授及媒體輿論，針對九年一貫課程激烈的批判，一波比一波強烈，逼得教育部不得不予以回應。首先的回應措施就是分區舉辦公聽會，以傾聽社會的聲音，作為訂定課程內容的依據。

不過，教育部的努力遇到了極大的阻力，因為三所師範大學批判的炮火最為猛烈，所以教育部為了安撫三所師大，希望北中南三區的公聽會在三所師大來召開，想不到三所師大一致拒絕，所以只好退而求其次，徵詢師範學院幫忙辦理公聽會。罕見的吳鐵雄校長第一時間並未答應，而是請中教司長直接找我商量。這種態度深值玩味，我想十二所師資培育機構的校長們一定有某種共識，要共同抵制教育部。我推敲再三，心裡有個底，所以在答應張玉成司長的委託時，順便提了一些「不情之請」，像辦理公聽會的經費要先行撥下、邀請參加公聽會的對象必須具有代表性，能確實反映社會不同階層的聲音等，沒想到張司長一口答應，毫不囉嗦！

張司長的電話才剛掛斷，教育部辦理公聽會的計畫便傳真過來，我依據教育部的計畫，擬定「教育部召開南部地區國民中小學九年一貫課程公聽會」辦理計畫，先呈給校長過目，然後提到學校行政會議討論通過，再報請教育部核定。

公聽會訂在民國八十八年一月二十三日，於台南師院的啟明苑國際會議廳舉行。邀請嘉義以南至屏東等縣市各界代表，出席公聽會名單則委託各縣市的教育局彙整後提供，包括各縣市議會教育小組議員代表、國民中小學行政人員代表、各縣市教師會教師代表、各縣市家長會聯合會家長代表等，以及南區各大學教授代表、各師資培育機構教授代表等，人數共兩百名。

公聽會由教育部中教司張玉成司長親自主持，出席這次公聽會的人員，除邀請出席的兩百名之外，包括現場要求報名參加的人員，總共超過三百人，把會場塞得水洩不通。張司長邀請了國內課程學界重量級的教授陪同壓陣，公聽會準時於十點開始，張司長致詞之後，要求每一次發言時間為三分鐘，隨即開放出席人員舉手發言。

與會人員的發言一發不可收拾，種種不滿、憂慮、批評、指責的言論，猶如大水潰堤般不斷宣洩而出，原本十二點就該截止，預計兩個小時的會議時間，延到下午一點半，還有許多人舉手爭取發言。眼看再延下去還是沒完沒了，張司長只好快刀斬亂麻，宣布今天的公聽會到此為止，他會將大家的意見帶回教育部，作為訂定課程綱要的參考，並表示後續還會舉辦公聽會，讓大家的意見都有機會表達。果然原本計畫分北、中、南、東四區各辦一次的公聽會，後來又各加辦了兩場，共計舉辦十二場公聽會。

其次，教育部因應的另一項「病急亂投醫」的措施，就是徵求全國各國中小學進行新課程的研究，提供每個研究案豐厚的研究經費五十萬元。教育部的如意算盤是「重賞之下必有勇夫」，看在錢的份上一定會有許多學校響應。結果教育部錯了，徵求新課程研究的時間截止了，卻遲遲等不到有任何學校願意提出新課程的研究計畫，教育部急了，緊急召集各縣市教育局長開會，要求各縣市都得有學校提出新課程的研究計畫，否則將砍各縣市教育經費的統籌分配款。

這一殺手鐧，逼得各縣市教育局長紛紛邀請國中小學校長喝咖啡，進行道德勸說，甚至威脅利誘，使盡各種手段，終於勉強逼出幾所學校送出研究計畫，以挽救縣市的教育經費。學校最為難的是：教育部只公布一紙課程總綱，學校如何針對新課程加以研究？要無中生有，那是何等困難之事啊！

為了協助各國中小學能順利的進行新課程研究，除了提供研究經費之外，還分區組成新課程研究指導小組，提供各研究學校必要的專業指導。南區指導小組由台南師院的吳鐵雄校長擔任召集人，網羅了中正大學、嘉義師院、成功大學、台南師院、中山大學、高雄師範大學以及屏東師院的課程學教授共十五人，分別認養各縣市參與新課程研究的學校。我也被教育部聘為指導小組成員之一，我認養的學校都是其他小組成員不願意去的學校，包括澎湖縣所有參與新課程研究的三所學校，以及台南縣最偏遠的瑞峰國小和仁光國小，是十五個小組成員中認養學校最多的指導教授。

澎湖縣文澳國小研究的主題是英語教學的實驗研究，中山國小的研究主題是教學多元評量的實驗研究，既有自訂的研究主題，我予以尊重，其餘三所國小雖已呈報研究計畫，但對於自訂的研究主題覺得並非十分妥當，因而求教於我，希望更改研究主題。對於這樣的學校，我強烈建議他們著手去發展他們的學校本位課程，原因是：政府只公布課程總綱，完全沒有課程內容，無法作新課程內容的教學實驗研究，而新課程總綱中又留下百分之二十空白教學時間，未來必須由學校自行發展課程，來填補這段空白，所以先作先贏，利用教育部補助的研究經費來發展自己的課程，未來不會再有這種好事。

我的說法三所學校的校長以及教師們都聽得進去，於是在我的參與和引導之下，很快建立起學校課程的主軸與架構，研究團隊與致勃勃的參與，就已經成功了一半。澎湖竹灣國小擁有獨特的「本土植物教材園」，他們就以此為課程主軸，去探索：植物的辨識、植物的栽培、植物與環境的關係以及植物與人類的生活等四個面向，架構起適合低年級學生學習的、適合中年級學生學習的、適合高年級學生學習的部分，據此編輯學習內容，竹灣研究團隊個個信心滿滿。

台南縣瑞峰國小坐落嘉義、台南、高雄三縣的交界處，學生也分別來自這三個縣。學生與老師都住校，長時間的相處，發展出獨特的師生關係。學校環境獨特，前有南化水庫，旁有溪流，周邊環繞著原始森林，所以很自然的就以環境與自然生態，作為學校課程的主軸，森林植物、昆蟲、鳥類三大部分作為引領學生探索的架構，從程登泰校長、全校教師、到學生，都為學校周遭豐富的自然生態深深著迷，所以整個研究團隊士氣高昂，躍躍欲試。

比較麻煩的是台南縣的仁光國小，林清崎校長是初任的新手，明知學校教師都反對進行新課程的研究，但是禁不起教育局長的道德勸說，他還是勉強答應教育局要提出新課程的研究計畫。教師們激烈的反彈，讓林校長一個頭兩個大，特別跑到台南師院來向我求救，希望我幫忙說服學校教師承擔新課程研究的工作。

我這個指導教授還得兼說客，真是前所未見。我答應和所有教師見面試試，能否說得動他們，實在毫無把握。我依約在週三下午兩點到學校，不過在校門口等我的不是林校長，而是我南師的同班同學郭靜安。自畢業後超過三十年未見的老同學突然出現在眼前，我驚訝的搖下車窗和他打招呼，他卻冷冷的說：同學請你不要進學校去，我請你去吃鹽水的「豆菜麵」。我心裡有底，不動聲色，回他說：三十年不見，也不請我進去喝杯茶，就要趕我走啊！他尷尬的笑笑，只好請我進去學校。

靜安陪我到二樓的校長室，十來位老師幾乎全部到齊，校長請我就座，並為我引見老師們。「茶」過三巡，現場氣氛沉靜而凝重。既為說客，我必須打破沉默開口說話，於是我開門見山說：「校長請我來當說客，我想各位老師都不歡迎我來學校。不過既來之則安之，我很想弄清楚各位老師擔心的、反對的理由到底是什麼？為什麼各位要將五十萬的研究經費往外推？對於全校六班、學生數百人左右的貴校，五十萬元可以幫學校做許多事。」

「九年一貫課程那麼多人反對，應該不會實施吧！」、「別的學校都不提研究計畫，為什麼我們就要提？」、「什麼是統整課程，大家都弄不清楚，又要怎麼做研究？」、「輿論批判那麼激烈，我們學校的家長也都非常反對！」……

聽完教師們的疑慮，我從公事包中拿出預先準備的幾份檔案，是我教授「課程設計」這門課的學生作品，我要求學生們依統整課程的原理，完成一個自選的主題的課程設計，挑選各班最優的幾份，作為後續教學班級的範例，今天特地帶來仁光國小，提供給教師們參考。

當老師們看完之後，我告訴他們，所謂的統整課程的設計模式，大約就是這些學生作業所呈現出來的樣貌，他們都還欠缺實際教學經驗，卻也可以設計出不錯的課程內容，我相信這是難不倒大家的。這些樣本就留在學校供大家參考。至於學校本位的課程主軸與課程架構，等大家最後決定願意做新課程的實驗研究之後，我再來跟大家一起討論。

其次，我告訴教師們，政府騎虎難下，會不會因眾多的批判與反對，就放棄新課程的實施呢？我保證不會放棄，理由很簡單，一旦放棄新課程，現任的許多官員烏紗帽將會保不住，所以要他們放棄新課程的實施是不可能的，因此，與其現在觀望不前，到時候真的實施了才來拚老命苦追，還不如搶先來發展學校課程，到九〇學年度新課程實施的時候，大家就可以好整以暇，悠哉悠哉成為領頭羊！

「我們最大的疑慮是家長的反對。」校長附和著老師們的說法，「家長們都不願意讓自己的孩子被拿來當白老鼠！」這是最棘手的問題。既然是這樣，我願意再當一次說客，說服家長們同意學校進行新課程的研究計畫，請學校召開一次新課程實驗說明會，由我來面對家長對新課程的質疑。前提是：如果多數家長同意學校進行新課程研究，那麼教師們就不能再反對，要和校長一起來打拚，我也會陪同大家一起來完成這個研究計畫。

教師們被我說動了，同意只要家長不反對，大家就願意配合校長，共同完成未來的新課程研究計畫。於是我請學校著手安排新課程說明會，邀請所有學生家長與全校教師一起參加。

新課程說明會安排在週六晚上七點開始，史無前例的來了七十幾位家長，校長告訴我幾乎全部家長都到齊了。我拿新舊課程最大的差異點做比較，來強調未來新課程的好。我說：舊課程是以知識的學習為中心，我們只要把教科書上所有的知識都記下來，考試就可以考高分，考試考完呢，這些知識就放進冰箱裡冷凍起來，請問家長們有誰拿這些教科書上的知識來賺過錢嗎？還是都已經還給老師了？而新課程的總綱強調，要培養學生們帶得走的十大基本能力，讓他們能了解自己、表現自己，讓他們能與人溝通、關懷社會，讓他們能獨立思考、解決問題。你們說新課程比較好，還是舊課程比較好？

有幾位家長引述媒體的報導，提出他們的憂慮，我都從課程專業的角度加以說明，直到沒有家長再提出問題，於是我請家長舉手表決是否同意學校進行新課程研究計畫，結果幾乎一面倒的舉手贊成，一場說明會，結果十分圓滿。

鹽水是一個開發甚早的台灣古鎮，歷史人文資源豐富，所以研究團隊決定以當地的歷史人文，作為發展學校本位課程的主軸，尋找早期鄉賢發跡的史料，編輯古文史地圖，引導學生按圖索驥去探索，並運用田野調查的方法，走訪在地耆老，去拼湊鹽水古鎮昔日的樣貌。總之，仁光國小幾經波折，開始發展課程之後卻欲罷不能，終成台南縣發展學校本位課程的典範。

一年過去，教育部邀集所有參與新課程研究的學校，舉行研究成果發表會，彼此分享研究心得與經驗。我所指導的學校中，澎湖的竹灣國小與台南縣的仁光國小，被教育部評定為特優的典範學校，並將這兩所學校指定為學校本位課程種子學校，推薦給各縣市教育局，請教育局邀請這些被評定為特優的學校，到各縣市去分享課程發展的經驗。兩位校長事後告訴我，在往後的一年中，他們被邀請到全台各地演講，光是演講費的收入一年就超過六位數，初次領略當紅的滋味。

我歸納全台各個參與新課程研究學校的成果報告，整理出發展學校本位課程可行的幾個思考面向，包括：一、以社區產業文化為主軸：以社區產業文化作為發展學校本位課程的主軸，其所以容易成功，主要是社區資源容易取得，學生在日常生活中就有豐富的體驗，加上學生家長的認同度很高，所以成功發展出學校本位課程的案例相當多。

其次，以社區古蹟文物資源為主軸：如果學校社區擁有豐富的古蹟文物資源，以之作為發展學校本位課程的主軸，也是具體可行容易成功的。一方面可以引導兒童探索先民的生活，以及社區的史地變遷，為現在的生活尋根，另一方面對於古文物的保存與應用也深具意義，這方面也出現許多成功的案例。

第三，以社區自然生態資源為主軸：若學校社區擁有豐富的自然生態資源，以之為發展學校本位課程的主軸，帶領學生探索自然生態，很容易引發學生高度的學習興趣，甚至欲罷不能。所以這次的成果報告，也彙集這方面許多成功的案例。

第四，以學校教師的專長為主軸：以學校教師專長作為發展學校本位課程的主軸，可以是一群教師的共同專長，也可以是某位教師的獨特專長。以教師專長來發展學校課程，則教師在教學時充滿自信，可以充分掌握課程內容的精髓，對學生的學習極有助益，這次的成果報告中也發現若干成功的案例。

八十九學年度教育部繼續推新課程的研究，不過研究經費卻由八十八學年度的五十萬元，減為每校三十萬元。印證了我對搶先參與新課程研究的學校所說的：先作先贏。雖然教育部一紙聘書給新課程研究指導小組的委員，除了補助所有的差旅費之外，並沒有付給任何酬勞。儘管如此，我們還是得繼續指導後續參與新課程研究的學校。我將前述整理歸納的資料，提供給新加入新課程研究的學校參考，讓我不需像第一年那麼累，只要跟研究團隊討論學校的課程主軸與架構，其餘的課程設計他們很容易找到範例，所以成果猶勝於第一年的水準。

國民中小學九年一貫課程總綱一公布，不但引發社會各界的激烈批判，內部的爭議也是愈演愈烈，其中最引人側目的就是「國民中小學各學習領域綱要研修小組」茶壺內的風暴無法平息。教育部賦予的任務是要確定各學習領域的教學目標、訂定應培養之能力指標，這就涉及領域內課程分量的分配了，「誰統誰」的爭議白熱化，尤其統整科目較多的「自然與生活科技領域」、「社會領域」、「藝術與人文領域」、「語文領域」等，在會場中激烈交鋒，血淋淋互砍，以致應該在民國八十八年十一月完成並公布的綱要，遲遲無法公布，教科書出版商跳腳，學校教師跳腳，學生家長以及社會輿論更直接開罵。教育部官員慌亂之餘，只好先公布第一階段（即小學一至三年級）的部分，這種景象，可謂世界教育奇觀了！

轉換行政跑道只為幫學校未來的百年奠基

重回行政工作兩年，艱辛的百年校慶募款活動順利達標，一夕數變莫衷一是的新師培制度，也在擾擾嚷嚷中安定了同學們的心，兩大艱鉅任務完成之後，我心裡又渴望過那無職一身輕的陽春教授的生活，於是再向吳校長提出辭呈，希望他趕快找人來接實習輔導處長一職。

吳校長接下了我辭兼實習輔導處長的辭職書，卻遞給我另一份兼職聘書——總務長。他告訴我七股校地的取得已經進入關鍵期，這塊校地關係著學校未來百年的發展，非常重要，一定要辦好土地所有權的轉移，而在取得土地所有權之前，必須要完成土地開發的環境影響評估。這是艱難的挑戰，所以希望我能接下總務長的職務，和他一起努力來完成這一項歷史性的使命。

接下總務長（89.8.1）的職務，首先必須要解決的是內部的諸多問題。總務處分設五組，外加四十幾位工友，人員眾多，職務的分配與人員的管理，長久以來便存在著許多問題，像考績的問題、請假與休假的職務代理問題、內部控管與職務調整的問題等，每年都搞得整個處內烏煙瘴氣，嚴重影響士氣與工作效率。如果沒有辦法解決這些內部的矛盾，又如何去面對外在的挑戰呢？

我召集五個組長開會，預告我上任之後的第一個月，每週三要召開午餐工作會報，請五位組長分別為我做簡報，幫我在最短的時間內了解整個處室的業務，尤其必須讓我了解各組業務的難題，以及各組亟待改進或突破的問題。我約大家在南寧街名流咖啡的二樓，邊用餐邊討論公務，餐費由我負責。庶務組長馬琳告訴我總務處存有公款，餐費可以由這筆公款支付。我詢問如何有這筆公款？過去如何運用這筆公款？馬組長說本校各單位接受委託辦理活動時，總務處分得的行政費，就全部存放在庶務組立帳管理，處內同仁有任何婚喪喜慶、迎新送舊、同仁聯誼、退休歡送、勞動節慰勞工友等等，都由這筆公款支付。

我認為公款資源有限，不宜用在主管同仁的聚餐。我平時演講、考評、審查等外務多，額外收入也多，名流的餐費又很便宜，午餐工作會報次數也不多，所以還是由我處理比較好，大家就別再客氣。於是文書組願意先報告排第一週，接著出納組、庶務組、營繕組、保管組輪流來。

兩次的午餐會報，各組組長就大略說明各組的業務範圍，以及存在已久的一些問題。任何一個組織或團隊，內部成員之間，都會有既合作又競爭的矛盾關係存在，例如每年的考績，政府規定考核甲等的比例不得超過百分之七十，所以誰考甲等、誰考乙等，內部競爭是非常激烈的，因為除了會有半個月薪資的獎金差異之外，面子的問題更大。這不是只有總務處才有，是所有公務機關都有的問題。

我問組長們有何解決之道？多數組長主張大家輪流考乙等，內部的爭議比較小。但是從行政管理的觀點來看，這會弱化了內部的競爭，行政效率與效能可能也會因之弱化，而且，對於積極努力的成員也顯得不公平。考績優的給予獎金，是激勵措施，制度的目的在激發內部成員的彼此競爭，所以大家輪流考乙等，就背離了考績制度的本意，不是最好的方法。我請組長們設法找出解決之道，使考績問題在總務處獲得較佳的解決。

其次，請假與休假的職務代理，卻是代而不理，也是存在已久的問題，特別是總務處的業務，服務對象是全校的師生，不能有一天某一部門業務停擺的。職務代理在總務處特別重要，因為學校同仁和學生對總務處的抱怨，絕大多數都是因為職務代理人，無法執行被代理人的職務，而被告知改天再來所致。我以戶政事務所為例，民眾到戶政事務所不論辦什麼，單一窗口就可以解決。怎麼辦到的呢？因為他們把每一項業務的工作流程標準化，總務處各組承辦的業務，有沒有辦法將作業流程標準化呢？如果可以，代而不理的現象就不會再出現了。

五位組長都面有難色，俗語說：「緊事寬辦」，我想這兩件事情牽涉甚廣，有待進一步溝通，而且必須擴大溝通面。所以請庶務組安排擴大午餐工作會報，讓所有職員以及工友代表都參加。我蒐集了「業務作業流程標準化」（SOP）的範例，提供給每位出席的職員，希望每個人都能將自己承辦的業務製作標準化流程，並請組長統整組內同仁的標準化作業流程，成為各組的標準化作業流程，讓組內同仁，每個人最少要熟悉兩位以上其他同仁所承辦的業務。我要求明年開始必須落實職務代理的制度。

至於年終考核的部分，我也送出訊息，表示我不太贊成輪流考乙等的辦法，所以請每位同仁務必為自己留下具體的工作紀錄，包括具體的承辦業務的數量，以及是否在一定的時間內完成。為求更具體化，我請文書組額外做一件事，統計總務處每位同仁承辦的校內外公文，包括簽收公文日期、會簽公文日期、簽辦意見、辦完日期、歸檔日期等資料，作為考評的依據之一。我希望每位同仁為自己爭取好的考績，而在爭取的過程中，如果能提出具體的數據資料，將會更具說服力。

有關組織內部控管的問題，我也希望同仁了解並遵守，像出納組長、庶務組長等，行政法規都有嚴格規定，在同一組織內得連任一次，兩任屆滿（六年）就必須調離原職。我會遵守執行相關規定，也希望同仁體諒並配合。

最後，在擴大午餐工作會報送出的訊息，還有關於採購的部分，我希望同仁對於政府新頒行的《採購法》，務必詳細研讀，確實搞清楚每個關鍵細節，不論是勞務採購、財務採購、或是工程採購，都得依照新的《採購法》相關規定辦理，而且採購時必須注意品質，希望不要聽到「公家買的東西都很爛」這種話。

或許是在擴大午餐會報談的問題太過嚴肅，沒多久就傳出許多耳語，直指我這個總務長大概幹不久。我的行政經驗告訴我，我送出去的訊息觸痛了某些人，那些耳語正是反彈的跡象。我會留意不讓反作用力抵銷了行政效能，倒不在意個人的去留，我本就不喜歡在一個職位太久，你不可能在有限期間內把什麼事情都做完，有任何理想，三年的時間也就足夠去實現了。

我不斷提醒組長們，十二月中我要看各組的 SOP，結果時間一到，除了保管組蔡文章組長之外，其餘四組都完成了初稿，讓我十分滿意，所以請組長們再與組內各同仁逐一檢視每項業務的流程，確定無須再調整的，就正式訂定為該項業務的標準化流程，並繪製流程圖，除組長要彙整組內所有同仁的業務流程圖之外，每一同仁要把自己承辦業務之流程圖護貝後彙集成冊，遇有請假或休假時，就交給業務代理人，從此總務處不再出現代而不理的現象。這項措施在大學評鑑時，被所有評鑑委員給予高度肯定，甚至於有幾位擔任評鑑委員的大學校長，要求拷貝流程圖，帶回他們學校供作參考。

吳校長真的非常拚七股校區的土地，我陪他密集拜會台南縣長陳唐山先生，還邀陳縣長一同到教育部協商，務必將台南縣政府無償撥用的一百二十公頃縣有地，順利轉移到台南師院名下。在大家不斷奔走之下，終於取得了這塊土地的使用權。隨即召開新校區規劃委員會議，確定七股校區開發藍圖，以便進行七股校區開發環境影響評估的工作。

我們委託的環評工程顧問公司很有實力，頗能掌握海埔新生地的地質特性，再加上我個人對於自然生態的了解，預估校地西側鄰接黑面琵鷺保育區，開發的限制更多，而預先將西校區設定為自然生態棲息地，以國道六一快速路跨越校區之處作為分割線，所有建物完全集中在東校區，因此在環評會議中並未遭到太多質疑，最後是有條件通過。環評會議決議文中，設定的條件就是西校區不得興建建物，並且須組成經營團隊，用心經營管理西校區作為野生動物棲息地。

吳校長對於我接總務長不到半年，卻將歷經前面三任總務長多年努力，為爭取七股校地卻始終難解的兩大難題順利解決，特別召見表示嘉許。我哪敢居功，這都是校長多年來鍥而不捨，堅持追求的目標所致，換成別人可能早就放棄了，所以完全是校長的功勞。

校長除了嘉勉我的表現之外，同時透露一個訊息給我，就是他可能轉換跑道任職教育部常務次長，而在他離校之前，希望最後為學生們做一些事情，包括整修學生宿舍、學生餐廳、學生球場，以及學生宿舍旁最髒亂的環境整理好，他打算動用校務基金完成這些事，要總務處幫忙規劃執行。我立即請校長秘書找來營繕組長藍進龍，記錄校長交辦要完成的事項，回到總務處馬上連絡建築師，一同會勘各處，著手規劃，並要求在一週內提出整建計畫。

我請校長徵詢各單位，如有需要整建的部分，通通提出來一次解決，同時我向校長建議，由總務處彙整所有整建計畫，向教育部爭取專款補助，學校的校務基金累積並不多，我向會計主任請教，校務基金累積才十億多，未來七股校區所需的建校經費估計多達七十五億，以政府的財政狀況，要給一所學校這麼多經費會有困難，如果學校能自籌部分經費，其餘再請政府補助，會比較有希望。

校長同意我的見解，於是在行政會報中要求各單位，如有整修或整建需求，儘速提出計畫交總務處彙整，以便向教育部申請專案補助所有經費。為了趕在校長離校之前提報教育部，所以我親自走訪各單位，催提整建計畫，最後加上校長指示要整建，由總務處研擬計畫的部分，總計所有整建經費高達一億零四百多萬。校長搖搖頭表示教育部不太可能補助這麼多，我則認為盡人事聽天命，最後能獲得多少補助算多少，如果不足，再由校務基金支付。

就在校長離校前夕，教育部火速撥下整修補助款，金額高達八千四百萬，大約是打了八折，這筆錢對學校幫助極大，算是教育部向學校挖角的回饋吧。代理校長陳震東教務長急忙找我協商補助款分配原則，我建議事關全校師生的部分優先，各單位提出的再依餘額按一定比例分配，這個原則在行政會議中獲得通過，使得各項計畫得以相繼執行。

就在各項整建工程發包前夕，陳代理校長緊急求助於我，表示他還需四百萬左右才能擺平某些單位的需求。我告訴他沒問題，有關全校性的整建計畫總預算高達四千多萬，只要代理校長在核定底價的時候，將底價訂在低於預算金額四百萬以下，那就會有四百萬的標餘款供校長支配。他千謝萬謝，大大鬆了一口氣。顯然有人要錢要得很凶吧！結果整修工程順利標了出去，而且標餘款高達八百多萬，足夠代理校長當大哥了。

營繕組藍組長告訴我有件事很棘手，希望我親自前往溝通，那就是新建的垃圾收集場，緊臨退休同仁謝衡的宿舍，最好事前取得諒解，才不會造成困擾。我認為事關退休同仁權益，當然要事先取得諒解，於是立即行動，先打電話約定拜訪時間，再登門造訪。謝阿姨是會計室資深組員退休，未退休前曾熱心教導合作社兼任會計作帳，讓我在擔任合作社經理期間，帳目一清二楚，幫忙甚大。其公子謝堅是數理教育學系的講師，只晚我一年進入南師服務，大家都是老同事，甚好溝通。

我向謝衡阿姨保證，未來的垃圾收集場絕對比現在隨地亂丟的堆放場要好，一定使環境變得更乾淨、更美觀、更沒有臭味。不過因為新的垃圾收集場是二樓高的建築體，緊鄰宿舍，勢必影響到宿舍的景觀，希望能得到諒解與同意。感謝謝阿姨和謝老師的體諒，讓新垃圾收集場的新建工程得以順利動工。

原有垃圾堆放場附近，環境十分髒亂，旁邊的鐵皮屋，是保管組存放各類報廢物品的倉庫，廢棄品堆積如山，在中山體育館的後面，雜草叢生，十分難看。這一次全部予以清除，搭配涼亭、座椅、燈箱等，種植樹形優美的黃楊木，整建成明亮舒適的走道，並拆除兩棟舊教職員宿舍，改建成兩座籃球場，讓原本必須掩鼻而過的陰暗小道完全改觀，蛻變成學生宿舍與教學大樓文薈樓之間最佳廊道，完工之後同學們往返於學生宿舍和教學大樓之間，熙來攘往，川流不息。

學生餐廳二樓的整修，增加燈光照明，更新用餐桌椅，同時增設冷氣，使得原本沒人願意上去的二樓，一變而成為人人爭著搶位的舒適空間，到學生餐廳用餐的教職員工們，也都上到二樓來。至於學生宿舍的整建，重點在於床鋪的更新，以及網路線路的鋪設，讓每間宿舍都能連上學校網路系統，這些整建工程，都讓學生十分有感。

就連垃圾收集場的設計，也成為典範之一，二樓高的建築，漏斗形的儲槽，當儲存垃圾時，氣密窗讓臭氣不外洩，當垃圾運走時，打開窗又有極佳的通風效果，清洗儲存槽的廢水集中處理再排入下水道，使垃圾場潔淨乾爽，負責管理的工友同仁都說，這個垃圾場是五星級的，好幾位同仁午休都擠到這裡來。謝阿姨看了豎起大拇指，連說我的保證完全可以信賴。

新建兩座籃球場，除了上課使用之外，平時已成學生們最喜歡聚集的地方，不時可看到三五成群玩鬥牛，揮灑的汗水與歡笑嬉鬧聲，洋溢著無比的青春氣息。而球場旁樹蔭底下的長椅，學生或獨坐沉思、或促膝談心，悠閒自在，與球場上的奔跑躍動形成有趣的對比。顯然這次的環境改造，確實收到極佳的效益。吳鐵雄次長每次見面都來道謝，對於這些整建工程，他十分滿意。

三

故鄉呼喚的回應

鄉里的呼喚，無悔的奉獻

卸下行政工作，頓覺無事一身輕，找陳英三主任商量共用一個研究室，他也欣然同意，又回到當初來到學校時的狀況，聊天、討論學問、喝咖啡、打網球等等，我倆之間，沒有一樣是合不來的，沒有案牘之勞神，又有好友可談心，生活再愜意不過。

這段時間我忙兩件事：一是為升等做備案，雖然我已通過學校教評會這一關卡，升等論文送進教育部的學審會，卻總覺得代表作那一篇論文太單薄，要通過學審會的審查可能不容易，因此必須備妥第二方案，把我歷年來的研究整合成一本書，以備不時之需，所以我得認真寫書；二是回饋鄉里，接受台南市文化中心的委託，參與「發現北汕尾全國文藝季」相關活動的規劃與執行。

撰寫《兒童適應問題》一書之所以順利，仍因所有篇章均為我歷年的研究成果，我進行了一系列與兒童適應有關的研究，從資賦優異兒童的生活適應問題開始，接著是兒童的學習適應問題、兒童的社會適應，乃至於兒童的家庭適應等，所以僅僅半年的時間，我就完成了將近三十萬字的一本書。書成之時，恰巧接到人事室的通知，我的升等論文沒有通過學審會的審查，於是我立即補上《兒童適應問題》作為升等代表作，再次送到教育部學審會審查，終於順利獲頒教授證書，只比原先慢了一個學期而已。

後來陳英三主任告訴我，當他看到泰成印刷廠送到研究室的這一本書時，他就知道我教授這一關一定會過，因為他覺得我這本書寫得很好，真是謝謝他的賞識，他的話果真應驗了！

台南市立文化中心在民國八十四年舉辦的文藝季活動，主題是「發現王城」，當時在整理相關文獻時就發現：在台灣的開發史上，四草與安平是居於同等重要的地位，所以在安平辦完「發現王城」

之後，他就希望翌年移師到四草來辦。文化中心陳永源主任曾經在四草的鎮海國小任教過，與地方人士相當熟，所以就直接邀約地方仕紳到大眾廟洽商舉辦全國文藝季事宜，四草鄉親建議陳永源主任找我談就可以了，對於在四草舉辦文藝季活動鄉親們都樂觀其成，也願意配合，但是對於文藝季活動要怎麼辦，他們完全沒有概念。

—01— 抹香鯨母子的淒涼故事

抹香鯨母子罹難事件

四草鄉親之所以這麼看重我，原因要回溯到民國八十一年那一對母子抹香鯨的事件。當年七月間，氣候十分不穩定，風狂雨驟，持續不斷。安平舊港（古大員港）北岸，靠四草的沙灘上，躺著一具龐然大物的屍體，且離此龐然大物屍體不遠處也躺著另一具長相一模一樣的屍體，不過體型小多了，大家都不知那是什麼動物，所以爭相走告，消息很快傳開來，冒著風雨圍觀者日眾，也驚動了政府單位，台南市政府農林課派員勘查，判斷可能是鯨魚屍體，電請台中科博館派專家前來鑑識，結果確定是抹香鯨的屍體，而且是一對母子抹香鯨，小鯨魚剛出生不久，臍帶都尚未脫落，顯然出生還沒超過十天。

圍觀的鄉親請教專家要如何處理這麼龐大的抹香鯨屍體，專家說要把大抹香鯨的頭切下來，帶回台中科博館做成標本，剩下的魚體和小抹香鯨將在沙灘上挖坑就地掩埋。這種處理方式讓鄉親深覺不忍，要求里長、大眾廟管理委員出面爭取將這對抹香鯨母子留在四草，卻全都被科博館否決了，即使動員議員等民意代表出面，都是同樣的結果。這時四草出身的市議員黃玉雲建議找我回來商量，看看能不能解決這個問題。

看到鄉親殷殷期待，我主動請纓和科博館協商，可是要把這對抹香鯨留下，必須提供相當的條件，包括存放空間、剝製標本的費用等，可能所費不貲，我個人的能力實在做不到。眾多的管理委員認為要不惜一切代價，存放空間和經費由大眾廟來籌措，黃議員認為她也可以向市政府爭取補助經費，結論是管理委員會授權我全權處理，務必將抹香鯨母子留下來。

我銜命在黃議員的陪同下和科博館協商，我向館方表明鄉親渴望留下抹香鯨母子，館方在何種情況下可以放手，科博館表示野生動物屬於全民公共財，任何人不可據為己有，除了存放空間之外，後續標本的保養維護免於腐壞難度甚高，除了已成化石者之外，整隻鯨魚用人工剝製標本成標本來保存者，全世界都很少看到，除非能克服這些問題，否則無法同意。

我回應館方說法，提出我們大眾廟管理委員會可以做到的事項，包括：興建足夠的空間作為陳列館，請科博館推薦專家剝製標本，所需經費由大眾廟負擔，保存與展示設施請科博館專家設計，所需經費由大眾廟籌措，將來公開展示時免費提供全國民眾入館參觀，後續保養維護則請科博館定期派員指導處理。我幾乎全盤滿足了科博館方面的要求，滿滿的誠意獲得肯定，也因此科博館破例答應這一對抹香鯨母子可以留在四草。

回到大眾廟與鄉親說明協商結果，固然能留下這一對抹香鯨母子是好事，但想到要花掉那麼多錢，又不能賣門票收費，那幹麼要留下抹香鯨？甚至於「頭殼壞掉了」的質疑聲音都出來了。所謂「有功無賞，打破要賠」，正可以說明此時的尷尬。部分委員爭取留下抹香鯨的動機，正是想要將牠們當作搖錢樹，希望藉此開闢一條源源不絕的財路，如今不能賣門票賺錢，就讓科博館把牠們埋掉算了！

黃玉雲議員和鄉親掛保證，她會向市政府爭取所有經費，不會讓廟裡虧掉任何一毛錢。我則向鄉親表示，抹香鯨標本全世界少見，將來必定會帶動參觀的人潮，也會促進四草的發展。我和黃議員畫的餅鄉親看不到，但要拿出那麼多錢去爭取，卻讓鄉親深感疼痛，所以打退堂鼓主張放棄的大有人在。

大眾廟主任委員陳乖雖然仍決定接受協商結果，不過我知道他的心裡一定覺得很不踏實，畢竟這好像一場豪賭，著實沒有太大的勝算，究竟可以從市政府獲得多少補助，誰也沒有把握，未來會不會帶來人潮，恐怕也只有天知道，況且即使引來人潮，不收門票又要如何帶來錢潮呢？實難預料。

科博館推薦的製作動物標本的專家葉玉成先生來到四草，在廟方人員陪同之下去到海邊沙灘的現場，經現場評估之後定出作業流程，現場須搭遮陽棚，估計約需五個工作天來肢解兩隻鯨魚的魚體，也需要一部怪手在旁待命，肢解後的鯨魚肉就地掩埋，鯨魚骨則每塊都加以編號，號碼牌則用不鏽鋼絲綁在魚骨上，要肢解超過三十噸重的母鯨，工程十分浩大，即使是剛出生的小鯨魚，據估計也超過一噸重呢！儘管魚體已經腐敗，現場臭氣沖天，卻仍有不少好奇的民眾圍觀。

鯨魚頭重達數噸，即使剔除皮和肉，骨頭還是非常重，所以葉先生決定還在大眾廟旁的感潮溝放置鯨魚頭，等魚肉完全腐化，再來運回彰化加工，其餘鯨魚骨則全部運回彰化，加工萃取鯨魚骨頭中的油脂，避免骨頭氧化腐壞，產生惡臭難聞的氣味。葉先生表示：這是他生平第一次製作鯨魚標本，所以除了因製作過程的需要必須添加一些設備之外，他願意義務幫忙，不收製作工資。即使如此，為了萃取眾多龐大鯨魚骨的油脂，必須添購數個龐大的不銹鋼水槽，以及供應恆溫熱水的鍋爐，所有設備加總起來需花六十七萬，這筆錢要大眾廟買單。

為了要降低大眾廟管理委員的焦慮，我只好認真撰寫各項計畫，有些請黃玉雲議員拿去向市政府爭取補助，有些則由我向台灣省教育廳爭取補助。在多方努力奔走之下，分別傳回一些好消息，台南市政府分別由觀光局以及農林課就適當預算科目給予補助，金額約有三、四百萬，台灣省政府教育廳也同意補助百萬經費，加總起來比大眾廟已經支付的金額高出許多，許多委員心中的石頭已經放下，不過仍然不確定留下這對母子抹香鯨，究竟會有什麼好處？

時序已近八十一年底，葉玉成先生傳來確切的訊息，鯨魚標本已經製作完成了，定十二月下旬運回大眾廟來組合。為此，大眾廟管理委員會召開臨時會議，也請我和黃玉雲議員列席，以便討論後續之工作該如何進行。會中決定選擇八十二年元旦日舉辦「四草大眾廟抹香鯨陳列館」揭幕儀式，請黃議員力邀市長施治明先生主持揭幕儀式，揭幕儀式前一週舉辦預展，召開記者會，邀請科博館專家以及負責製作標本的葉玉成先生蒞臨記者會，說明抹香鯨的生態、習性以及標本製作的過程，也邀請台南市政府各單位主管、台南市議會議長、副議長、所有議員蒞臨記者會，中午並以四草本地海產辦席款待所有蒞臨記者會的貴賓、記者和鄉親。

抹香鯨標本預展記者會，全國各大媒體都派來記者採訪，出席的貴賓、記者與鄉親近千人，席開百桌，座無虛席，可謂盛況空前。隔天不論平面媒體或是電子媒體，都大幅度報導元旦即將揭幕的抹香鯨陳列館免費開放的消息，果然造成轟動，自元旦起以至農曆年後的元宵節為止，來館參觀的遊客擠滿廟前廣場，大車小車塞滿了大眾廟周邊的道路，四草鄉親何曾看過這種陣仗，管理委員更是人人忙進忙出，好像每天都在辦喜事似的，笑開懷的嘴巴幾乎不曾合攏過。

我將這對母子抹香鯨遇難的過程寫成一則小故事，說明因七月間風雨交加連續十餘天，這隻母的抹香鯨就在這個時候生下小鯨魚，在波濤洶湧的大海上與輪船相撞，尾巴硬生生被螺旋槳給切斷，失血過多遇難，被海浪推到四草海邊的沙灘上，小鯨魚沒奶喝，望著躺在沙灘上媽媽的身體，徘徊不去，最後餓死，也和媽媽一樣被海浪衝上沙灘。我就每天在陳列館裡講給來參觀的民眾聽，許多上了年紀的女士們邊聽邊哭，我還特別加油添醋一番，說是大眾廟的鎮海元帥大發悲憫之心，指示無論如何都得設法將這對母子抹香鯨留在四草，免得牠們身首異處，更感動了一堆人，因此參觀完抹香鯨的標本之後，進到大眾廟裡去參拜與添香油錢的遊客大排長龍，廟的管理委員還輪流拿鐵尺幫忙遊客把香油錢塞進香油錢箱裡，每天錢箱都塞得滿滿的，每天都得打開錢箱結算，從元旦到元宵一個多月的時間，光是香油錢的收入就多達數百萬元，真是人潮帶來了錢潮，經過這一事件之後，四草鄉親確定我沒有唬攏大家，先前說過的話都實現了，於是見到我莫不豎起大拇指說：讚！

02 注入歷史、人文與自然生態的另類全國文藝季

發現北汕尾全國文藝季

正由於之前的抹香鯨陳列館的成功案例，我也因此而博得鄉親的信賴，所以當文化中心有意將全國文藝季選定四草來辦之時，鄉親自然想起了我，而促請陳永源主任來找我。故鄉之事，義無反顧，剛好教授升等著作又已經完稿，就爽快答應參與文藝季的籌劃工作。

籌備會議都在大眾廟召開，選定在大眾廟舉辦全國文藝季活動，既有足夠的活動空間，又可透過大眾廟動員充足的人力，是不錯的選擇。經過幾次籌備會的反覆討論之後，活動的架構確立，活動名稱確定為「發現北汕尾全國文藝季」，活動時間訂於八十五年五月十二日至十九日，所有活動分成四大主軸，包括：歷史與人文、自然與生態、藝文展演、民間信仰。歷史與人文的活動項目有：憑弔古戰場（歷史叢塚的荷蘭白骨）、府城屏障——四草砲台、台江要塞——四草海堡（熱勿律非砦）等歷史古蹟與遺址的巡禮活動，以及漁村生活體驗活動（懷古擺渡、灑網捕魚、逮罟捕魚、古竹筏揚帆、漁村生活文物等），鹽村生活體驗活動（曬鹽體驗、挑鹽體驗、鹽村文化講古等）；自然生態巡禮活動包括：紅樹林生態巡禮、大池子賞鳥活動等；藝文展演活動包括：歌仔戲團演出（明華園）、千鳥湖之春樂舞展、載歌載舞四草湖畔等；而以民間信仰——鎮海元帥遊台江（巡庄、祭江、遊台江）為壓軸。

工作分配主要是：黃徙先生負責規劃自然生態巡禮活動，邀請台南市野鳥協會提供必要的協助；郭宗誠先生負責規劃鹽村生活體驗活動，文化中心藝術組負責規劃並邀請相關表演團體，其餘則由我與大眾廟管理委員會負責，包括歷史古蹟與遺址巡禮活動，漁村生活體驗活動，漁村生活文物的蒐集與製作，以及鎮海元帥遊台江活動的規劃與參與活動之廟宇的邀請等。為了辦好活動，我與管理委員

設計讓四草里民總動員的策略，擴大鄉親的參與程度，包括漁村生活文物的蒐集與製作，漁村生活體驗活動的協助支援，辦文藝季已經是全體四草鄉親每個人的事情了！

當活動計畫敲定之後，接著下來就是經費的籌措與分配。文化中心可以支援文藝季活動的預算不多，僅約兩百萬左右，而整個活動計畫所提出來的預算約需八百萬元，不足的經費如何籌措是非常傷腦筋的事，黃玉雲議員承諾要積極向市政府爭取補助，陳永源主任則主張向中央文建會爭取補助，不過藝術組長溫彩棠先生則悲觀的表示，他已經和文建會聯繫過了，文建會表示會以對等方式補助經費，也就是市政府列出多少預算，文建會也補助同額的經費。如果是這樣，經費就嚴重不足了，我表示請文化中心把整個計畫呈報文建會，除文化中心本身的預算之外，不足的部分請文建會全額補助，由我來努力看看，如果確定經費不足無法解決，就只有削減活動項目了。

我之所以敢表示要代為爭取經費，是因為文建會第四組的組長林金悔先生是前任台南市教育局長，與我私交不錯，當我打電話給他之後，林組長給足了天大的面子，答應破例補助充分的經費，讓我們計畫中的活動都能進行，陳主任在獲得文建會的口頭通知之後，還特地打電話向我表示感謝之意，大眾廟的所有委員都對於我的神通廣大肅然起敬。

為了讓一切活動都能順利進行，所以在文藝季之前就著手「練兵」，舉凡由鄉親負責或參與的部分，都分期事先預演，而且每項都請媒體朋友先行體驗，因此比發新聞稿都有效，每項活動都獲得深入的報導，文藝季就這樣陸續展開熱身活動，以竹篙撐膠筏，我稱之為「懷古擺渡」，以手抛網捕魚，我稱之為「漁樂圖」，透過實際操作，我們發現不少問題，也逐一提出解決策略，這樣才能確保在文藝季正式活動時能順利進行。為了提高活動參與的熱度，許多體驗活動都是以競賽的方式辦理，於是如何報名，規則如何訂定，如何決定勝負等，都是透過預演才能修正到接近完美無缺的。

不但我全心投入文藝季的籌劃工作，還把兒子世銘、女兒世鈺也都拉進來幫忙，在文藝季活動手冊的編印方面，協助美編與攝影等的工作，我擔任總編輯，蒐集大量歷史文獻，摘要撰寫成簡介的短文，連台南師院同事音樂系的林幼雄教授也力邀加入，請來義務幫忙為整個活動製作樂舞展系列音樂。鄉親黃徙也力挺撰寫植物生態介紹與音樂方面的作詞。

所以這本《北汕尾與四草湖——文化資源巡禮》手冊一出書，就獲得很高的評價，我親赴台北面見文建會四組林組長，他看到這本冊子也讚不絕口，並邀請我於文藝季前一週到文建會，他要親自主持全國性記者會，介紹這一次台南市主辦的全國文藝季活動，也介紹我給全國媒體朋友，他同時要求我帶一百本手冊到記者會場，當天果真被搶光光。這種狀況可以預測在媒體大量的曝光之下，一定會為文藝季帶來人潮。

為了未雨綢繆，應付可能出現的龐大人潮，我們積極尋覓停車空間，向中石化安順廠借用空地，整平畫線，作為臨時停車場，另外也向榮工處借用科工區的空地作為停車場，並設立接駁站，請台南市公車支援接駁車，如此才能避免大眾廟周邊的道路被塞爆。

其次，積極拜會在地媒體，希望密集報導文藝季的相關活動，包括報紙、電台等，幾乎是每日一報，不斷披露訊息給社會大眾，還製作夾報文宣，鋪天蓋地的以一切可能的方式作宣傳，連市長施治明先生都親自搭乘接駁公車亮相，為文藝季活動打廣告呢！鄉親都有一個共識：這一次的文藝季活動，只許成功，不許失敗。

五月十二日全國文藝季開鑼，由台南市長親自主持，一時之間大眾廟前冠蓋雲集，參與民眾熙來攘往，甚至爭先恐後，人潮洶湧前所未見。各個景點定點解說員接了一團又一團，雖有「大聲公」助陣，不到半天就聲音沙啞，只能比手畫腳了，雖然事先標示清楚，各個活動場所都有大型看板揭示，不料人潮一擠，什麼都看不見了，找不到想要參與的活動場所者比比皆是，許多遊客抱怨連連，訊息很快傳回總服務處，我告訴工作人員那是正常的事情，遊客抱怨歸抱怨，他們還是會到處看看的，只要提醒遊客翻開折頁文宣，就不難找到他們想要參與的活動地點。

總服務處由大眾廟副主委吳錦富先生、總幹事吳坤山先生、文化中心藝術組組長溫彩棠先生和我駐點坐鎮，共同解決各種突發狀況。活動期間最扯的是接駁公車，據報有一兩部公車司機「開小差」，把車開到樹蔭底下乘涼，讓許多等車的遊客苦等不到，接駁站的工作人員急得焦頭爛額，頻頻透過無線電對講機來求助，我只得交給溫組長處理。

整個文藝季活動的熱點，第一名非竹筏港的紅樹林生態巡禮活動莫屬，前後八天排隊的人潮未曾斷過；其次是「漁樂圖」的各項競賽活動，因為是分組競賽的活動，除參賽者之外還有啦啦隊，激昂的加油聲吸引無數群眾圍觀，炒熱了整個活動的氣氛；還有親子烤蚵區，由四草青蚵工會無限量的供應鮮蚵，民眾免費享用美味，一臉滿足的笑容，小朋友更是不斷的叫著「我還要！我還要！」

夜晚還有藝文展演活動，包括音樂劇、舞蹈、合唱等樂舞展演活動，廟前廣場也擠滿了四草鄉親，許多工作人員白天忙翻了，晚上則攜家帶眷到廟前廣場看表演，也算是一種慰勞吧，何況所有音樂都是林教授為四草所做的，是全國絕無僅有、獨一無二，四草鄉親都珍惜這專屬於四草人的音樂與舞蹈，所以幾乎家家戶戶都傾巢而出，見證這難得的一刻。

正當文藝季活動如火如荼進入第五天的時候（農曆三月二十九日晚上八點），八十八歲的父親突然心肺衰竭與世長辭，這一晴天霹靂，讓我哀痛欲絕，我與家人跪守靈前，父親後事遵從十叔和堂哥和成兄的安排，族內兄弟一知我家有事，全都主動聚集，協助幫忙各項大小事情，成為心亂如麻的家人最大的倚靠。

第二天早上，許多獲知訊息的親友，紛紛趕到父親靈前哀悼，大眾廟的許多位管理委員也到家中致哀，我必須強忍心中的悲痛，接待前來悼念的親友。兼管理委員會副主委的堂弟錦富說，父親的後事大家一定盡全力幫忙，不過大眾廟前的活動已狀況連連，很需要我在現場主持。我回以心情煩亂加上重孝在身，實在無法再到文藝季活動現場，可是錦富代表管理委員會促請我務必銜哀協助，為此，他跪在父親靈前擲筊，請求父親同意我到大眾廟幫忙，結果連擲三次都得到「想杯」，母親也認為父親在時，廟裡大小事情都會積極參與，所以她說：「現在廟裡需要你幫忙你就去，我想你爸爸一定不會責怪你的。」

兄弟姊妹也都認為文藝季活動是全庄的大事，不能夠出任何狀況，所以我該去幫忙。因此，我只得強打起精神到大眾廟去，坐鎮指揮文藝季的所有活動。所有工作夥伴都紛紛前來慰問，讓我感到十分窩心。文藝季的壓軸是鎮海元帥遊台江，這項活動動員了三十幾座宮廟參與，可以說安南區十六寮幾乎都到齊，陪同各宮廟神輿出席活動的，除了各宮廟的執事人員之外，各個庄頭都動員村民隨行以壯聲勢，淩晨四點左右就在大眾廟前開始集結，五點開始在四草全庄繞境，七點鐘到達四草大橋下開始祭江儀式，四草全庄家家戶戶都在門前擺香案迎接眾神，男女老少都隨神轎繞境祈求平安。

四草青蚵公會動員五十艘蚵筏，所有神轎以及各宮廟的執事人員，在祭江儀式完成之後都上了蚵筏，同遊台江，光是為媒體朋友就準備了兩艘膠筏，機動的跑前跑後，以免漏失任何鏡頭。遊台江的活動由擔任先鋒的神輿領先從大員港（安平舊港）啟航，各宮廟神輿隨後依序出發，鎮海元帥的神輿殿後，一時之間台江內海鑼鼓喧天，人聲鼎沸，熱熱鬧鬧的朝終點站大眾廟前進，最後停泊在廟旁碼頭，上岸之後回到大眾廟廣場聚集，等鎮海元帥的神輿回到廟中，各宮廟的眾神向鎮海元帥辭行，儀式繁複，鑼鼓喧天，鞭炮聲震耳欲聾，吸引無數人圍觀，也為八天的文藝季活動畫下完美的句點。

03 從自然生態的戶外教學到生態旅遊

台南市紅樹林保護協會

發現北汕尾全國文藝季的後續效應持續發酵，鄉親茶餘飯後的話題都圍繞在文藝季的活動打轉，不是談青蚵一共烤了幾千斤，就是談拋手網的手藝誰最棒，不過最熱門的話題則是紅樹林：整片綠油油的樹林為什麼叫紅樹林？茄萣仔（海茄冬）到處都是，為什麼那麼多人爭著要看？如果一個人收二十塊不知還有沒有人想看紅樹林？

有的人對紅樹林充滿好奇，有的人卻看到了無窮的商機，於是一群鄉親開始聚焦在紅樹林的潛在商機，構想如何經營紅樹林的觀光事業，希望發一筆紅樹林的觀光財，最積極的就是「四草觀光協會」的成員。不過可能沒有人出面規劃與領導，在人多嘴雜、莫衷一是的情況下，紅樹林觀光事業的經營團隊，始終無法成形。

於是鄉親中出現了另一種聲音，他們不再聚焦於金錢利益，而是關注紅樹林的相關問題與價值，在四草出身的第一批三個大學生之一的吳頂東，和當時的四草里長蔡進壽等人的積極鼓吹奔走下，逐漸凝聚了共識，而催生了「台南市紅樹林保護協會」，籌備會於民國八十五年十月六日召開，選出了第一屆的理事與監事，訂定了組織章程，並呈報台南市政府申請，完成了人民團體的立案登記。於是第一

民國 85 年 10 月 6 日台南市紅樹林保護協會假社區活動中心舉行成立大會

個以四草人為骨幹，以自然生態保育為宗旨的人民團體誕生了！

鄉親眼裡的「臭屎茄萣仔」為何這般吸引人？這些植物究竟有何價值？它們在自然生態中究竟扮演什麼角色？這些問題是首屆紅樹林保護協會的幹部們急於釐清的問題，理事長蔡進壽先生帶著一群理監事來找我，希望從我這邊能得到答案，事實上我知道的並不比他們多，讓大家失望了！不過在學術界我認識的人多，要找人啟蒙解蔽並不困難，我承諾幫忙找人指點迷津，大夥兒拱我入會，我說會加以考慮，理事長要聘我為顧問，礙於表兄弟情誼，我只有接下顧問這個職務。

既然接了紅樹林保護協會的顧問，所以有空就會往會館跑，大家對於會務的發展方向有許多憧憬，所以話題很多，一般人談過就忘了，我則會把有共識的部分記下來，也會把感覺不錯的觀點記下來，並反覆提出讓大家繼續討論，直到共識出現為止。再把有共識的部分條分縷析，勾勒出會務發展的架構，然後提出於理監事會議中討論修正，做成決議，以確立會務發展的方向。因為所有議題都在決議之前經大家充分討論過了，所以決議幾乎都是一致的共識，因此，後續的執行，所有幹部都會全力配合，會內的氣氛一團和氣，和樂融融。

為了增進會員對於紅樹林的認識，我特別邀請台南師範學院的謝宗欣教授和成功大學的郭長生教授開講，並實際帶大家到大眾廟周邊的紅樹林保護區進行植物辨識，隨後進行本地植物的基礎調查。這項工作一方面可以建立本地的植物基本資料，另一方面則藉此訓練會員，培養對於植物的基本知識，以為未來的紅樹林保育工作奠立行動的基本能力。

就在這個時間點，政府開發「台南科技工業園區」的填土工程正如火如荼的進行，在廢棄鹽田上填土造陸，面積廣達兩千餘公頃，可以想像得到的影響是對於四草湖水文造成改變，因為原本可以蓄水，具有滯洪功能的鹽田，填土後立即變成要對外排水的高地，一來一往之間，一旦遭遇豪大雨來襲，以四草湖的有限面積，洪峰的水位會高漲到什麼程度，就只有老天爺知道了！四草鄉親對此莫不「挫咧等」，畢竟身家性命與財產遭到莫名的威脅，又有誰能睡得安穩呢？

為了捍衛四草鄉親的身家安全，也為了維護四草湖周邊的自然生態與環境，紅樹林保護協會決定對四草湖周邊的水質與水文進行監測，由我研擬一份「四草湖周邊環境調查研究計畫」，經理監事會議討論後作成決議，交給我負責執行。我則徵求自己班上的學生參與研究，組成一個研究團隊，進行為期一年（民國八十六年七月一日至八十七年六月三十日）的環境監測工作。

對於水質監測工作我欠缺必要的背景知識，於是透過堂弟的引薦，請求「台南家畜疾病防治所」的一位技正協助，培訓我的研究助理操作各類水質檢測工作，指導他們如何取樣、如何操作各項實驗器材與試劑、如何解讀各項測試結果等，至於必須使用精密設備進行檢驗的部分，則可透過紅樹林保護協會正式行文委託，家畜疾病防治所就可以代為檢驗。

至於水文監測部分，除了蒐集本地水文監測相關文獻之外，我用土法煉鋼的方式來進行監測。我們用一根三米五十公分長的三寸角材，下端預留一米長以打入地下固定，上面漆上白色的底，以公分為單位，畫上紅色的刻度作為測量水位的標竿，心想，四草湖在小潮的時候，平均潮差約六十公分，大潮的時候潮差也不到一米（平均約八十五公分），所以兩米半標竿如果滅頂，四草及周邊村里將全部淹在洪水之中了。這根標竿於乾水位的時候，豎立在嘉南大圳與運鹽運河交會的泥灘上。每個月的大潮日與小潮日進行觀測，以記錄滿潮時與乾潮時的水位。

這個研究計畫透過立法委員向農委會提出，申請補助研究費用，結果因口蹄疫蔓延成災，農委會連預備金都全部花光光，沒有經費可以補助這個研究計畫，我只好自掏腰包來支應必要的研究支出。

研究團隊才動工兩個月，就遇到驚心動魄的情況，八月一日（媒體稱八一水災）豪雨成災，大台南地區處處淹水，四草湖一片汪洋，我不敢讓學生搭膠筏去記錄水位，只好自己拚老命冒險搭膠筏去觀察標竿的水位刻度，老天爺！二米二五公分，標竿差一點就滅頂，難怪鎮海國小的操場都淹海水，四草野生動物保護區內的鹽田土堤決堤，海水漫過大眾廟東側大眾街的柏油路面，四草鄉親擔心的事情已經發生，大家都在問：「怎麼辦？」

到了十二月，研究小組的女同學在採集鹽水溪水的樣本之後，向我哭訴「台灣的黑龍江」水太可怕了，她的一雙玉手毀了，因為像墨汁般的鹽水溪溪水染黑了她的手，回到岸上不論用肥皂怎麼洗，手仍是像戴著黑手套似的；另有一位女同學則是吐到連膽汁都吐出來了，她不是暈船，而是溪水實在太臭了，非常噁心，在用試紙測試阿莫尼亞的濃度時，試紙竟然變成黑色，遠超越最高測試範圍的咖啡色。

為了解決研究助理所遇到的問題，我特別買了長筒塑膠手套、醫療級的口罩給他們用，同時交代船長在鹽水溪航行的時候，船速儘量放慢，以免螺旋槳攪動太厲害，讓溪底汙泥的臭氣整個被揚起。

嘉南大圳的水雖然不黑，也沒有噁心的臭味，但是水質偏酸（PH值是五），尤其是一月和二月枯水期的PH值更只有四．八，原因雖然不確定，但與上游地區農業用藥與肥料、畜牧業排泄物的排放、家庭廢汙水的排放、工廠廢汙水的排放不無關連。

我把半年來的調查監測資料，整理成期中報告，利用紅樹林保護協會會員大會召開的時候，向全體會員簡報，希望喚起大家的環境保護意識，更加關心發生在自己生活周遭的一切事情。一些媒體朋友也在會場，他們索取了我的期中報告，拿去請教一些環境工程學者，請他們進一步分析解釋我們監測所得的各項數據資料，結果這些媒體朋友回來告訴我，許多學者質疑我的專業背景，把我的報告批得一文不值。

我承認我欠缺環境工程相關的專業背景，但是這些監測數據都不是憑空捏造的，於是我邀集對環境問題感興趣的媒體記者，拿著我的研究報告，一起搭船前往我們取樣的定點，請他們用鏡頭驗證我們所提數據的真實性，請他們親身體驗一下這一條「台灣的黑龍江」（鹽水溪）的真實狀況，看看我們的監測報告是否一文不值？

很少看到記者女士先生們這般認真，整個行程問個不停，筆記寫個不停，相機也拍個不停，我的研究助理向大家報告他們是如何取樣、做哪些項目的檢測，以及如何檢測等，如此等同複演了我們整個研究取樣監測的歷程，費時超過兩小時，媒體朋友們對於我們研究工作的踏實，以及監測取樣檢測過程的辛苦，都表示印象十分深刻，對於我們所蒐集的研究數據也都認為甚有價值。更讓我們欣慰的是第二天有幾家報紙對四草湖環境問題，都做了深入的專題報導，所謂事實勝於雄辯，外行人所做的研究報告並非全都一文不值。

期中報告所呈現的數據，加上媒體的重視與專題報導，讓紅樹林保護協會所有成員都覺察到做研究的重要，所以對紅樹林及其伴生植物的基礎調查工作，做起來就格外認真，但是許多夥伴的背景知識尚待充實，調查紀錄掛一漏萬，於是我將研究團隊投入協助植物調查，剛好可以彌補不足之處，當有許多位大學生陪伴做植調的時候，夥伴們就做得格外起勁，慢慢累積了可觀的基本資料。原本大家印象中一片綠油油的草山，竟然同時存在著兩百多種植物，許多叫不出名字的路邊草花，現在不論俗名或學名都琅琅上口，很有成就感。

為了加速建立本地自然生態的基本資料，我幫紅樹林保護協會擬定了「四草湖周邊地區野鳥生態攝影比賽計畫」，提供優厚的獎金，希望借重眾多野鳥生態攝影愛好者的力量，希望在最短的時間內建立本地的野鳥基本資料。我們請野鳥生態攝影大師王徵吉先生協助訂定審查標準，以及邀請幾位攝影專家擔任評審工作。一如原先的預期，投件參加比賽的人非常踴躍，參賽的作品超過兩百件，可說是張張精采，花不到十萬元就蒐集到兩百多張照片，是非常划算的。

在投入了許多心血之後，我也加入了紅樹林保護協會為會員，對於自然生態的接觸越多就會越著迷，我為動植物多樣態的面貌深深吸引，幾乎已到了無法自拔的地步，攝影機錄影機都買了，為了更靠近野鳥一點，一頂小迷彩帳、一瓶礦泉水、一條吐司麵包，就可以在荒野中守候一整天，許多時候空手而回，沒拍到任何一張滿意的照片，卻仍然甘之如飴，簡直像著魔一般。

民國八十七年是南師創校一百周年的歷史時刻，學校各單位共計畫了一百項慶祝活動，需要募款一千五百萬的經費來支應，如何募款？誰來募款？讓吳鐵雄校長傷透了腦筋。也不知道是誰給他的建議，腦筋竟然動到我頭上來，跑到我家力邀我回任實習輔導處長，要我負責募款的工作。我問現任實習輔導處長到哪裡去了，為何來找我？吳校長說李坤崇到成大教研所去了，薛梨真被新制的教育實習搞得焦頭爛額，極力請辭，說什麼也不願意留任。說實在的，實習輔導處現在無疑是個大火坑，誰願意往下跳啊？何況我現在著迷於探索自然生態，才不想跳火坑呢，所以一口回絕了。

李坤崇陪同校友總會理事長李昭德先生都來家中遊說，我很明確而堅定的表示不願回任，吳校長還是不死心，一再跑到家裡來請我幫忙，不過我是吃了秤砣鐵了心，不為所動。幼治覺得吳校長誠意十足，認為我不該拒人於千里之外，在學校遇到極大的困難的時候，應該出面幫忙，否則別人會說你不近人情。幼治的話說動了我，所以當吳校長四度來家造訪的時候，我鬆口答應接下實習輔導處長的職務，不過我也提了但書，募款完成之後，我就不再兼任行政職務，只當我的陽春教授。

我與紅樹林保護協會的不解情緣

為了喚醒社會大眾的環境保護意識，我認為只有從環境與生態保護教育著手，所以於民國八十九年一月接任紅樹林保護協會理事長時，積極規劃舉辦「四草三生」環境生態教育推廣活動，獲得台南市政府經費補助，於九〇年二月十日（週六）、十一日（週日）兩天舉行，希望讓民眾了解人類生活、自然生態與經濟生產活動之間的關係。

活動中特別透過展示傳統漁具預留孔隙以捉大放小，這種永續漁業概念的先民智慧，傳達在經濟生產與自然生態之間如何追求平衡的理念。並讓參與活動的民眾體驗傳統漁具的實際操作，增加活動的趣味性，也藉此加深對於自然資源永續利用這一概念的印象。

民國九十一年起，配合台南市政府

1. 推展生態旅遊的初期管筏設施十分陽春 2. 篳路藍縷一切導覽解說從免費開始 1|2
3. 濱海植物導覽解說 4. 傳統捕撈網具設置講解示範 3|4

「二〇〇二府城生態旅遊年」計畫，紅樹林保護協會規劃了「濱海尋奇」的系列活動，於九一年十月二十七日在四草大橋周邊進行。活動項目包括：蚵串的製作、蟹類家族介紹、拋手網體驗、拉吊罾體驗、尋找灘地上的足跡、認識傳統漁具、認識濱海植物等。並接受市政府委託，承辦台南市自然生態保育服務工作隊培訓營，散播自然生態保育的種子。

民國九十二年紅樹林保護協會規劃的濱海尋奇活動，主題訂為「自然．保育．四草」，於九十二年十二月十四日在四草湖及四草大橋周邊地區進行。活動項目包括：認識四草內海水文環境、牡蠣養殖介紹、定置網介紹、拉吊罾體驗、認識台灣四種紅樹林、認識彈塗魚與招潮蟹、觀察台灣濕地三寶及冬候鳥、水產養殖體驗、踏水車體驗、認識濱海植物（海岸的先驅植物）、海岸線的變遷與海象等。

1. 參與自然生態保育志願服務工作隊學員認真作筆記 2. 培訓營的生態體驗課程 1|2
3. 民眾參與踩龍骨水車體驗活動 4. 民眾參與認識漁村文物活動 3|4

1. 民眾參與拉吊罾的體驗活動 2. 參與濱海尋奇民眾在四草大橋下享用海產粥
3. 永續就業工程徵才（台南市府勞工局前）
4. 永續就業生態旅遊定點解說（成大醫院）

1 | 2
3 | 4

因為九十二年的濱海尋奇活動獲得熱烈迴響，卻由於活動人數的限制，許多民眾無法報名參加，紛紛向台南市政府反映，所以台南市政府要求隔年的生態旅遊年活動，紅樹林保護協會複製九十二年的活動項目，但要增加參與的機會，所以訂於九十三年十二月五日、十二日、十九日、二十六日分四梯次進行。所有會務工作人員雖然累得人仰馬翻，卻也因獲得眾多的肯定而有滿滿的成就感。

在個人擔任第三、四屆兩任的紅樹林保護協會理事長期間，除了上述的活動之外，還出版《紅樹簡訊》，規劃了一系列模組化的生態教育課程，分送嘉義以南至屏東的所有小學，積極推動生態教育的戶外教學。服務的師生人數從最初的一年約三千人，到任滿的第四年服務約兩萬師生，人數幾乎每年都倍數成長，膠筏也由最初的兩艘，四年內擴增至六艘的船隊，而服務的對象由學校的師生擴及一般社會大眾，為生態旅遊奠立了基礎。

同時為了盡到人民團體的社會責任，我們以「台南市淨灘與漂流木資源回收利用推廣計畫」，向行政院勞委會提出「永續就業工程」的申請計畫，從民國九〇年十一月起，每三個月彙報執行成果，並提出申請下一期計畫。這個計畫共計二十人參與，第一期的工作重點在於淨灘，四草湖周邊海岸滿布各類廢棄物，眾多保特瓶、保麗龍碎屑、塑膠袋、牡蠣殼、廢棄蚵棚、各類漂流木等，在西南氣流的推波助瀾之下，這些廢棄物堆滿海灘，不要說到海邊玩水已不可能，即使本地漁民想出海捕魚都有困難，所以必須先予以清除。

為了強化解說的效果，紅樹林保護協會出版了口袋書《紅樹．綠水．白羽》，包括本地的歷史與人文、植物生態、野鳥生態等內容，圖文並陳，讓讀者在聽完解說之餘，還可參閱圖文資料，以獲得更正確的訊息，甚得前來戶外教學的師生的喜愛，每年銷售近萬冊。

一方面是要提供給學校教師更豐富的教學參考資料，另一方面則是要提供給紅樹林保護協會必要的資源，所以我邀請攝影達人郭國棟先生，和我一起拍攝四草湖周邊的生態影像，編製成約二十五分鐘的光碟片，由個人出資近十萬元，壓製一萬片光碟，作為我卸任理事長回贈紅樹林保護協會的禮物。我告訴協會的工作夥伴，如果一片賣一百元，則協會可以籌措一百萬資金，若一片賣五十元，

1. 永續就業夥伴撿拾廢棄蚵棚竹材搭建戶外教室
2. 永續就業夥伴頂著烈日辛苦淨灘

1 | 2

也可以為協會籌到五十萬元，那麼對於會務的推展將不無小補。

兩屆四年的任期，時間雖不算長，回顧過去卻也作了不少事，尤其協會同仁為這片土地奉獻心力，真正做到無怨無悔的地步，讓人既欣慰又敬佩。紅樹林保護協會逐漸在台南的生態保育界闖出了名號，站穩了腳步，也確立了方向。

民國九十八年二月才要從臺南大學退休，結果大眾廟管理委員會主任委員吳仁杞先生，於九十七年五月初就到家中造訪，請求協助挽救大眾廟的生態旅遊事業，因為遊客數量已經從高峰時期的每月平均二萬多人，萎縮到不足三千人，造成嚴重虧損。我請主委陪我到現場一探究竟，才能找出癥結所在，再來提解決方案。

我發現存在幾個問題，若不能解決，就根本無法與紅樹林保護協會競爭：其一是解說品質太差，其二是行程單調，其三是船速太快。解說品質太差，完全失去生態旅遊的精髓，除了坐船，毫無意義；行程單調，毫無樂趣，當然無法吸引遊客上門；船速太快，則來去匆匆，顛簸不舒服，誰還會來？

知道問題所在，就有辦法解決。我請大眾廟管理委員會增設一些體驗設施，以豐富行程，添加趣味，藉以吸引遊客；其次請他們慎選船長，並加以訓練，最好鼓勵他們去考動力小艇駕照；第三則由我代為規劃解說員培訓，設計課程，聘請師資，並進行認證。於是在離開四五年之後，我又回到四草湖這個熟悉的場域。

我請南大兼任教授許政雄先生主講「台江史地變遷」、「四草大眾廟與鎮海元帥」這兩門課，請謝宗欣教授主講「紅樹林生態與本地植物」，請陳麒麟老師主講「本地野鳥的辨識、生態與自然環境的關係」，請范玉玲教授主講「導覽解說要領」，其餘「四草古蹟、生活文物與在地生活」、「導覽解說路徑規劃與解說重點設計實作」等則由我主講。

在開班培訓前召開記者會，宣傳古蹟生態解說員培訓的課程與師資，並邀請記者見證未來的解說員認證過程。或許課程規劃與師資陣容獲得媒體界的肯定，所以對這次解說員培訓的報導十分深入，得到不錯的迴響，因此報名參與的學員很快額滿，在實習階段遊客就已陸續回流，一個月後遊客數的增加更為明顯，週末例假日每天遊客數已來到兩三千人，讓大眾廟管理委員會的所有成員又展露了笑臉。

累積足夠的實習鐘點數，學員就可以向管理委員會提出認證的申請，再由我安排三位老師隨船考試，通過認證的學員由大眾廟主任委員親自授證，隨即聘用為正式解說員。即訓即用，讓學員們繃緊神經，全神貫注，把每一個細節都盡可能做好。這種專注的態度更贏得遊客的讚賞，也建立了口碑，讓大眾廟的生態旅遊事業再現榮景。

民國九十八年八月，紅樹林保護協會的核心成員約我吃飯，談到紅樹林保護協會的困境與未來發展，他們希望我能回到協會，重新帶領大家。我則認為離開六年之後，時空有許多變化，退休後我有更多的時間，可以蒐集各種資訊以深入思考紅樹林的未來，等找到方向之後再回紅樹林協會不遲。不過夥伴們認為再遲的話，恐怕紅樹林協會會被社會局註銷立案，那就非常麻煩了。因此只能勉予同意，重回紅樹林協會。

民國九十九年一月，我接任紅樹林保護協會第八屆理事長的職務，面對台江國家公園成立之後的變局，以及生態旅遊經營的困局，實在需要大家集思廣益，深入討論，才能有效加以因應。我們的結論是：國家公園管理處不知會帶來哪些規範，對於長年在此經營生態旅遊的我們會有多大的衝擊無法預知，唯有積極充分的溝通，化解敵意與衝突，才能將衝擊降到最低；其次，慕名新國家公園而來的遊客一定不在少數，如何提升服務品質以強化競爭力，甚至創新服務內容，是未來必須加倍努力的地方。

為了積極推展會務，我們進行任務編組，每位常務理事都有分配掌理事項，黃晉芳掌「會務行政部」，負責會員招募、聯誼，各項資格認證以及機關團體關係等工作；陳麒麟掌「教育活動部」，負責各項工作人員之教育訓練，計畫辦理或承辦各項戶外教學活動，以及環境與生態保育活動等；高祥文掌「研究發展部」，接受委託或計劃辦理環境生態調查研究，出版編輯刊物以及網頁管理等；總幹事李進添負責執行理事會決議之計畫或事項，調度各項人力與資源，支援各項計畫與活動，以及理事長委託交辦事項等。

各部門分別要提出該部門的年度工作計畫，如有大量人力需求，則徵求會員加入各部門，積極參與會務活動。為了因應廣大遊客群的解說需要，立即計劃進行解說員培訓以及解說員進階研習等活動，同時與周邊大學（興國管理學院、臺南大學）應用外語系、應用日語系進行產學合作，培訓外語解說員，編印外語解說簡介等，全力展開衝刺。

生態解說員培訓則與台南市政府合作，同時增聘台江國家公園管理處主管主講台江管理規範的走向，以及相關的法律規定，讓大家知所遵循。除了提升解說品質之外，船長的開船技術與態度，也關係遊客乘坐的舒適度及安全，是服務品質極為關鍵的一環，因此除要求每位船長都要擁有機動小艇駕駛執照之外，我請總幹事安排我分別與解說員和船長聚餐，要求提供遊客最佳品質的解說和乘船服務，並且要求喝酒不開船，努力充實自我，提升精彩的解說內涵，以建立專業形象。

由於整個會務團隊都十分積極，所以船長與解說員的士氣相當振奮，我也不計代價的解決船長們所提出的改善管筏的要求，將一艘不堪使用的管筏拿來作為浮動碼頭，淘汰一艘老爺船外機，新建一艘管筏，添購新船外機，逐年提升船外機馬力。由於軟硬體品質的大幅改善，加上遊客對新成立國家公園的好奇，遊客數增加之快速，遠超過我們的預估，所以年底再增建一艘新管筏，第二年則增建一艘「咖啡船」。

短短兩年時間，遊客數倍翻，也因此被國稅局盯上，派員來會好幾次，最後妥協的結果是由國稅局逕行核定最低稅率的營業稅，台南市政府稅捐處則對我們課徵娛樂稅。既然躲不過，繳了稅之後倒覺得心裡更加泰然。

這一份內心的泰然卻因「黃徙事件」而維持不了多久，國稅局大舉查稅，大眾廟首當其衝，被要求補繳巨額稅款，而紅樹林保護協會也遭池魚之殃，國稅局除了要求補繳巨額稅款之外，還強烈要求紅樹林保護協會的生態旅遊必須開立發票，因為月營業額遠高於二十萬，絲毫沒有商量的餘地。為此，理監事們與經營團隊反覆商量如何因應之道，生態旅遊這一部分陷入空前危機，因為所有旅行社或遊覽車司機都拒收發票，一旦紅樹林保護協會開出發票，將嚇跑所有旅行業者。

萬般無奈的情況下，只好做出決定，讓生態旅遊的經營獨立出來，一分為三，以降低單一事業體的月營業額，來符合免開統一發票的規定，並由理監事組成三人督導小組，來督導生態旅遊的營運業務，然後由營運團隊捐款以支持本會會務的運作。

除了經營生態旅遊之外，紅樹林保護協會沒有忘記環境與自然生態保育的初衷，積極投入相關的研究工作，一點一滴累積與這一塊土地有關的資料，以作為推展環境與生態保護工作的依據。這段

1. 咖啡船設有吧檯，船體寬敞明亮，十分舒適
2. 邊喝咖啡邊欣賞自然生態，是很棒的體驗　1|2

1. 紅樹林協會成員參與四草海岸復育試驗
2. 在烈日下專注的測量試驗的沙丘範圍

1|2

期間，相關的工作包括：

民國九十九年開始，參與成功大學劉景毅教授研究團隊所接受第六河川局委託「四草海岸復育試驗研究」研究案，成為該案的協力團隊，負責海岸人工沙丘與圍籬定沙現場試驗與復育方案的執行。這個沙丘沙洲復育試驗計畫從四草試驗區開始，由南到北，包括北門試驗區、將軍試驗區等持續數年，我們也一直與劉教授的研究團隊協力合作，紅樹林保護協會夥伴的執行力深獲肯定，研究成果豐碩。

民國一〇一年接受台江國家公園委託，進行「『魚』音繞梁——台江傳統產業無形文化資產聲音採集調查」，研究虱目魚養殖產業中「數魚苗」的相關文化活動；接著一〇二年再度接受台江國家公園委託，進行「台江地區人文資產保存與推廣計畫——虱目魚為主之養殖產業調查」，這項研究採田野調查模式，實地訪談養殖業界耆老，以及實地踏查養殖場域，發現虱目魚的養殖今昔大不同，人工繁殖的虱目魚苗，取代了海邊捕撈的天然苗，翻轉了整個魚苗產業；深堵的集約式養殖取代了淺坪式的養殖，徹底改變了虱目魚養殖產業；人工合成的虱目魚飼料取代了天然的藍綠藻，導致虱目魚的絕佳風味不再。

田野調查重要受訪者群像

因而在完成研究報告之後，我們呼籲養殖業者回到從前，以更友善土地的淺坪養殖，透過「熬坪」的方式培養藍綠藻的藻床，讓消費者得以品嘗高品質的虱目魚肉，也藉熬坪過程讓土地獲得休養生息的機會，以永續利用土地，期待重建虱目魚這一尾「南台灣的家魚」的美名。

而由紅樹林保護協會自行規劃的研究工作——台江秘境影像記錄，也積極籌劃進行，包括邀請知名的野鳥生態攝影大師黃民雄教授參與拍攝，以及向台南市政府及台江國家公園管理處申請採集證，以便進入四草野生動物保護區進行攝錄工作；三組人馬分別由黃民雄教授、李進添總幹事、黃嘉隆常務理事帶領，就野鳥、魚蝦蟹貝及植物定期展開影像記錄工作。由於大家的努力，累積了可觀的影像

林烈堂先生，南投縣埔里鎮人，26年次。26歲全台首創鰱魚人工繁殖成功（自然產卵），27歲量產草魚、鰱魚、鳙魚、鰱魚苗上市。37歲成立「東興魚蝦苗繁殖場」，38歲成功繁殖烏魚苗、草蝦苗。1983首創塭養虱目魚種魚自然授精繁殖成功，1984量產虱目魚苗一億餘尾（號稱虱目魚之父），1985獲頒行政院傑出科學與技術人才榮譽獎。

黃丁郎先生，高雄縣六龜鄉人，22年次。1956任職於水產試驗所台南分所，1966、1971兩度赴日研究蝦苗繁殖技術，回台推展草蝦養殖，造就台灣為草蝦王國。1972擔任水產試驗所台南分所所長，1976擔任駐哥倫比亞魚技團團長，1981擔任駐厄瓜多爾魚技團團長。

吳幸生先生，四草人，22 年次。從事虱目魚養殖、虱目魚大盤商、零售商。

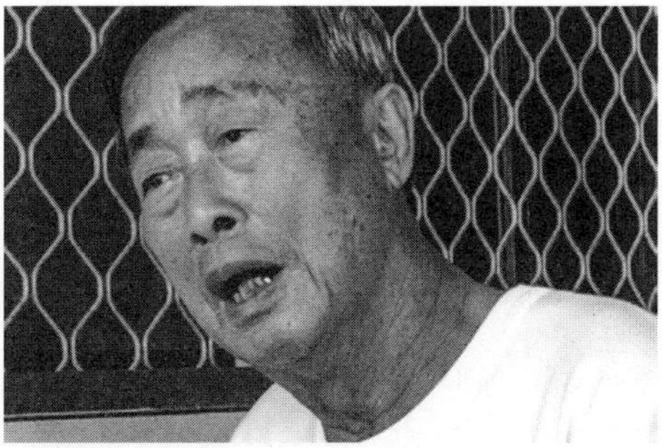

陳大園先生，四草人，26 年次。天然虱目魚苗中盤商，虱目魚、草蝦養殖，曾任台南市區漁會理事長。

郭相近先生，四草人，26 年次。從事虱目魚養殖，擔任魚塭長年近五十年，1991 轉養文蛤成功。

范榮木先生，台南市人，18 年次。從事虱目魚養殖，虱目魚苗進口、中間育成，台南市區漁會產銷班班長。

江文田先生，台南市人，51 年次。精於成本分析及風險控管，自創虱目魚階段養殖法，突破虱目魚養殖困境。

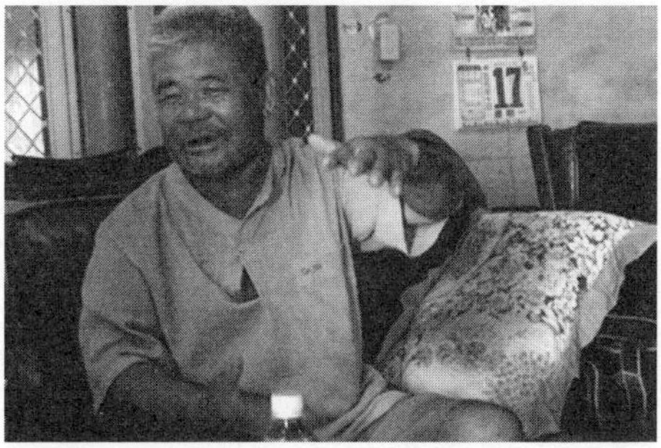

吳平山先生，台南縣將軍鄉人，30 年次。26 歲即到嘉義鰲鼓地區當虱目魚塭長年，40 歲回台南將軍受僱擔任虱目魚塭長年。

台南海水繁養殖中心葉利信主任

東港生技研究中心陳紫媖主任

資料，這些資料將分別編製成電子影音紀錄影片光碟、電子書與紙本影像集。

影像紀錄的後製作，是一個艱辛而漫長的過程，包括腳本撰寫、配樂編曲與錄音、旁白錄音、剪接、美編等等，在在都需要專業，所以動員了許多人力來參與。配樂的編曲與錄音，我洽請臺南大學音樂系的林幼雄教授幫忙，剪接的工作我請陳應龍先生幫忙，腳本由陳麒麟老師撰寫，旁白則動員許多女士參與試音，同時借用臺南大學影音中心的錄音室與設備，然後一段又一段、一遍又一遍，看了再看、聽了再聽，在能力範圍內希望呈現最好的效果。

紙本影像集則請陳麒麟老師負責總編，嘉隆、進添、雅萍協助配合，把大家辛苦一年拍攝下來的珍貴影像，選擇最美的鏡頭，全部給保留下來，呈現給社會大眾，希望透過紙本影像集的出版，可以彌補影音電子版的不足，讓社會大眾透過這兩項紀錄，可以獲得更完整的台江生態面貌。

第一本解說手冊《紅樹．綠水．白羽》已使用多年，所以要再出一本新的解說手冊，經過理監事會議的討論，新的解說手冊命名為《台江秘境——歷史．人文．自然》，內容分成五大部分，也分由六位同仁擔綱撰寫：第一部分「台江內海的時空變遷」，由高祥雯負責，他以特有的專業技術，將古

1. 大量來四草度冬的鷸鴴科候鳥　2. 群鳥飛舞的壯觀畫面　1|2

今地圖加以套疊，讓地理變遷的軌跡歷歷呈現在眼前。第二部分「北線尾地區的歷史與產業文化」，由黃晉芳主筆，這是他碩士論文的主要內容，對本地產業文化有深入的分析。第三部分「台江飛羽之美——鳥類簡介」，由陳麒麟撰寫，搭配他自己與黃民雄教授所拍的鳥類生態照片，一定會特別吸引讀者的目光。第四部分「水精靈與舞者——魚蝦蟹貝」，由李崑生與陳秋玲負責，各種魚蝦蟹貝都以俗名貼近民眾的生活，也會成為讀者注目的焦點。第五部分「海邊的繽紛世界」，由黃嘉隆擔綱，記錄濱海地區的花花草草，十分有看頭。

民國一〇〇年十月書成之日，舉辦新書發表會，特別邀請台江國家公園新到任的楊副處長為蒞會貴賓，不但媒體爭相報導，現場訪問六位作者，楊副處長也對這本小冊子讚不絕口。不到一年的功夫，第一版三千冊已告用罄，一〇一年七月再版增印六千冊，是一本非常搶手的生態解說書。

民國一〇四年是紅樹林保護協會創會的第二十個年頭，對於一個人民團體來說，創會二十年歷經漫長的時空轉換，卻還能年年維持很好的運作，這是一件非常不容易的事情。正因為不容易，所以也特別值得珍惜。因此，理監事會議中大家討論如何來珍惜這二十年的點點滴滴，而規劃出版紀念冊，希望將這二十年來本會有關的人、事、物，都儘可能的放進這本紀念冊中。

其次，本會計畫辦理一次「濕地生態產業論壇」，邀請臺南大學、台江國家公園管理處、海水繁養殖中心以及特有生物研究中心等機構，一起合辦。從年初開始，歷經半年左右的討論協商，這個論壇就訂在十月二十四、二十五日，假臺南大學啟明苑國際會議廳來舉行。論壇的四個主題是：濕地生態、溼地鳥類、濕地產業、濕地旅遊，預計將有二百人來參與論壇。

一個小小的人民團體，要舉辦公開性的學術論壇，是在挑戰不可能的任務，還好有臺南大學生態系教授們的全力支持，與台江國家公園管理處、特有生物研究保育中心和海水繁養殖研究中心的協助，總算有個滿意的結果，預定的兩百個名額很快被搶光，邀請發表研究成果的學者、主動應徵參與發表論文的研究者，甚至於不公開宣讀的壁報論文，也都篇篇精彩，讓參與者驚嘆不已，喝采連連。

這次論壇邀請發表的論文包括：臺灣師範大學生命科學系王穎教授的〈黑面琵鷺繫放及追蹤〉，水產試驗所海水繁養殖中心葉利信主任的〈濕地之魚塭開發與應用〉，野 FUN 生態實業公司總經理賴鵬智的〈鰲鼓溼地生態旅遊培力與經營機制建構案例〉，東海大學環境科學與工程學系研究員蔣忠祐的〈台江國家公園地區黑面琵鷺伴生鳥種系放調查成果〉，嘉義區漁會東石魚市場場長吳純裕的〈西南沿海牡蠣養殖簡介〉，真理大學生態觀光經營學系莊孟憲講師的〈濕地保育與永續農業：以台南稻菱產業為例〉，紅樹林保護協會理事黃晉芳的〈地方性民間社團推展生態旅遊之個案研究〉，以及農委會特有生物研究保育中心陳添水博士的〈黑面琵鷺停棲重要濕地連結〉等八篇。

應徵參與發表宣讀的論文包括：王相華、傅淑瑋、鄧國禎、黃俐雯等的〈新豐紅樹林分布的變遷過程及原因探討〉，朱芳瑩、謝宗欣的〈台灣稀有植物海南草海桐之生殖特性與植群組成〉，賴榮一、堀込憲二、郭中端等的〈新竹頭前溪竹東高灘地第一、二期人工溼地維護管理下的植物變遷與水質淨化延續調查〉，謝宗欣的〈台江植物及其特色〉，黃志豪、童淑珠、翁義聰、李武鉦等的〈公園施工對布袋濕地生態的影響〉，方文揚、薛美莉、謝莉顒等的〈海寮紅樹林魚類群聚分析〉，劉文鄉、王一匡的〈校園人工水池經營管理困境之探究——以台南市國小為例〉，陳凱偉、陳清旗、陳建宏、黃文伯、張原謀等的〈台江國家公園內與周緣地區台灣暗蟬（北埔蟬）棲地分布與晨昏鳴叫模式探討〉，以及黃尉誠、黃文伯、莊棨州等的〈曾文溪口和四草國際級濕地不同棲地昆蟲之組成〉等九篇。

其他尚有八篇壁報發表的論文，包括：〈國立臺南大學七股西校區不同區域鳥類群聚的時空變異〉、〈自然復育濕地的多樣性與分類〉、〈台江國家公園環紋蛤之人為採捕壓力〉、〈東湖自然生態水域的微生物之探討〉、〈以黑面琵鷺生態繪本引導在地國小學生進行環境議題學習成效初探〉、〈莫氏樹蛙有同型配對的行為嗎？〉、〈不同環境對野外莫氏樹蛙蝌蚪生長發育之影響〉、〈台灣的廢棄牡蠣殼利用之探討〉等。

這一次論壇所發表的論文，緊扣著主題，觸及濕地生態與產業的諸多面向，讓與會者在短時間內能獲得許多寶貴資訊，相信必能有助於個人對濕地的深入了解。這次論壇的舉辦，讓我最感動的莫過於台江國家公園管理處的新任處長張維銓先生，不但在我前往拜訪時毫不遲疑的答應共同舉辦，論壇開幕時又謙虛低調的婉拒上台致詞，更難能可貴的是一天半的論壇全程參與，中間休息時還與與會者熱絡的互

1. 論壇假臺南大學啟明苑舉辦　2. 在論壇的開幕式中致詞　1|2

1. 論文發表會盛況　2. 參與濕地生態產業論壇綜合研討之後與會者合影留念
3. 我在會場內泡茶招待陸續到場的會員　4. 整個活動請蕭月霞理事擔任主持人

動，這麼有心又親民的處長，感動喲！

為了慶祝紅樹林保護協會成立二十周年，訂在十二月二十六日舉辦「紅樹林的過往情史」年末活動，要邀請歷年來所有參加過紅樹林保護協會的夥伴，回來餐敘聯誼，相信曾經來過會裡的，歷經二十年的時空變遷，不論是一直留在會裡的，或是因任何原因離開這個會的，或是離開、回來，進進出出會裡的，相信大家必然會有一些共同的回憶，也一定對於本會還有一些期許，希望大家一起回來敘敘舊，共同來關心這個大家曾經關心過的協會。

回顧紅樹林會的這二十個年頭，我也曾經因公務較忙而離開了五、六年，不過心中總是惦記著這個會。不論在會中扮演什麼樣的角色，總是覺得和一群志同道合的人在一起就是一種幸福。也正因為內心裡有這樣的感覺，所以總想為這個會多做一些，多付出一些，只要是自己能力所及的，我都願意。儘管理事長的任期即將屆滿，我將會一直留在會裡，終生為

1. 第一屆理事長蔡進壽先生話說從頭
2. 常務理事黃嘉隆用幻燈片勾起大家的回憶
3. 楊嘉敏的回憶摻雜了導覽解說的酸甜苦辣
4.「阿水」（中）很高興的與創會正（右）、副（左）理事長合影
5. 我約略回顧參與紅樹林協會二十年來的往事
6. 聯誼餐會在愉快的氣氛中進行

1|2
3|4
5|6

1. 餐敘後大家愉快的合影留念　2. 會員大會是年度盛事，會後聚餐聯誼
3. 聚餐中舉辦摸彩助興　4. 會後全體出席會員合影留念

1 | 2
3 | 4

會裡的志工。

民國一〇五年二月二十一日假四草社區活動中心，召開第十屆第一次會員大會，會中進行理監事選舉，也為我的任期畫下一個句點，因為新的理事會成立之後，我就可以卸任，結束了我與紅樹林協會之間的十年情緣。

第九屆理監事任期四年，是歷屆中任期最長的一次，在上一次會員大會中，修改章程，將理監事任期由四年改為二年，所以本次會議所選出的理監事任期回復為二年。

四

九二一地震災區艱辛的心理重建之路

民國八十八年九月二十一日，車籠埔斷層錯動，山崩地裂，震央在南投集集的「九二一」大地震，規模達到七級以上，造成極大的傷亡，而且九月二十六日又發生規模六．八的餘震，讓殘破的大地再一次受到無情的摧殘，救災單位每天公布的傷亡數字不斷攀升。正所謂「天地不仁，以萬民為芻狗」，舉世同悲，救災賑災，台灣全民總動員。

重災區是南投縣，全縣各級學校災損嚴重，全面停課，教育部緊急動員設有心理輔導諮商學系的各大學，組團進入災區協助學校進行心理重建。教育部分配南投縣的鹿谷鄉與中寮鄉由台南師範學院負責，於是學校立即召開籌備會議，動員全校師生，號召有心理諮商專業又有意願的師生，投入災區心理重建的艱辛任務。

我因歷經民國五十三年「一一八白河東山大地震」的洗禮，分發至鄰近震央的嘉義縣大埔鄉服務，有過在重災區服務的實際經驗，所以深知災區學校的急切需求，除了心理輔導諮商之外，也需要團康活動的舒壓，以及課業輔導等安親工作，所以相關人力需求不只要有心理諮商的專長而已，所有大學生幾乎都可以有所貢獻。

其次，地震重災區是殘破不堪的，要到災區執行任務，就必須要自己在災區能夠自立，包括食、宿、交通，一切都得自理，不可仰賴災區指揮中心的任何協助，別讓自身變成多出來的災民，否則賑災不成，反成累贅，那就失去協助災區重建的意義了。

籌備會議決定了幾項原則，包括：依教育部的約定，於十月八日進駐災區，所有準備工作必須提前完成；每個梯隊必須有一位領隊老師，一位教官當副領隊，服務隊學生十至十二名，包括心輔組學生占一半名額，康輔專長學生二至三名，以及各系所學生若干名；每梯隊最少配置兩部汽車，帳篷、睡袋、礦泉水、泡麵、野炊鍋具與爐具、瓦斯罐、打火機等必須備足十日份；每日與學校至少通報兩次；秘書室隨時動員人力物力支援災區工作隊。

籌備會中校長公開徵求第一梯次的領隊，頓時會場一片寂靜，沉默多時，無人回應，因為沒人知道災區確實的狀況，也沒人知道協助災區學校心理重建究竟要做哪些工作，工作該從哪裡下手？種種的不確定讓大家猶豫不決，沉寂的時間越長，讓人的疑慮加深，校長臉上也出現了憂慮，擔心沒有人願意帶隊進入災區，無法向教育部的長官回覆。

眼看形成僵局，組隊進入災區協助心理重建的籌畫將全部落空，於是我自告奮勇，報告校長我願意擔任第一梯次的領隊，進入鹿谷鄉的災區，並推薦身旁的陳惠萍助理教授帶隊進入中寮鄉，因為她本身就是中寮鄉人，理應回去為家鄉盡一點力。這一提議立即獲得全體與會人員熱烈的掌聲，吳校長除了表示同意之外並一再表示感謝。

準備工作由隨隊的系教官林二郎教官負責，包括學生的招募、組訓、任務編組以及活動內容的規劃；至於所需物資的整備，包括帳篷、睡袋、礦泉水、泡麵、炊具、照明器材、電池等等，則在秘書室的指揮之下，由總務處的事務組與訓導處的課外活動組共同負責；我則蒐集鹿谷鄉各學校的相關資訊，包括學校位址、校長與主任的姓名、學校的聯絡電話、鄉教育會的連絡資訊等，並請地方教育輔導組的方海屏小姐積極聯絡，告知對方我們即將在十月八日進駐鹿谷鄉協助心理輔導的訊息，並請教學校急需我們協助的部分，以便預作準備。不過災區處於全面停課的狀態，直到進駐鹿谷鄉的前一天，方海屏小姐的聯絡毫無進展，也就是說災區的學校可能完全不知我們即將到來，而我們對於災區學校的需求也一無所知。

十月八日清晨八時，災區服務隊於誠正大樓前中庭廣場集合，吳校長慎重的授旗，一隊前進鹿谷鄉，由我擔任領隊，一隊前進中寮鄉，由陳惠萍老師擔任領隊。校長簡短訓勉之後，在眾多師生送行之下，兵分兩路，浩浩蕩蕩出發前往災區。前往鹿谷鄉的隊伍由吳校長親自率領，總務長和主任教官徐燕鈞陪同，另兩部學校公務車，一部運送各項物資，一部載著參與服務的學生，我和林教官各開一部自用車，也分別載著服務隊的學生。前往中寮鄉的隊伍由教務長率領，訓導長和總教官陪同，總共也是五部車一同前往，陣容堅強。

車隊來到竹山鎮，已出現災區不尋常的訊息，因為竹山鎮就有一棟大樓震垮倒塌，一個多月前我曾來住過的「小溪頭渡假村」，更是災情慘重，所有建築都滑落山坡，開車路過，只剩看到部分建築物的屋頂而已，我說給同車的學生聽，他們都頻呼：「太恐怖了！」過了小溪頭渡假村，逐漸離開竹山轉進鹿谷鄉，道路被震得柔腸寸斷，路面忽而隆起，忽而凹陷，泥濘不堪，車的底盤不斷撞擊地面，我的心緊緊的揪成一團，因為才剛買半年的新車，好生不捨。

一路顛簸，車行甚慢，到底鹿谷鄉的災情如何？雖有新聞報導略知概況，但就一路所看到的景觀，實在樂觀不起來。鹿谷鄉的救災指揮中心設在鹿谷國小的操場，車隊抵達鹿谷國小大門口停妥，人員下車之後到吳校長面前集合，校長請主任教官先到救災指揮中心報到，然後和我討論紮營的地點。

環顧鹿谷國小的環境，第一棟校舍震垮了，操場中央巨大的帳篷就是災區指揮中心，前面廣場作為臨時停車場，以利人員與各類物資進出，東側一棟未被震倒的教室作為儲存救災物資的倉庫，其餘空地密密麻麻地搭滿帳篷，應該都是災區民眾臨時的棲身之所，目睹如此慘狀，實在令人鼻酸。

二郎教官建議挨著災民的帳篷旁邊，找塊空地來紮營。我覺得不妥，理由之一是我們是要來幫助災區重建，不要被視同災民，混淆不清；理由之二是我們的作息可能與災區民眾不同，每天晚上都得召開工作會報，離他們的帳篷太近，恐怕會干擾到他們。所以我看中的營地就是大門旁倒塌的停車棚，稍事整理就足供我們紮營之用。校長同意我的建議，於是同學們立即動手清理現場，從車上搬下營帳，不到一小時的時間，在教官的指導之下，一切就緒。

就在營帳搭建完成之際，校長接到通知，教育部楊朝祥部長已經到達救災指揮中心，並且即將前來看我們，果然在主任教官的引導下，部長以及教育部的長官們很快就來到校門口。校長帶領服務隊成員趨前迎接，並聽取部長指示，隨後合影留念，吳校長即陪同部長等一行人前往救災指揮中心，我與教官以及所有同學則繼續布置營地。

正當我們忙得不可開交時，鹿谷鄉教育會的理事長——初鄉國小的劉文介校長來到營地，他帶來了讓服務隊成員十分振奮的好消息。他熱心的建議服務隊的營地搬到初鄉國小，因為初鄉國小是這次大地震中，鹿谷鄉唯二沒有建築物倒塌的學校之一，而現在災區學校全部停課，校舍空著，可以讓服務隊進駐，免去住帳篷的種種不便，讓大家有更多時間與精神來為災區服務。

因為服務隊的十四名學生中，只有一名男生，其餘十三名都是女生，若有學校教室可住，至少安全上比較沒有顧慮。我請劉校長確定服務隊借住學校不會造成任何不便，隨即請林教官去向校長報告這件事，同時我和同學們立即動手拆除營地，準備移師到初鄉國小。真所謂計畫趕不上變化，這一切來得出乎意料之外。

我們隨劉校長來到初鄉國小，看到校舍果然完好無缺，劉校長說這絕非偶然，也不是僥倖，而是用心使然。初鄉國小的學校建築，和其他學校一樣都是分期加蓋的，當初在加蓋二樓的時候，是在他手中完成的，他特別要求建築師在設計的時候，新舊樓層柱子的鋼筋銜接一定要處理好，舊樓層的柱頭一定要打掉水泥，讓鋼筋有較長的銜接處，不可只用鈎接的方式處理，所以能通過這次強震的考驗，而其他被震垮的學校，事後檢查發現，絕大多數都是從加蓋的銜接點斷裂而倒塌的。

劉校長安排二樓的圖書館當服務隊的辦公室，音樂教室權充女同學的臥室，而我和林教官與唯一的男同學，則在圖書館的另一個角落打地鋪。劉校長還將校長宿舍的浴室借給服務隊使用，讓全體隊員感動不已。趁服務隊在林教官指揮下布置辦公室的當下，劉校長邀我到校長室泡茶，討論未來這段時間服務隊如何協助災區學校心理重建，或提供各個學校哪些協助。

劉校長是鹿谷鄉教育會的理事長，震災發生後，除了關心他自己的初鄉國小之外，也充分掌握全鄉各個學校的災情，在他不厭其煩的說明下，我初步對於鹿谷鄉各學校的狀況有較明確的了解，也據此評估服務隊對於各學校可能提供的協助。劉校長慶幸初鄉國小的七十四名小朋友，在震災中全都安然無恙，而在地震之後，已有超過半數的孩子被送下山，安置在外頭自己或親友的家中，讓大人們可以全力為恢復家園而努力，免去後顧之憂。

讓人更感動的是，在災後這般艱困的環境中，劉校長還特地請學校的廚工，到學校張羅一頓豐盛的晚餐，說是代表鹿谷鄉所有學校感謝台南師院的師生，在他們遭遇困難的時候，排除萬難進入災區伸出援手。在患難中見真情，一方面是一群年輕的大學生願意暫時拋開學業，在老師與教官的帶領下，進入殘破的災區準備奉獻一己之力，提供一切可能的協助；另一方面則是面對艱難孤軍奮戰的災區學校校長，看到有人進入災區伸出援手，內心的感觸必然深刻。所以雙方一見如故，共同期盼此行會有好的結果。

第一次災區服務工作會報，是在晚飯後二十分鐘召開的，我請帶頭的同學「鵝媽媽」（教四丙的郭惠娥，同學暱稱鵝媽媽）先報告明天預定的工作，他把同學如何分組、各組的活動流程，都預先寫在壁報紙上，顯然是有備而來；我再請各組負責的同學作補充報告，同學們都說明了各流程大致的活動內容。

我先稱讚同學們的用心準備，然後問他們：「明天預定的時間一到，請問有誰會到場參加你們的活動？你們準備帶小朋友進行各項活動，這些小朋友怎麼知道你們要在這裡帶活動？明天會有人來嗎？」同學們被問得面面相覷，沒有人能回答我。

我告訴同學們，這些活動明天都派不上用場，明天必須先進行社區訪查，去把各校學區中的小學生找出來。明天早上從初鄉國小的學區開始，拿出地圖，按圖索驥，挨家挨戶拜訪，三個人一組，識別證要掛在胸前，告訴社區民眾，我們來自台南師院，希望在大人忙著重整家園之際，協助大家照顧孩子，讓孩子們回到學校，由我們帶孩子進行各項活動。由於大家對這裡相當陌生，山中人家又大多有養狗，所以一定要小心，找到一位小朋友，就要請他帶路去找另外的小朋友，以滾雪球的方式進行，才會事半功倍。

聽到我這樣說，同學們緊繃的表情才緩和下來。接著由二郎教官進行分組與工作分配，希望半天之內完成初鄉國小學區的訪查，下午留一組同學在初鄉國小帶活動，其餘同學就到鹿谷國小的學區進行訪查。因為鹿谷鄉總共有九所國小，所以工作會逐日加重，大家必須多多加油。山區地廣人稀，路途遙遠，我和二郎教官分途接送學生，恐怕一刻也不得閒。會後二郎教官把我們預定的做法，轉達給中寮鄉的服務隊參考。

我提示的方法很有效，不到十一點，初鄉國小的學區就訪查完畢，各組人馬先後回到辦公室，合計找到三十四位小朋友，另有三十七位小朋友已由家長送下山去，住在自己山下的家裡，或寄居在親友家裡，與劉校長給的資料完全符合，實在太厲害了！午餐時間，決定第一組留在初鄉國小帶活動，其餘各組將移師鹿谷國小學區進行訪查，雖然鹿谷國小的學生數較多，但是都在鹿谷中心區非常集中，所以不必像訪查初鄉國小學區這麼辛苦，預計也可以在半天內完成。

鹿谷鄉的無線通訊大致都已恢復，所以各項聯繫工作還算順利，讓我們預定的工作都能一一推動，部分學校為了減輕我們服務隊的工作負擔，把聯繫學童的工作承擔了下來，畢竟那些學童是他們的學生，由他們出面聯繫，學生家長更加放心。省下學區訪查的時間與精力，大夥兒可以把精神完全放在帶課輔以及康輔活動上。

服務隊的同學為災區孩子準備了許多勵志的故事，希望能藉此鼓舞災區學童的士氣，勇敢面對人生的苦難與磨練，逆風而行。這些事先規劃的活動課程是否能獲得災區孩子的喜愛，對服務隊員來說，在在都是考驗。我鼓勵大家放手去做，再根據學童的反應來調整修正，一切都從初鄉國小開始實施。

團康活動主要目的在放鬆災區學童的心情，在驚恐與哀傷之餘，能夠重拾歡樂。所以服務隊的同學無不使出渾身解數，以求帶動活動氣氛。許多家長希望也能讓年幼的孩子跟著哥哥姊姊一起參加遊戲，服務隊是來者不拒，讓團康活動充滿歡樂笑聲。

鹿谷國小是鹿谷鄉的中心學校，位在鹿谷鄉最熱鬧的商業區，學童人數較多，也不會怕生，玩起遊戲來十分投入，很容易融入服務隊所設計的活動中，參與度很高。

鳳凰國小在這次震災中，沒有校舍被震垮，劉木燕校長告訴我，學校所屬社區災損嚴重，學校能倖免於難，實在是不幸中的大幸。像鄰近學校著名的鳳凰谷鳥園，就損害非常嚴重。

鳳凰國小有一位一年級的小女生，在九二一當天因驚嚇過度，心理創傷十分嚴重，至今猶不敢進入任何室內，不敢進入

1. 服務隊設計的室內課程包括故事、生活美語、課業輔導等活動
2. 服務隊設計的團康活動包括許多團體遊戲，許多學前的孩子也跟哥哥姊姊一起來

1|2

家門，不敢進入學校教室，每天都要求睡在貨車上的帳棚裡，父母親都覺得十分困擾，不知該怎麼辦才好。服務隊兩位心理輔導組的同學，洪秋瑋和郭惠娥各實施了一次個別諮商，依然沒有任何改變的跡象，只好由我親自出馬了。

我請劉校長約學生家長將小朋友帶來和我見面，因為她不敢進入室內，所以校長決定約在社區廟宇前的涼亭，離小朋友家很近，廟宇前廣場搭滿帳篷，這樣的場景對小朋友來說較為熟悉，可以適度降低她的防衛心理，讓諮商活動比較容易進行。見面時劉校長向學生家長和小朋友介紹我是吳教授，我也主動打招呼向她們母女問好，並請校長和媽媽一起陪同與談，讓諮商會談的氣氛儘量保持輕鬆自然。

我試著打開話匣子和小朋友對話：「我昨天聽媽媽說，地震之前妳都是一個人自己睡一個房間？」她點點頭，我接著問：「地震那天晚上妳也是自己一個人在房間內？」她又點點頭，於是我直接輕聲的問：「妳害怕嗎？」她終於開口回答說：「都嚇死啦！」我答腔說：「這麼大的地震誰不害怕啊？我家住在台南，沒有像鹿谷這邊震得那麼厲害，我們全家人也都嚇得驚聲尖叫！」突然小女生指著我問：「你也害怕嗎？」我一本正經的回答她：「我嚇壞了！」運用同理心，順利突破她的防衛

1. 鹿谷國小學童數較多，團康活動的參與積極且熱絡
2. 鳳凰國小因校舍沒有倒塌，學童到校參與活動也十分踴躍

1|2

心理，和我聊了起來。

「你願意說一下地震那天晚上妳房間裡的情形嗎？」我見機會來了，試探著問得深入一些，她點點頭，整理了一下思緒，告訴我說：「我正在床上和我的洋娃娃玩，就搖得很厲害，我就摔到地上，我就哭，我就叫爸爸、媽媽，我的衣櫃就碰的倒下來，很大聲，嚇死了！」說到這裡，看了媽媽一眼，哀怨的說：「媽媽最壞，都不來救我！」

心疼的媽媽聽到這裡不禁淚崩，一把將女兒摟進懷裡，嘴裡不停說：「對不起！媽媽對不起！」這幅景象看了令人鼻酸！媽媽向我解釋當時的狀況：「地震來得突然，一下子就天崩地裂，電也沒了，店裡的貨物摔滿地，家裡的樓梯也垮了，突然想到樓上兩個女兒，於是大聲狂喊女兒的名字，卻都聽不到回應，心裡急到人都快瘋了。」媽媽繼續說：「還好老公比較鎮定，找到手電筒，衝出店外去搬來鋁梯，好不容易爬到樓上把兩個女兒都接下來，謝天謝地，女兒除了驚嚇，都沒有受傷。」

媽媽起身向我致謝，說：「感謝教授，之前問女兒當時的狀況，她就是什麼都不說，沒想到她今天通通對你說了，否則恐怕我們做父母的都不知當時女兒所遭遇的的狀況是怎樣？」

我問媽媽信不信民間的「收驚」，建議她帶這孩子去請人或請神明「收驚」，我看到這孩子猶驚魂未定，實在是驚嚇過度所致。媽媽表示她們的習俗裡是有收驚的，她也會帶女兒去收驚。在我們服務隊離開鹿谷返回學校之前，這個小女生已經克服了心理的障礙，可以到學校參加服務隊的團康與小團體輔導的活動了。

廣興國小校舍倒了一棟二樓建築，不過教學設備損失慘重，所有電腦幾乎全都摔爛，找不到一部可用的。學區也算是鹿谷鄉較繁榮的商業區之一，學生人數僅次於鹿谷國小。教導陳主任是南師校友，娘家在台南白河，經歷過民國五十三年的白河東山大地震，再遭遇這次九二一大地震，陳主任是有很

廣興國小學區也屬於鹿谷鄉較熱鬧的商業區，學童人數也是比較多的

明顯的「災後症候群」，她表示要不是為了接待我，到現在她都還不敢進入任何建築物內，即使她的家在地震中安然無恙，她還是天天睡在帳篷中。

儘管受到地震的極度驚嚇，陳主任卻是災後學校的支柱，因為他們校長家是這次地震的重災戶，所以與服務隊的聯繫與配合，全都由陳主任一肩承擔，包括連絡學生到校參與活動，以及安排社區內大型製茶廠作為課輔場地，讓服務隊的預定工作都可以順利推動，這位傑出的校友所展現的教育熱忱，令人感佩不已。

秀峰村是這次地震中鹿谷鄉的重災區，全村房屋倒塌超過百分之九十，秀峰國小的校舍幾乎全毀，進入社區所見猶如廢墟，真是令人怵目驚心。在秀峰村我們聽到不可思議的事件，九二一大地震在秀峰村造成地面一道巨大的裂縫，而九二六的餘震時這道裂縫又被擠壓閉合，不幸的一位村民在餘震發生時逃出屋外，卻跌倒在裂縫旁，有一條腿跌落裂縫裡，而裂縫閉合時她的腿就被夾在土地中，親友趕來救她時過於心急，合力把她的腿硬生生拔出，導致腿上的皮膚大部分被剝離，最後必須截肢才能保命，令人聞之鼻酸。

瑞田國小離九二一的震央集集很近，所以學校所屬社區災情也十分慘重，不過學校校舍損害情況並不是最嚴重的。林國雄校長告訴我，學校許多位老師在災後迅速返回學校，一同搶救教學設施，清理校園，即使政府決定現在就要復學，他們也可以放心讓學生回到學校上課，老師們的服務熱忱令人動容。服務隊員帶活動已經得心應手，不但可以獨當一面，而且因應社區民眾的實際需要，不斷增加服務項目，諸如照顧幼兒的安親服務，以及整理帳篷區的環境清潔等，都讓社區民眾稱讚不已。

另一個讓隊員們束手無策的個案，是位在竹林村文昌國小的一位四年級男學生，因目睹就讀六年級的哥哥在九二五餘震時罹難，從此每日以淚洗面，呆坐家門口，不說話也不吃飯，林文筆校長求助於我，我義不容辭接手了這個個案輔導的工作。

我席地坐在他身旁，輕聲對他說：「我聽林校長告訴我你哥哥不幸的事情，又看到你到現在還這麼傷心，我想你和你哥哥的感情一定很要好，是不是？」聽我這一問，他激動的啜泣，又讓他哭一陣子，我才輕輕地拍拍他的肩膀，接著說：「最親愛的家人走了，誰不會傷心呢？不知道你哥哥現在在天上怎麼了？」聽到我這樣問，他淚眼望著我，好像在問我知不知道哥哥在天上的情況如何？沉思了一陣子，我說：「聽說天堂是極樂世界，到了那裡人都會無憂無慮，幸福無比，我希望你哥哥現在已經上了天堂，你呢？」他還是沒開口，只是對著我點點頭，於是我繼續說：「如果你哥哥現在正在天上看著我們，你想對他說什麼？你可以默默在心裡頭跟他說，譬如說希望哥哥保佑爸爸、媽媽平安健康，保佑你身體健康，學業進步。」

我不知道他有沒有對他哥哥說什麼，不過看到他好像陷入沉思之中，於是等待一陣子，我再問他：「如果你哥哥現在正在天上看著我們，你想他會對你說什麼？」看到他默默不語，我說：「如果我是你哥哥，我一定最想對你說：弟弟，我已經沒有辦法孝順爸爸媽媽了，現在只有靠你了，希望你好好的活下去，健健康康的活下去，用功讀書，長大之後幫我好好孝順爸爸媽媽！拜託你啦。」

說完，我看著他，他還是低著頭沉默不語，於是我起身告辭，離開前，我彎著身子，拍拍小男生的肩膀，並靠近他耳邊輕聲對他說：「試試看和天上的哥哥對話，說出你最想對他說的話，也想一想他可能對你說什麼？不過最重要的你要照顧好自己的身體，一定要吃飯喔！不要讓哥哥為你擔心啊！我會再來看你，再見！」

我交代服務隊的同學，將這位小朋友列為個別輔導的個案，每天去訪視。我則利用轉贈圖書禮券的時候，前去文昌國小，順便邀林文筆校長一起去看望這個孩子。小朋友還是靦腆的低頭不語，不過他的父親告訴我，我跟他談過之後，他已經開始吃東西了，也會和他們說話了。這個小小的改變，卻已經成為傳遍竹林社區的佳話了。

在第一梯次服務隊服務工作近尾聲之際，學校同仁送來復文圖書公司要捐贈給災區所有學校的圖書禮券，我也藉轉贈禮券之便，再一一走訪鹿谷鄉的九所學校，並向他們辭行，同時也預告台南師院的災區服務工作會持續進行，學校不論在復課之前或之後，只要能力所及，我們都願意略盡棉薄之力，儘量予以協助，希望學校的各項工作，都能夠迅速回到軌道上。

在內湖國小轉贈圖書禮券的時候，方錫清校長引見正在學校蒐集災害鑑定資料的建築技術公會的三位建築師，他們分享了到各個災害現場鑑定受損建築物時的所見所聞，他們認為這次的災難顛覆了舊有的建築技術規範，產生了很多新的知識，過去認為安全無虞的建築規範，在這次地震後徹底被推翻，連過去認為地震時如何逃生避難的準則，也有許多是錯誤的必須被修正。

他們以內湖國小鄰近的米堤大飯店為例，就告訴我們土地的開發利用，必須注意哪些問題才是正確與安全的。他們感慨人類太自大，以為人定勝天，肆意而為，毫無忌憚的掠奪自然資源。殊不知在天地之間，人類又何其渺小，所以總結這次災害的勘驗鑑定結果，人類要想安身立命，就必須以大自然為師，向大自然學習。大哉斯言也！

這次的鹿谷出任務，還有一件事情必須一提，就是初鄉國小的學生家長，家住初鄉國小附近的陳太太，每天為服務隊準備熱騰騰的晚餐，盛情美意，令人感動不已。陳先生是南投縣的緊急救難隊員，正全心投入地震災害的救難任務，陳太太也不遑多讓，積極加入鹿谷災區的服務義工隊，為家毀人亡的鄉親提供三餐熱食。當她知道服務隊進駐初鄉國小的時候，就到學校找我，表示願意為服務隊成員提供晚餐，免得我們一天三餐都吃災區指揮中心提供的便當。

對於陳太太好意的堅持，我只有感謝與接受了！從到達鹿谷的二天開始，每天晚上六點左右，熱騰騰的飯、菜和湯，就送進學校來，讓大家或在走廊，或在涼亭，享用美味可口的晚餐。所以在完成階段性的任務，準備返回學校之前，特地率領全體隊員到陳家辭行，並致贈由隊員手繪的感謝狀。

第二梯次到鹿谷鄉的服務隊，由特教系的楊明憲老師帶隊，於十月十六日上午十點左右來到初鄉國小準備交接任務。過程中我先為服務隊介紹初鄉國小的劉文介校長，再介紹楊明憲教授等讓劉校長認識，然後向即將接手的服務隊成員概略敘述我們在鹿谷鄉服務的概況，然後請劉校長致詞。

任務交接是一對一進行，教授對教授、教官對教官、學生對學生。我把最後蒐集來的九所國小的服務需求列表給楊老師，並提醒他隨時要跟劉校長保持密切聯繫，注意政府宣布災區學校復學的訊息，因為學校一旦復學，服務隊就不便再住在校園中，而必須另覓適當的地點紮營。我建議未來紮營的地點可以考慮在災區救難指揮中心旁，因為一方面方便與指揮中心聯繫，方便取得相關資源，同時地點較為適中，來往於各學校間可省下不少時間。階段性的鹿谷九日任務終於完成，最想回家睡上三天三夜。

五

教育的理想與實踐——附小一四六一

職場生涯大轉彎——參與附小校長遴選

民國八十九年底的校務會議結束前，附小校長甘夢龍教授要求發言，認為附小為台南師院重要的附屬部門，因其任期只剩半年，故依法要辦理新任校長的遴選，但是公告期限即將屆滿，至今沒有任何人登記參與遴選，過去附小校長均由師院校長指派，如今改為遴選制度，他呼籲具有國小校長任用資格的師院教授，應該挺身而出參與遴選，莫讓附小在他卸任之後沒有校長。

事實上甘教授在教育部舉辦的新課程研究成果發表會後，詢問我參與附小校長遴選的意願，我告之以剛接總務長職務，工作千頭萬緒，既無時間考慮此事，也沒有任何意願參與遴選。卻沒想到他在校務會議上的一番慷慨陳詞，還真感動了與會的許多教授，由訓導長劉信雄教授帶頭，在校務會議散會之後，一群人湧進總務長辦公室，將我團團圍住，熱情舉薦我要參選附小校長。人事室詹復到主任把連署書拿到總務長室，當場請大家連署推薦，一下子就超越了法定的連署人數，完成了連署的動作。

我堅持不肯簽字接受推薦，因為事情太過突然，我根本沒想過如何去經營附小，如何在未來四年帶領這所學校走向何方，我不喜歡未經深思熟慮就貿然做決定，更何況這麼重大的決定，我也必須事先徵求內人的意見，因為事情一旦成真，對家庭生活必然造成甚大的影響，包括經濟收入，以及與家人相處的時間等方面。

場面僵住了，我實在不想簽字，勸進的人卻越聚越多，總務長室擠不下，門口走廊上也聚集許多同事，連署書一張接著一張簽，擺滿了我的辦公桌面，可真教我騎虎難下了。為了打開僵局，我只好讓步，我聲明自己沒想過這件事，所以也沒有意願，因此，即使我簽字同意接受推薦，我也不會去運作或拉票，只是消極的參與遴選而已。人事室長主任表示，只要我同意接受推薦，其餘相關事務全由人事室同仁張羅，包括請附小的教職員連署，他們全包。

同事們的盛情難卻，我只好在連署書上簽名，同意接受推薦參與附小校長的遴選。回到家裡，我向家人說明同意接受推薦參與附小校長遴選一事，未來四年可能擔任附小校長。家人都相當興奮，表示支持我的決定。不過當我告訴他們如果真的選上附小校長，我的職務加給將會減少很多，一個月會少領兩萬多，四年會少領一百多萬，大家可以接受嗎？大家一聽，面面相覷，疑惑的問：為什麼會這樣？校長職位不是比較高嗎？怎麼反而領得比較少呢？

我告訴他們，附小校長與所有小學校長一樣，是職等最低的單位首長，職務加給一個月只有八千一，我現在擔任總務長，是大學的一級主管，職等很高，一個月的職務加給將近三萬，差額高達兩萬多。「明知差那麼多，你為什麼要答應呢？」孩子們的疑惑，我想幼治也會想要知道答案，所以，我告訴他們我的理由是：我一輩子學教育、從事教育，甚至於接受教育廳、教育部的延聘，擔任各級學校校長的遴選、甄試以及評鑑等工作，都在告訴別人怎麼當校長，我自己卻未曾當過校長。如今有機會可能當上校長，我要將自己的教育理想付諸實踐，看看自己理論與實際之間會有多少落差。

附小的教職員工幫我連署也很踴躍，不到半天已遠遠超越遴選辦法所規定的人數，人事室詹主任很快的為我完成登記手續，換句話說，我已經成為附小校長遴選正式的候選人，只差還沒有公告而已。既然木已成舟，我就必須認真思考我的治校理念，我未來要如何引導這所學校發展？我可以為這所學校做什麼？我可以帶給這所學校什麼？附小的學校文化是什麼？有哪一部分是需要調整或修正的嗎？我要和附小的部分老師見面嗎？或是等到正式的治校理念說明會時再和他們談？短時間內這些問題盤據了我的腦海。

附小校長遴選還在登記階段，相關的準備工作都在下班之後在家中來做，總務處的工作還是必須按照既定的計畫推動。民國九十年年假過後，我就展開人事調整的徵詢工作，因為庶務組長馬琳的任期已屆滿兩任，依相關規定必須調整職務，所以我先徵詢他的意願，他表示他希望接出納組的工作；我再徵詢出納組長陳冠志的意願，是否願意接庶務組長？冠志表示希望接其他組，庶務組是否可以考慮請別人來接？本來希望庶務與出納兩人對調，異動幅度最小，如今必須擴及別組，於是先找文書組長張森景來徵詢，希望他來接庶務組，他本來也有所猶豫，我告訴他我希望這波的人事調整，可以在總務處內部進行，而不要擴大到處室間的調整，他答應了，於是確定庶務、出納和文書三組組長輪調，我將名單提報給代理校長，他立即批准了人事調整案。

總務處的各項業務出乎意料的順利，沒想到附小校長的遴選卻出現了波折，因為登記截止時有兩人登記，除了我之外，另一人是語教系的汪中文教授。不意教育部駁回，以資格不符取消汪教授的登記。於是附小甘夢龍校長去函教育部申覆，希望保留汪教授的登記，不要讓附小校長的遴選變成「同額競選」，不過教育部以於法不合，又再次駁回，並要求學校遴選委員會直接公告，我遂成為附小校長唯一的候選人。

我原本就沒有意願，加上甘夢龍校長動作連連，聽說除了以公文申覆之外，還親自跑到教育部說明，甚至於聯合附小家長會，運作要廢掉第一次登記結果，讓校長遴選一切歸零，重新登記。儘管最後結果還是依第一次登記為準，不過甘校長的這些動作，傳到我耳裡實在讓人不悅，因此我告訴負責籌備遴選工作的詹主任，我要撤銷登記，並且不會出席遴選委員會主辦的治校理念說明會。

遴選委員會主任委員代理校長陳震東教授，發現事態嚴重，直接跑到總務長室找我，希望我不要撤銷登記，我以附小學校行政人員和家長會，所表現出來的不友善行為，令人厭惡，我不屑再參與遴選，免得自討沒趣，自取其辱。所以不論代理校長怎麼說，我不為所動。

陳代理校長並未放棄勸進，他去動員了附小的許多教師和家長，來到總務長室找我懇談，表示附小所推派的遴選委員，他們在遴選委員會所提出的意見，只是他們個人的見解，並非附小所有教職員工與所有家長的心聲，有許多附小的教師與家長連署推薦我，他們希望我一本初衷，不要放棄參與遴選。尤其附小多位老師是我教過的學生，他們特別盼望我去接掌附小校務。我答應走完校長遴選的程序，不過我告訴他們，在被潑了冷水之後，我已沒有剩下太多的熱情。

治校理念說明會由陳代理校長主持，他簡短致詞之後，即邀請我發表治校理念，並告訴我治校理念說明完之後，接著有二十分鐘的時間，給現場參與說明會的教師與學生家長進行詢答。附小視聽教室擠滿一百多位與會者，我面無表情的唸完投影片上的資料，然後嚴肅表示：

「參與附小校長遴選，從來不是我生涯規畫中的一部分。選舉制度並非良善的社會制度，卻又是民主制度下的必要之惡。吳鐵雄校長是南師院第一位經由遴選而來的校長，當時我是遴選委員之一，整個遴選過程鬧得滿城風雨，攻訐、抹黑不斷，謠言四起。如今我自己置身校長遴選風暴之中，過程雖沒有腥風血雨，卻有令人寒澈心扉的冬雨，教人直打哆嗦。各位遴選委員可以投票拒絕我，請不要讓我覺得參與附小校長遴選是一件不堪的事情。」

我講完之後，會場氣氛降到冰點，我看到陳震東代理校長制止想要發言的甘校長，然後一再徵求其他與會者提出詢問。最後勉強由吳沂木老師提出一個問題來，我也勉強擠出一些話回應他，都說了些什麼，現在就是搜盡枯腸也想不起來了。一個治校理念說明會就這樣草草結束，我也懶得再去關注附小校長遴選的事情，將注意力轉移到台南師院校長遴選這件事情上。

附小校長遴選委員會投票當天，人事室詹主任就告訴我已經順利當選，在將遴選結果報部核備後，代理校長就會發附小校長聘書給我，並且請我可就附小人事安排開始布局。我打電話請附小總務主任陳茂松到總務長室來，他是我南師高我一屆的學長，是附小資深的老師，所以有關人事安排，我找他商量。

學長來到總務長室，客氣的詢問我何事召見。我開口請他務必幫忙續接附小的總務主任，接著請他就現在附小教師中，適合接各處室主任的人選，提一份建議名單給我，我再一一徵詢他們的意願。很感謝他的協助，第二天他就提出一份名單給我，於是我開始密集地展開人事徵詢的工作。

我請吳沂木接教務主任的工作，他略為謙辭。不過我告訴他，九十學年度新課程即將開始實施，未來教務處的工作將十分吃重，我希望他和我一起來面對艱辛的挑戰。經我這一激，他慨然答應出任艱鉅。研究處主任劉世雄婉拒主任職，他說他剛考上屏師院課程所博士班，在帶職進修的情況下，實在不宜再兼主任的職務。言之成理，不過既是念課程所，那就到教務處幫忙，協助新課程研究與實施的相關業務，他欣然接受這樣的安排。

研究處在附小是一個特別的行政單位，一般國小沒有這個單位，在我的構思中，未來九年一貫課程的實施，我計劃讓研究處擔負一半的責任，專責新課程的研究業務，以減輕教務處的工作負擔。我找來王世杰老師，請他負責研究處的工作，我知道他在甘校長任內遭遇極大的挫折，對行政工作心灰意冷。禁不起我這個老師一再敦促，他終於答應接研究處主任的工作。

徵詢過程當中，訓導主任一職是波折最多的，我原本屬意王雪齊老師，我希望女性教師接掌這個職務，可以減少一些陽剛之氣，讓學生不再對訓導主任感到害怕，甚至於避之唯恐不及。不過王老師原本擔任教務主任，請她改接訓導主任是比較委屈吧，她一再拒絕，甚至於我到她家中拜訪，依然被拒絕。只好請陳茂松另提人選，最後徵詢王黛黛老師，得到她的首肯，終於底定訓導主任的人選。

至於輔導室主任以及幼稚園主任的人選，在徵詢之後，獲得原任的同意，輔導室主任由梁仲容老師續任，幼稚園主任由黃麗雲老師續任，加上陳茂松老師續任總務主任，六位一級主管人選確定之後，我立即召集包括人事室主任、會計室主任等開會，授權請他們自己找組長人選，然後根據我的治校理念，訂定各處室的年度工作計畫，提交未來的擴大行政會報討論，制定成年度行事曆，作為推展校務的依據。未來我會充分授權，各處室的業務將由主任全權決定，我不會過問處室內部的事務，我將只做各處室之間的協調，以確保各項校務計畫能確實落實執行。其次，請總務、會計、人事等單位準備好校長交接的工作。

時序接近學期末，我再接獲教育部准我接任附小校長的核備函之後，向代理校長提出辭兼總務長的辭呈，陳代理校長希望我兼總務長一職，直到新任校長到任之後，再由新任校長做決定。既然如此，我只得勉為其難兼任總務長的工作了，預期未來將會非常辛苦，工作時間不知要如何分配了。

接掌附小全新歷練

八月一日是附小校長交接的日子，我原本以為自己一個人過去就是了，哪裡知道陳代理校長安排了大陣仗，有數十位師院的同仁陪同，跟著我和代理校長一起走到附小，交接會場在拂曉樓三樓的會議室，走廊上與會場內擺滿了鮮花，甘校長從會議室隔壁的校長室走出來，一起進入會議室內，交接典禮隨即開始。陳代理校長主持監交儀式，他致詞時極力肯定甘校長治理學校的卓越政績，附小創校百多年來校譽崇隆，也美言稱許我對教育的素養與懷有崇高的理想，認為由我來帶領附小最適當不過，他為附小高興深慶得人。

甘校長致詞時，細數他前後兩度接掌附小所留下的點點滴滴，他提到在台南師院服務近四十年，附小校長是他唯二的行政工作，他第一次接附小校長，是從任期長達二十六年的孫漢宗校長手中接下的，附小的校風由孫校長定了調。甘校長自認延續了附小優良的校風，首次任期長達九年半。八年前再次由吳鐵雄校長任命為附小校長，合計擔任附小校長十七年半，這次因《國民教育法》修法訂定了校長的任期，一任四年且只得連任一次，所以這次卸任之後就專任教授一職，不可能再接其他行政工作了。

我致詞時，告訴附小的老師，這一次參與附小校長的遴選，並非個人生涯規劃的一部分，純粹是一種偶然。不過從事教育工作則是個人終身的職志，是個人一輩子的堅持，不論中間遭遇什麼波折，從未動搖過。我雖第一次成為附小的一份子，但對附小並不陌生，我的三個孩子都是附小的畢業生，我兩度擔任台南師院實習輔導處長，在業務上與附小過從甚密，只是未曾想過有這麼一天會來接附小的校長。這次被遴選來接附小，我給自己兩項任務：一是為附小的學生營造優質的學習環境，讓他們在這裡可以快樂的學習；二是為附小的老師提供良好的工作環境，讓大家可以愉快的作育英才。我知道要做到並不簡單，但這不就是校長的使命嗎？

印信交接之後，大家就轉移陣地來到校長室，所謂賀客盈門差堪可以形容。接受大家的祝賀之後，我和代理校長就送甘校長到校門口，再回校長室接待前來道賀的貴賓。送走賓客之後，我請陳茂松主任留下，討論校長室的布置方式。他立即找來六位工友幫忙。工友在搬動椅子的時候，發現辦公椅的皮質椅背上長滿灰白色的黴菌，大家看了都嚇一跳，隔壁間休息室的鐵床上也滿布灰塵，陳主任指示立即更換；六座雙層的鐵櫃我只留兩座，以擋住廁所和調理室的出入口，其餘的全部請工友搬走。校長室頓時顯得寬敞而明朗，最後我請陳主任拆除監視器，並找來一幅畫掛在牆上，再把斜放的辦公桌擺正，這就是我的校長室了。

攝於附小服務期間

治校理念與實踐計畫

我知道附小在教育界的口碑甚佳，有悠久的歷史，有優質的師資團隊，在歷任校長擘劃經營下，校譽日隆，那麼我到附小之後，又能為附小帶來什麼或增加什麼呢？

在八十九學年度之前，機緣巧合，我應聘參與台南市與高雄市的校務評鑑工作，讓我有機會深入了解一百多所學校的運作狀況，看到有的學校在這一波的教育改革浪潮中崛起，這些學校對外在環境改變的脈動深刻洞察，對於教育專業的挑戰做出積極的回應，於是學校競爭力不斷提升，成就為社會大眾心目中的璀璨明星；同時也看到有些昔日聲譽崇隆的明星學校，因滿足於過去的歲月而安於現狀，無視於外在環境的急遽改變，甚至於對種種改革呼聲嗤之以鼻，不屑回應。而當眾多的家長棄學校於不顧，紛紛將孩子轉學至其他學校之時，學校於一瞬之間隨即崩落，這才猛然醒悟，通常已經無力可回天。基於上述的認知，我提出六項綱領，作為校務經營的重要方針：

一、掌握教育發展趨勢，引領附小同步提升

一九八〇年代末期，英美率先展開教育改革工程，引發世界教育改革的浪潮；而民國八〇年代以來，台灣的教育改革也波瀾壯闊，各項教育改造工程不斷推出，從法令規章翻修與新法的制定、學校制度的裁汰與調整、到課程與教學改革，令人應接不暇，更令教育現場中的教師喘不過氣來。如何洞察教育改革的脈動，釐清學校教育的方向，是校長無可旁貸的職責。

綜觀世界教育改革，都是以課程改革為主體，以教學改革為手段，藉以達成教育改革的目的。一九八八年英國的教育改革如此，民國八〇年代的台灣教育改革亦復如是。不同的課程發展模式，有

不同的理論依據，當然就必須採取不同的教學模式來相符應。

世界教育發展的趨勢，除了對來自內部的課程與教學變革做出調適，還須因應來自教育體制外科技發展的衝擊所造成的改變，這一切都嚴厲的挑戰第一線的教育工作者。準此，如何不斷的提升教師教育專業知能，以及促進教師不斷學習新的教學科技，就成為有效回應外在挑戰，提升學校競爭力的重要課題。

具體的實施策略，九〇學年度具體策略有二：其一是配合政府課程改革，發展學校課程；其二是掌握世界教育趨勢，訂定e化方針。

九一學年度具體策略有三：其一是進行三年級課程實驗，以解決課程銜接問題；其二是進行e化教室行動研究；其三是申請初級資訊種子學校培訓。

九二學年度具體策略有三：其一是發展學校本位課程架構；其二是推動學校教師研發教材計畫；其三是擴大e化教室行動研究規模，建構學校成為e化校園。

九三學年度具體策略有三：其一是繼續發展學校本位課程；其二是繼續推動各學習領域教師研發教材；其三是建立e化虛擬校園。

二、營造優質組織氣氛，建構學習型學校文化

進入二十一世紀，人類知識的累積與更新的速度驚人，所以人必須不斷的學習，學生需要學習，教師與家長同樣需要終身學習。為此，學校必須成為優質的學習情境，讓每個生活在這裡、工作在這裡的人，都被激發出高昂的學習動機，自主的、積極的進行學習活動。唯有如此，才能使師生立足於競爭激烈的二十一世紀人類社會，學校也才能永續發展。

欲達此目的，除提供充足且良好的學習設備與資源之外，學校組織氣氛與學校文化型態，更是關鍵的影響因素。準此，促進校內人際關係的和諧，建立專業的對話管道，提供專業成長的研習進修機會，組成專業合作的研究團隊，建構促進追求專業成長的機制，就成為校務發展的重要課題。具體的實施策略，九〇學年度的具體策略有三：其一是申請教育部「學習加油站」研究計畫，培訓教師研究種子團隊，並研發一至三年級綜合活動學習領域教材；其二是訂定鼓勵教師參與研究、進修辦法；其三是鼓勵教師發揮創意，提供兒童多元學習機會（譬如魔法運動會、科學園遊會）。

九一學年度具體策略有五項：其一是利用學校網站，建構教師知識管理平台；其二是繼續申請「學習加油站」研究計畫，研發四至六年級綜合活動領域教材；其三是申請教育部「創造力教育」行動研究計畫，擴大培訓教育研究種子教師；其四是申請教育部「課程與教學深耕計畫」研究計畫，以備發展學校本位課程；其五是推動教師創意教學設計（譬如童話王國校慶園遊會、新青蛙王子音樂會、新青蛙王子童話故事創作、領域園遊會等）。

九二學年度具體策略有四：其一是提供教師專業對話空間，建立教師研究與專業合作團隊；其二是繼續申請與執行各項專案研究計畫，提升教師專業能力；其三是推動教師專業分享，建立向同儕學習的教師文化；其四是推動教師創意教學設計（譬如兒童博覽會、兒童生活美語對話區）。

九三學年度的具體策略有四：其一是成立專家教師俱樂部；其二是繼續申請各項研究專案；其三是繼續執行各項研究專案；其四是繼續舉辦兒童博覽會。

三、**建立專業發展機制，全面提升教學品質**

當全校教師間普遍的進行專業夥伴的深度對話，以及深刻的自我省思，則教師的專業知能便能不斷提升，已臻於專家教師的境界，於焉全校教師的教學品質必將隨之不斷的提升，造福所有學童。

為此，鼓勵教師專業自主，發揮個人創意，並且以同儕為師，樂於與同儕分享經驗與研究成果，使個人張力得到最大的擴展。欲求達到這一目的，就必須建立教師知識管理系統。拜今日資訊科技發達之賜，利用學校網路系統建立知識管理平台，作為教師課程設計、教學設計、研究報告、教學素材等知識儲存與流通之管道，這也是校務發展不可忽視的重點。

具體的實施策略，九〇學年度有五項：其一是規劃建立教師資訊能力基本素養分級指標；其二是辦理教師資訊能力基本素養初級能力檢測；其三是規劃建立教師專業評鑑指標；其四是辦理教師教育專業自評；其五是推動校際教師專業對話。

九一學年度的具體策略有四項：其一是接受教育部資訊小組教師資訊能力基本素養抽測；其二是鼓勵教師挑戰資訊能力基本素養升級檢測；其三是規劃建立教師專業評鑑同儕互評模式；其四是推動校內、校際，以及與專家學者的教育專業對話。

九二學年度的具體策略有六項：其一是建立同儕專業分享模式；其二是強化校園網路知識管理平台功能；其三是建立教師專業團隊合作模式；其四是進行教師專業評鑑同儕互評；其五是推動校際間專業合作；其六是鼓勵教師發展個人專業成長歷程檔案。

九三學年度的具體策略有四項：其一是進行校務評鑑；其二是進行教師專業評鑑外評；其三是辦理教師專業成長歷程檔案觀摩展；其四是推動成立校際專業合作策略聯盟。

四、充實軟硬體設施，豐富學習情境內涵

為使兒童的探索學習活動更形多元，需在既有的基礎之上，進一步充實軟硬體設施，以豐富兒童

學習活動之內涵，實現適性發展之理想。

硬體設施部分，教育部補助計畫興建一棟教學實習大樓，一方面可以適度降低頻繁的教學參訪對教學的干擾，一方面又可將老舊建築做一次清理，減少校園安全上的死角，對於教學環境的改善將帶來很大的效益。

其次在軟體設施方面，包括圖書與非書資料部分，也是關係著教學品質的重要因素，必須有系統的規劃，籌措財源以資挹注，乃是校務發展的重要工作。

具體的實施策略，九〇學年度有三項：其一是執行教學實習大樓新建工程；其二是充分運用社會資源，充實圖書設備；其三是利用現有空間規劃設計各領域學習步道。

九一學年度的具體策略有七：其一是繼續執行教學實習大樓新建工程；其二是擴大教師研究參考圖書、兒童閱讀之圖書與非書資料、兒童英語圖書等之採購；其三是擴充學校網路系統；其四是改善三、四年級教學空間；其五是改善行政單位辦公空間；其六是設置生態池，並規劃設計相關教學模組；其七是建置樹屋，並規劃設計相關教學模組。

九二學年度的具體策略有七：其一是規劃永續校園相關工程實施計畫；其二是規劃永續校園中水回收利用教學步道；其三是規劃活化利用閒置空間，設置美勞教學成果展出空間；其四是規劃活化利用閒置空間，設置兒童生活美語會話學習情境；其五是設計與更新各領域學習步道；其六是執行校園整修及美化工程；其七是幼稚園環境改善工程。

九三學年度的具體策略有三：其一是爭取春暉樓與迎曦樓改建工程補助；其二是執行迎曦樓防漏工程；其三是設置校園公共藝術設施。

五、採行民主領導方式，凝聚教育團隊共識

學校行政主要為服務全校師生，支援教師教學與滿足學生學習需求。學校領導者唯有暢通溝通管道，擴大決策參與層面，才足以凝聚共識，發揮團隊力量。

學校行政欲求提高效率與效能，合理的分工與有效的整合是重要的條件。有鑑於行之多年的學校行政體系，分工不夠明確，又欠缺整合的機制，導致行政效能難以提振。是故，積極凝聚共識，描繪學校行政組織新藍圖，據以進行組織再造，是讓學校再次邁向高峰的艱鉅工程。

激發教師創意，擴展教師專業張力，提升教師工作成就，是凝聚教育團隊共識的不二法門。提供適當舞台空間，讓教師盡情表現創意，是校務發展的重要工作。

具體的實施策略，九〇學年度有三項：其一是授權各處室主任遴聘組長，組成處室工作團隊；其二是各項行政措施，均經會議充分討論後做成決定；其三是向全校師生徵求票選重要活動的主題（譬如校慶運動會主題）。

九一學年度具體策略有三項：其一是提出組織再造構想，經由正式與非正式溝通管道，讓全體教師參與充分討論溝通，由下而上形成具體改造方案；其二是經由領域會議等正式管道，討論決定教師專業評鑑指標；其三是向全校師生徵求並票選校慶運動會主題。

九二學年度具體策略有五項：其一是鼓勵教師自我挑戰，主動申請接受資訊能力基本素養升級檢測；其二是鼓勵教師登記接受第一階段教師專業同儕互評；其三是向全校師生公開徵求票選兒童博覽會主題；其四是鼓勵教師自主籌組專業研究團隊；其五是經由全體教師會議決議，訂定建構學校本位課程主軸。

九三學年度具體策略有四項：其一是鼓勵教師自主籌組專家教師俱樂部；其二是經由全校教師會議決議，完成學校組織再造工程；其三是鼓勵全體教師參與學校本位課程教材研發；其四是向全體師生徵求票選兒童博覽會主題。

六、結合師院人力資源，培育優秀教育新血

附小最大的優勢，就是與台南師院的密切關係，讓附小擁有豐沛的人力資源，不論是在課程的發展、教學的研究、教育問題（難題）的解決上，都可以獲得及時的奧援，正所謂近水樓台先得月。邀請台南師院教授提供附小各項專業諮詢服務，或是協同進行教育專題研究，或是優先聘請附小教師擔任研究助理，或是指導附小教師進行各領域課程發展研究，或是協同指導實習教師，都可以有效增進附小教師專業能力。同時附小可以提供師院學生見習、教學觀摩、集中教育實習，以及畢業後一年的實習教師的實習，對於培育優質的教育新血作出貢獻。

具體的實施策略，九〇學年度有四項：其一是配合師院實際需求，提供師院學生見習、觀摩、實習機會；其二是邀請師院教授提供附小各項專業諮詢與指導；其三是安排師院學生協助附小畢業大露營、科學園遊會等活動；其四是提供師院實習教師有關教師甄試的協助。

九一學年度具體策略有五項：其一是邀請師院教授與附小教師進行專業對話；其二是邀請師院教授指導附小課程實驗；其三是配合師院學生實際需求，提供見習、觀摩及實習機會；其四是安排師院學生協助附小畢業大露營、領域園遊會等活動；其五是為師院實習教師辦理教師甄試研習。

九二學年度具體策略有五項：其一是邀請台南師院教授指導附小教師協同進行專題研究；其二是邀請師院教授提供附小各項專業諮詢服務與指導；其三是敦請師院教授遴聘附小教師擔任其研究助

理；其四是推薦具有碩士學位以上之附小教師到師院擔任兼任教師；其五是為師院實習教師辦理教師甄試研習。

九三學年度具體策略有四項：其一是邀請師院教授與附小教師合作協同進行專案研究；其二是邀請師院教授指導由附小專家教師為核心的研究團隊，向教育部申請專案研究經費，進行各項專案研究；其三是由附小教師指導師院實習教師進行教學行動研究；其四是為師院實習教師辦理教師甄試研習。

用行動研究落實課程經營

民國九〇年八月一日，我正式接任附小校長，這天也是國民中小學九年一貫課程正式實施的起始日。這對新手校長來說，是雙重的嚴格的挑戰。在此之前，對於如何帶領一所學校，以及如何發展學校課程，我是只動口而不動手的，對一位師範學院教育系的教授而言，這是很正常的事。如今接掌校務，角色不同，就必須荷槍實彈上陣，既要動口，也要動手。要經營一所學校的課程，除了把握課程發展的方向之外，還得設法充實課程發展的必要條件，選擇適切的課程發展模式，提供適當的誘因與推力等，千頭萬緒，錯綜複雜，不是三言兩語可以道盡。除了根據我的治校理念擬定策略之外，我還必須對附小發展課程的背景加以分析，才能據以修正或調整策略，在課程發展過程中做有效的因應。

教師們對於教育改革的知覺和態度，尤其是對於課程與教學的改革的知覺與態度，是一所學校課程發展的先決條件，再加上教師的專業素養與課程設計能力這兩項因素，就幾乎決定了學校課程發展的一切。那麼，附小的教師們對於教育改革的知覺程度如何？其所抱持的態度又如何呢？對於九年一貫課程改革的知覺程度如何？對此又抱持何種態度呢？對於符應九年一貫課程適切教學方法，認知的程度如何？教師們課程設計的能力如何？他們會願意因課程性質的改變，而調整過去慣用的教學模式嗎？這些問題都是我急於釐清的。

一、對於教育改革的覺察

在大家的印象中，師資培育機構的附屬實驗小學，一向都肩負起歷次政府課程改革時課程實驗的重任，而這次九年一貫課程實施前的實驗試辦工作，台南師院附小也不落人後，從八十八學年度開始，率先進行兩年的新課程實驗研究，符合社會對附小的期待，表示這所學校不是「坐等課程（教材）送上門」，而是願意主動回應改革的學校。

但是，從附小所提出的「九年一貫課程試辦計畫」（民八八）、「九年一貫在附小」（民八九）、「統整課程」（民九〇）等文件加以分析，卻可發現仍然存在著若干問題：

（一）對於課程改革的覺察

從上述文件中發現：有關九年一貫課程的重要論述，鮮少被引用，因此在試辦計畫中，無法緊扣新課程的特質。這表示教師們雖已覺察到課程改革的問題，但是所有了解僅止於表象，不夠深入。也就是說，從上述文件中所呈現的，顯示教師們對新課程典範了解有限，對於新課程的方向不是很清楚。

（二）對於教育改革議題的覺察

自民國八〇年代以還，台灣教育改革由體制外延伸至體制內，從教育法令的修訂，到學校制度的調整，以至於大學入學制度的改變。其中尚涵蓋教育觀念的轉變，教育課程的改革，教學方法與技術的創新，教育發展方向的調整。整個教育改革的浪潮，極其澎湃洶湧。附小的教師們對此覺察到什麼？上述文件所提供的訊息甚少，難以窺其全貌，不過還是可以看到教師們對於課程改革，以及教學創新方面的回應。附小教師在這兩方面表現出極大的差異，有的教師幾乎與教育改革的風潮同步，在課程理念、課程設計品質以及教學設計品質上，處處呼應外在的改革要求，顯示這些教師不但對教育改革覺察深刻，而且也採取行動積極求新求變。反觀之，卻也有部分資料顯示一些教師對於教育改革的覺察有限，抱持以不變應萬變的態度，甚至於不屑對外在的改革做出回應或改變。

二、有關課程設計的背景知識

翻開台灣師資培育的歷史，在民國七十七年以前的師專時代，教育專業課程中，大部分集中在教學方法的訓練，有關課程的知識部分，只有一門「課程教材教法通論」，提供課程學的入門概念，所以在此之前畢業的教師，課程設計的相關背景知識明顯不足。

師專改制為師院之後，初等教育學系開設「課程理論」、「課程設計」等學科，卻被定位為該系的專門課程，直到八十四年新制師資培育上路，教師認證規定中納入「課程設計」，師資培育課程中，才提供師培生「課程設計」這門學科。而在師資培育機構中，有關「課程教學研究所」、「課程教學碩士班」的開設，又晚到八十七年以後才出現，不過總算可以提供比較完整的課程專才培訓了。

附小教師群中，新制師資培育出來的教師比例不高，舊制師資培育出來的教師，只有透過在職進修的管道，才有機會補足課程設計的相關專業知識。而在僧多粥少的情況下，能夠擠進「課程教學研究所」或「課程教學碩士班」進修的人實在有限，所以當下附小教師群中，也只有一個人而已。

為了試辦九年一貫課程的實驗研究工作，教育部的緊急補救措施，就是開辦課程設計種子教師培訓研習，這種短期研習活動，大概僅能就技術面提供練習，無法奠定理論方面的基礎。根據文件資料所見，研習活動集中在「統整課程」的實作練習上。

三、課程經營的策略

分析了附小教師的課程發展經驗，加上我指導研究生研發課程，以及指導參與教育部課程實驗研究學校的經驗，決定以「課程發展委員會」作為課程領導的火車頭，帶動學校課程發展各項工作。其次，從台南師院聘請各學習領域的學者擔任課程發展顧問，透過專題演講、專業對話、課程發展的參與和指導等方式，以提高附小教師對課程問題的敏感度，充實課程基礎知識，以及課程設計的能力；倡導課程與教學的行動研究，以提升附小教師課程研發能力，並隨時檢核課程發展之結果；建立課程發展專業對話與分享機制，務期學校課程全面發展，教師課程研發能力全面提升；以課程實施期程作為分類依據，分別發展短、中、長程學校課程。

（一）課程領導體系的建立

附小在八十八學年度即在原有行政體系之下，加入「校內課程發展委員會」一級（九年一貫課程試辦計畫，民八十八），校長為召集人，成員包括各處主任、幼稚園主任，以及級任教師代表、科任教師代表共十九人組成。其主要任務包括：規劃學校本位課程內涵，審定各年級課程發展計畫，評鑑學校本位課程、各年級課程實施狀況，整合社區資源、建構學校教學網絡。

新課程試辦初期，因為教育部只公布了〈國民教育階段九年一貫課程總綱綱要〉，除此之外，沒有更具體的東西可供學校依循，所以許多學校都不知從何著手。試辦學校就好比「八仙過海」一般各顯神通。附小當年的試辦重點項目包括：統整課程的設計與安排、教學群組與協同教學模式、教學資料的蒐集與編選、教師專長的提升與發展、彈性課程的規劃、多元評量策略、教師任教時數的調整安排、家長參與及社區支持的策略模式等。

從試辦成果報告〈九年一貫在實小〉（民九〇）中可發現，其與往後九年一貫課程實施具有實質關聯的，就只有統整課程設計相關的研習與練習結果，包括綜合活動領域和自然與生活科技領域部分，以及藝術與人文領域中的視覺藝術課程架構的規劃，其餘活動與成果幾乎無關緊要。

其次，從歷次課發會議紀錄來看，除了規劃課程研習，以及總體課程計畫的討論與決定，有助於九年一貫課程的實施之外，其餘會議內容也與九年一貫課程無涉。

職是之故，當務之急就是改造課發會，調整其功能，將試辦任務導向的原課發會，修改成以課程研發、審查、實施、評鑑諸項功能俱全的常設性組織。具體的功能包括：（1）發展學校本位課程，規劃設計並推動全校總體課程計畫；（2）審查各年級各學習領域之教學節數，以及彈性課程教學節數；（3）審查各學習領域小組織課程發展計畫與執行成效；（4）審查選購教材及自編和改編教材；（5）檢核課程實施；（6）決定其他有關課程發展事宜。

課發會的成員也加以調整：校長為主任委員，教務主任與研究主任為副主任委員，各處室主任、教學組長、研究組長、年級代表各一名、學習領域代表各一名、幼稚園教師代表一名、家長代表二至三名為委員。

權責劃分也明文訂定：課程實施部分由教務處主管，教學組長為執行秘書，負責總體課程編造、學習節數訂定、教師人力分配、教材選購，以及課程實施結果之評鑑等業務；課程研發部分由研究處主管，研究組長為執行秘書，負責學校本位課程之研發、各領域小組課程發展計畫之推動、新教材版本說明會之辦理、學習領域教學研討會之辦理、課程與教學教師研習活動之辦理，以及教學觀摩與教學成果分享等業務。

（二）調整新課程實施步調

政府推動九年一貫課程實施的時候，決定採取「逐年加速」模式，而不是像過去逐年實施。政府把國民中小學一至九年級平均切成三段，實施的第一年只有第一段的一年級學習新課程，第二年則三段都加入新課程的實施，所以第二年學習新課程的年級有一、二、四、七等四個年級，第三年學習新課程的年級有一、二、三、四、五、七、八等七個年級，第四年則從一到九年級全面學習新課程。

這樣的實施模式，普天之下也只有台灣這樣做，全世界教育史上從未出現過，這也算是台灣創造出來的奇蹟嗎？本來新課程應該從頭逐年實施的，就課程的完整性來說，這樣才能使每一個學生都學習屬於自己年代的一套課程。如今所謂的「逐年加速」實施，會造成在國中小一至九年中，一個學生會錯接兩套新舊課程，也就是說有的學生學習一年的舊課程接八年的新課程，有的學兩年的舊課程接七年的新課程……至七年舊接兩年新課程，如此漠視萬千學子的學習權益而一意孤行，就只有在台灣才看得到了。

從學校行政的觀點來看，九年一貫課程實施的第二年，應該是最為矛盾難解的一年，跳過三年級，一、二、四年級都在學新課程，三年級卻還在學舊課程，四年級的上課時數比三年級還少，這是怎麼一回事啊？

所以在課發會時，我提議讓三年級的學生於第二年一起學習九年一貫課程。也就是說附小在九年一貫課程實施的第二年，就同時有一、二、三、四等四個年級同時學習新課程。

我所持的理由之一是，三年級的學生，在新課程試辦期間，就已經接觸過統整型課程的教學，及早進入新課程應可適應；理由之二是在新舊課程錯接的情況下，學習新課程的時間越長越有利，照政府預定期程，三年級的學生將是學三年舊課程接六年新課程，還不如提早一年開始，孩子們是學習兩年舊課程接七年新課程；理由之三是有出版業者願意配合附小，提早編印三年級的新教材，孩子們不會無書可讀；理由之四是中年級（三、四年級）同時實施新課程，老師們授課時數的調配不會產生矛盾，減少行政作業困擾。

這是一個高難度挑戰的提議，即使在課發會獲得通過，要説服學校教師和家長同意這樣做，必須有完整的配套措施。為了説服教師團隊，除了告訴他們這樣做，對我們的學生才是最有利的之外，還必須消除他們對於教材研發的疑慮，我要為他們找到研發新教材的靠山，除了聘請各領域的學者當顧問，指導大家解決研發新教材的問題之外，就是與教科書出版業者簽訂合作協議書，保證新教材一定在上課前兩個月送到教師手中，並且在編訂教材大綱，以及各單元教材定稿之前，一定與三年級各領域教師群充分對話，釐清教材中所有疑點。同時加額分配實習教師加入三年級教師團隊，分擔新教材研發的部分工作，最後終於獲得三年級全體任課教師的同意。

為了説服三年級學生家長，同意讓三年級學生提早一年學習九年一貫課程，除了備妥三年級九年一貫課程實驗計畫，送到每一學生家長手中之外，還按月召開新課程實驗家長説明會，由學校課發會、各學習領域顧問學者、教科書出版公司各領域召集人一同列席説明會，共同解答學生家長所提出的任何問題。每次説明會之後都立即進行學生家長意見調查，第一次調查結果有百分之七十四．二的家長同意進行新課程實驗，超過課發會設定三分之二的門檻，於是正式決定讓三年級學生提早學習九年一貫課程。開學後學生家長對三年級新課程實驗滿意度逐月提高，相對的家長的疑慮也逐月減少，學期末家長的滿意度高達百分之八十七．五。

經過一個學期下來，大家雖然覺得辛苦，但是都認為很值得，一方面看到學生們的學習反應狀況良好，而且教師群也都覺得在這段期間，大家成長了許多，也更懂得承擔與分享，同事情誼更加融洽。

所謂天有不測風雲，人有旦夕禍福。正當大家滿意於一學期以來的課程實驗結果，並期待下學期繼續實驗以竟其全功的時候，卻傳來不幸的消息：與附小協議合作新課程實驗的出版商，熬不過市場激烈的競爭，財務發生困難，連員工的薪水都發不出來，與附小的合作協議不得不宣告取消。

課發會立刻召開緊急會議，處理三年級課程研發的危機，討論各項可能的應變措施。會中作出幾項決定：(1)立即召開三年級家長說明會，讓家長了解學校預備採取的應變措施，並邀請出版商的代表，列席說明該公司的狀況；(2)緊急進行教科用書選購作業，選購三年級下學期各領域教材；(3)邀請課程發展顧問蒞校指導，協助分析選購教材與九年一貫課程間的差異，找出新舊課程銜接上的各項問題，參考原合作出版商所發展的三下九年一貫教材綱要，作為增刪選購教材的依據；(4)列舉應增銜接教材清單，由三年級各領域教師群，利用寒假期間進行銜接教材研發，使三年級下學期雖然選購使用舊課程的教材，卻可以和九年一貫課程銜接。

在家長的諒解與教師群的配合之下，辛苦度過了合作出版商倒閉的風暴，使當初決定讓三年級學生，提早銜接九年一貫課程的原意，雖然幾經波折打了折扣，卻不至於被迫走回頭路。這都歸功於教師群在這個過程中，課程研發能力快速提升，才有足夠的能力解決這一連串的問題。

我將三年級提早銜接九年一貫課程當作一次行動研究，因為要這樣做，我們必須面對三個問題：一是沒有教材，所有出版商都依教育部訂出的實施期程編印教科書，三年級要第三年才銜接九年一貫課程，所以第二年是沒有任何出版商有三年級的教科書可賣；其次是教師有疑慮，台灣的教師倚賴教科書來教學，由來已久，現在要冒著沒教科書可教的風險，即使是附小的教師群，仍有深深的疑慮；再者學生家長有疑慮，孩子要上學，卻沒有教科書，他們要學什麼？要是他們比別的學校的孩子少學了什麼，競爭力不是變弱了嗎？

解決這三個問題的策略是：首先找到一家出版商合作研發教材，出版商編輯團隊撥出一組人手，提早研發三年級教材，交由附小三年級的教師群進行實驗教學，雙方人員定期討論所有教材問題，透過這種方式來解決沒有教材的問題。其次是每個月定期召開三年級家長課程說明會，由校長主持，課發會委員、三年級教師群、出版商編輯小組等人員列席，以備家長所提出任何層面的問題，都可以有相關人員可以立即說明，會後立即進行問卷調查，讓家長進一步以書面方式提出其問題，由課發會整理後以書面方式回覆家長，以其解消家長的疑慮。再者聘請台南師院各領域教授為課程發展顧問，提供諮詢服務，解答出版商小組與附小教師群之間，所有有關課程、教材等方面的疑慮或爭議，且教師群每週定期聚會討論與檢討反省，由實習教師協助做教學實驗以及討論會議的影音記錄，以提升教師群對於課程教學實驗的信心與能力，安定教師群原本忐忑不安的心。

（三）倡導課程與教學研究

倡導課程與教學方面的行動研究，是經營學校課程發展的最佳策略，但是先決條件就是教師們必須具備行動研究的能力。初接校務，倡導的方式決定由點開始，再視實際狀況逐步擴大參與。所以，九〇學年度先組成一個研究團隊，擬定「國民小學綜合活動領域課程與教學活動設計行動研究計畫」，向教育部電算中心提出申請，獲得教育部補助一百二十萬的研究經費。研究團隊由我擔任研究計畫主持人，教務處吳沂木主任、資訊組劉世雄組長為核心研究員，並邀請其他教師與實習教師加入，共發展完成一至三年級一百個單元的教材，研究期末報告送教育部審查，結果被評列為A等，研究團隊獲得極大的激勵，我也信心大增。

有了第一年的成果，於是鼓勵所有教師自行提出行動研究計畫，或加入行動研究計畫團隊，從事新課程研發設計與教學實驗研究。我以第一年為例，完成一個單元的課程設計，可支領研究費五千元，再進行教學實驗行動研究，完成課程修訂，又可再支領研究費五千元，研究結果又公布在教育部資訊網站，供全台灣所有教師參考，可謂名利雙收，對於小學教師來說，非常具有說服力。

第二年由原來研究團隊繼續提出研究計畫——「國民小學綜合活動領域課程與教學活動設計行動研究計畫」，以發展四至六年級的教材。計畫送進教育部不久，我就接到部裡長官打來電話，希望我這個計畫能多拉進幾所學校參與，部裡會多撥研究經費給我。我承諾最少拉進兩所學校一起研究，我打電話給鄰近的進學國小，以及安南區的土城國小，邀請他們加入我的研究團隊，這是天上掉下來的禮物，兩所學校校長立即挑選有意願的教師各五位，參與這個研究計畫。我把增加的名單傳真到教育部，結果獲得的研究經費補助是一百八十萬元。

除了教務處的研究計畫之外，我要求研究處根據教育部「九年一貫課程深耕計畫」，分三年提出（1）「台南師院附小自然與生活科技領域課程深根行動研究計畫」、（2）「台南師院附小藝術與人文領域課程深耕行動研究計畫」，由我擔任研究計畫主持人，以研究處王世杰主任、研究組楊智欽組長為核心研究員，並邀請其他教師和實習教師加入研究團隊，結果連續三年都各獲得十五萬元的研究經費補助。除了附小提出的研究計畫之外，台南師院林瑞榮教授也邀請附小的教師，加入他申請的九年一貫課程深耕計畫的研究團隊。

至於教育部顧問室推出的「創造力中程發展計畫」，我也提出「建構科技融入主題探究之創意教學模式」這個研究計畫參與競爭。教育部共收到兩百多個參與競爭的研究計畫，審查結果最後只通過十六個研究計畫，我的研究計畫脫穎而出，獲得四十五萬研究經費的補助。這個研究計畫由我擔任計畫主持人，劉世雄組長為研究員，吳沂木主任、葉王強老師、王翠凰老師為助理研究員，探討科技融入自然、視覺藝術、音樂等領域主題探究的創意教學模式。

研究處王主任衝勁十足，希望針對教育部電算中心推出的「網路學習教師工作坊」計畫，附小也能提出申請，於是幾經討論，研擬了「城鄉網路學習教師工作坊」研究計畫，向教育部申請研究經費的補助。這個計畫由我擔任計畫主持人，王世杰主任和楊智欽組長為核心研究員，以自然及藝術與人文兩個領域的教師為主，同時邀請嘉義縣香林國小以及澎湖縣竹灣國小為研究夥伴學校，嘗試建立虛擬加實體教師社群的可行性，這項研究計畫獲得教育部補助研究經費三十萬元。

資訊能力素養很高，卻一直未加入任何研究計畫的陳佑嘉老師，我鼓勵他進行「數位化教室」的行動研究，去探討班級經營、級務管理以及班級教學數位化的可行性，學校只提供六套電腦及一部伺服器，以建立班級網路教學平台，初期目標是百分之二十的教學活動，可以經由電腦教學來完成。

一年的研究結束之後，我邀請陳老師分享研究心得，他說他是一位很懶惰的老師，而電腦可以幫助一位懶惰的老師解決許多級務和教學方面的問題。例如他設計了一個成績處理系統，不論平時考或定期考，考完將資料丟給電腦，他就不必算成績了。還有他設計了線上作業以及線上評量系統，他就不必再改作業，也不必改考卷，有更多的時間做其他的事情了。最得意的事情就是「SARS」期間，班上有些孩子被帶到加拿大、澳洲、美國去躲「SARS」，卻沒有缺過課，作業也按時完成，因為透過網路可以看到他上課，可以在線上完成作業，他的教學活動超過百分之四十在網路上看得到呢！這一結果羨煞許多同仁。

教育部電算中心分配到的預算應該不少，所以不斷推出各項政策，鼓勵各級學校配合。像「資訊種子學校培訓計畫」，每間通過審查可以接受培訓的學校，均可獲得可觀的經費補助，以充實各項資訊設備。教務處資訊組也向教育部申請培訓，結果通過為「教育部初級資訊種子學校」，獲得五十萬元的經費補助。我很不服氣，打電話向長官申覆，長官安撫說：附小是直屬教育部的學校，部裡另有規劃，所以種子學校培訓的經費，優先補助一般縣市所屬的學校。

果然吳鐵雄次長親自打電話給我，表示他會召集各附小校長開會，補助各校更新電腦設備，我擬定了三年計畫，第一年更新兩間電腦教室設備，第二年更新各班級教室電腦，第三年更新行政單位電腦，結果教育部照單全收，每年獲得兩百八十萬元左右的經費，三年超過八百萬元。我也利用「城鄉網路學習工作坊」研究計畫，把附小淘汰下來還堪用的電腦，稍加整理確定可用之後，分別將財產轉移給偏鄉及離島的研究夥伴學校。像屏東的霧台、香山國小，以及澎湖的七美、大倉國小等。

第二年急速膨脹的研究專案數量，參與各研究團隊的教師幾乎過半，人人忙得不亦樂乎，連在附小實習的實習教師也感染到這種氣氛，不是主動加入各專案研究團隊，就是自己也提出行動研究計畫進行研究。在多數教師有了行動研究的經驗與能力，尤其在碩博士班進修的教師人數快速增加之後，我就決定放手讓教師們自己來，因此，第三年由我主持的研究計畫減到剩下兩件，看到教師們的成長，附小已經快速轉型成為學習型組織了。

（四）建立課程發展專業對話與分享機制

九年一貫課程實施之前的兩年試辦經驗，對於要全面發展學校課程而言，不論教師們在課程問題的覺察、課程的基礎知識、課程的設計能力、課程的教學轉化，以及課程評鑑的相關知識方面，顯然是不足的。如何讓教師們邊做邊成長，我想專業對話與分享機制的建立，有其必要性。在課程發展專業對話方面，我設

各課程領域召集人與課程專家上阿里山進行新課程研討

計了五種模式：

1.與課程學者的對話：為了讓附小教師提升其對於課程問題的敏感度，掌握課程發展的趨勢，補足課程的基礎知識，所以我邀請了許多課程學者蒞校演講，或擔任課程發展顧問，與各學習領域教師定期座談，探討各學習領域課程發展的問題。

2.與他校教師的對話：為了讓附小教師了解九年一貫課程實施之後，各個學校所遭遇的問題，以及他們的因應之道，所以一方面把附小的教師帶出去，與澎湖縣的中興、文澳、竹灣等學校教師對話，與南投縣竹山國小教師對話，與高雄市鳳和國小教師對話，同時也邀請台南市青草國小的教師來附小、嘉義師院附小的教師來附小，彼此座談交流，分享經驗。

3.校內教師互相間的對話：為了讓校內教師彼此間多一些對話的空間，除了週三下午定期的領域會議，用以討論各學習領域課程發展的問題之外，我要求教務處在排課的時候，安排同一領域的教師，每週能有兩節以上的共同空堂，以便教師間的專業對話。

4.單一領域的教學研討會：在我接任之初，師院同仁洪碧霞教授特別指出，附小學生各方面的表現，外界的評價都很高，唯獨數學方面的表現，許多國中數學教師都認為附小的畢業生與其他國小畢業生之間有落差，希望我能想辦法拉附小的學生一把。為此，我特別指定數學領域的教師群，帶頭先舉辦數學領域教學研討會，研討重點分成三大區塊：其一是數學領域課程問題，其二是數學領域有效的教學模式，其三是國小兒童學習數學的困難與解題錯誤類型的分析。

每位數學領域的教師必須登記加入三大區塊之一，展開相關研究文獻的蒐集、研讀、摘取重點、同區塊內分享，然後由區塊小組召集人彙整眾人研究所得，撰寫心得報告，並於研討會中發表，數學領域召集人負責規劃研討會議程，並主持教學研討會。

5．課程發展的專業分享：在附小，課程發展大都採取分工合作的方式，尤其透過專題研究來進行，更是群策群力，互助合作。所以課程發展的成果，均由大家共同享有。學校資訊組特別在學校網站中，開闢一個教師知識管理平台，所有已完成的課程發展成果，都上傳到這個平台，透過校務會議的決議，在這個平台中全校教師相互授權，每位教師都有權閱覽平台上的每個檔案。我更進一步鼓勵老師，若個人有蒐集到任何珍貴的教學素材，且願意與同仁分享，都可以上傳至這個平台上。

（五）長程計畫積極發展自編教材

教育部在八十九年三月才公布〈國民中小學九年一貫課程（第一學習階段）暫行綱要〉，直到九月三十日才公布完整的〈國民中小學九年一貫課程暫行綱要〉（九〇年一月才出版），而九〇學年度新課程就要實施，民間出版業者要根據教育部公布的綱要來編輯教科書，編完之後還要送教育部審查，審查通過之後才能印刷出版，然後要到各校行銷、競標，他們的作業時間遭到嚴重壓縮，所出版的教科書品質實在堪慮，某位立委函請全台各校教師，將他們任教的教科書錯誤的地方條列傳真給他，他用A4的紙列印所有錯誤，然後將A4紙一張接一張貼在一起，總長度環繞教育委員會議場一圈還有剩。但是，教科書出現這麼多錯誤，我們該對出版商加以譴責嗎？這個課程改革的亂局誰造成的？該行政部門的教育部負責嗎？應該是立法院的立委諸公吧？在立院質詢之後，也沒看到究竟是誰該負責！

正如大家所預料的，各家出版商所出版的教科用書問題重重，在選無可選的窘境下，只好選擇錯誤比較少的，比較不那麼差的教科書來用，不然就只有改編或自編一途了。尤其是綜合活動領域和生活課程，這兩個領域在舊課程中從未出現過，所以出版商不是編不出來，就是錯誤百出，附小一年級的教師群，實在選不出來一本堪用的生活課程教科書，所以選擇兩、三個版本拿來改編，然後由學校自己來印給學生使用。一年級生活課程如此處理，二年級的生活課程亦復如此。

綜合活動領域的教材，則透過教育部補助兩年共三百萬的研究經費，共研發了兩百四十個單元的教材，從一到六年級，全部由學校自編，完全免費印給學生使用。而藝術與人文領域方面，教師群積極參與專案研究，擁有豐富的課程研發經驗，所以教師群也決定視覺藝術的部分，從三到六年級的教材，全部由學校自編，免費提供給學生使用。附小教師團隊的敬業精神，以及所展現出來的專業能力，實在令人激賞，我想由學校內部自行改編教材，甚至於一個領域一到六年級全部教材由校內自編，應該是全國唯一的創舉吧！

（六）中程計畫研發充實課程

各學習領域的教師群積極研發充實課程，提供部分的學生在預定的一段期間內，去接觸領域內更廣泛的知識，以補充課內學習的不足。譬如自然與生活科技領域的教師群，每學期都規劃系列的戶外學習活動，讓學生報名參加，包括動物生態、植物生態、特殊地質地理景觀、天文氣象、科學講座等。特別是科學講座，每學期單週週末晚上都舉辦，四年舉辦了整整一百場，擔任講座的講師涵蓋各科學領域的學者專家、專家教師，吸引許多學生與家長爭相報名，視聽教室一百多個座位場場爆滿。

數學領域教師群規劃的充實課程，包括：生活數學、數學競賽等；而語文領域的教師群，規劃的充實課程有：「書香走廊」（閱讀）、「詩心詩園」（寫作）、「新青蛙王子」（童話創作）、「世界風情畫」（劇本創作）等；而社會領域教師群則以培訓「小小古蹟解說員」來吸引學生報名學習。

這些充實課程，都是利用上午課前、下午課後、週末假日等課外時間，持續學習若干週，由學生自由報名參加。由於課程內容精采而多元，吸引眾多學生報名，經常要增加班次，或利用大型會議室上課，才能滿足學生的學習需求。各類活動，除了部分活動的路程較遠，須由參加的學生負擔交通費之外，其餘一切均免費。

（七）短程計畫發展年度主題課程

短程課程是讓學生參與一次性的學習活動，這種一次一個主題的學習活動課程，為了避免淪為零碎片段，就先由全校師生一起票選主題，然後各領域教師群再依主題性質去研發課程，設計學習活動內容，然後引導學生參與其中。九〇學年度的主題是「魔法」，九一學年度是「童話王國」，九二學年度是「駭客任務」，九三學年度是「環遊世界一〇七」。

電影《哈利波特》熱潮席捲全球，附小師生當然也受到感染，所以票選九〇學年度活動主題時，名稱就一直繞著哈利波特打轉。不過為了避免侵權的疑慮，最後才確定主題為「魔法」，校慶運動會就叫「魔法運動會」，藝術與人文領域及語文領域的教師群，經由反覆討論，統整出一個主題「魔法音樂會」，在校慶前一週週末夜晚演出，加上情境布置，令人覺得彷彿置身魔法學校中。

九一學年度票選主題為「童話王國」，除了童話王國運動會之外，藝術與人文領域教師群設計了「童話走秀」、「青蛙王子歌舞劇」等活動課程，語文領域教師群則提出「新青蛙王子」童話故事創作比賽，學童們以漫畫、劇本、故事書、繪本等形式，從事「新青蛙王子」童話故事創作，參賽作品竟高達兩百多件。

九二學年度票選主題為「駭客任務」，除了駭客任務校慶運動會之外，藝術與人文領域教師群設計「彩色 party」，讓全校師生透過通關密語，進行彩色大集合，在整週的活動裡，學童的情緒「嗨」到最高點。

九三學年度票選主題為「環遊世界一〇七」，主題的重點緊扣多元文化的理解，除了環遊世界一〇七校慶運動會之外，語文領域教師群設計了「世界風情畫」學習活動，社會領域教師群設計了「世界真奇妙」學習活動，藝術與人文領域的教師群設計了「畫中人物走出來」，以及「綠野仙蹤」等學習活動。

短程的活動課程，除了學校主題課程之外，還向學童徵求，鼓勵學童利用寒假期間設計活動企劃案，開學後向學校提出，經教師評審通過之後，就由原企劃學童當主持人，指導其他學童參與他所設計的活動。彙整所有活動，以園遊會的形式呈現，在半天內完成。

九〇學年度由自然與生活科技領域的教師群，設計「科學園遊會企劃書」空白表格，向全校學童徵求設計科學遊戲，企劃案內容包括：遊戲所依據的科學原理、遊戲器材的設計製作、遊戲的方法與流程等等。結果有兩百多位學童提出企劃案，通過審查的共有五十一案，分三區設置攤位，所有學童持通關護照到各攤位進行闖關，成功闖過十關以上者，可參與摸彩。透過遊戲方式進行學習，不但興致高，而且效果好。

九一學年度，七個學習領域的教師群，都提出「領域園遊會企劃書」空白表格，向全校學童徵求企劃案，以各學習領域的核心概念或關鍵能力為內涵，設計闖關遊戲。因為是七大領域都來，所以學童提出的企畫案特別多，各領域分別審查，一個領域以選出十個企劃案為上限，最後全部總共選出六十一個企劃案，園遊會時間訂在期末考之後，全校為之沸騰。

九二學年度，在領域園遊會的基礎之上，擴大為「兒童博覽會」，融入感性的一般園遊會與表演節目，選定在兒童節前夕舉辦，希望為兒童帶來幸福與快樂，所以主題訂為「快樂、健康、創意、YA！」。依主題性質分成四個區域共一〇七個攤位，「快樂活動區」包括兩個展區，一個是花卉、寵物展覽區，另一個是童玩展示體驗區；「健康活動區」則包括水上活動、攀岩活動、腳踏車活動、籃球活動等；「創意活動區」則是向兒童徵求而來的各領域企劃案的活動區域。

短程課程的發展至此定調，預計每年都在兒童節前夕舉辦，九三學年度的兒童同博覽會，主題訂為「多元文化兒童博覽會」，因為專題研究夥伴學校中，嘉義縣香林國小，學生主要是鄒族的孩子；屏東縣霧台國小，學生主要是魯凱族的孩子；屏東縣香山國小，學生主要是布農族的孩子，以及離島的澎湖七美國小、竹灣國小、大倉國小的學生，加上與附小進行國際交流的泰國向日葵國際學校的學生，我們都邀請他們一起參加附小的兒童博覽會，設攤介紹當地的特有文化，以促進學童對不同文化的了解。

（八）提供學校課程發展的促動能量

要發展學校課程，教師們必須付出比平時更多的時間與精力，因此，如果欠缺促動的能量，是很難推得動的。促動的能量來自兩個向度，一個是pull（拉），另一個是push（推）。「拉」就是帶領、提攜、扶持的意思。領導者要帶領，必須被領導者願意跟隨，才帶得動。

領導者若提供足夠的誘因，被領導者就願意跟隨領導者，當被領導者跟不上、甚至走不動的時候，領導者能適時地加以提攜，或溫暖的扶持，則要跟隨者赴湯蹈火也會在所不辭。我在附小經營學校課程，展現拉力的策略就是帶領教師從事專題研究，讓參與者名利雙收，獲致極大的成就感，我聘請許多學者從旁協助，所以雖然辛苦，但是加入研究團隊的教師們，仍能甘之如飴。

一個組織的運作，只靠拉力，並不能達到全面促動的效果，還必須有一股不同向度的作用力——推力，才有辦法讓組織運作全面啟動。經營學校課程發展，必須全體教師共同投入，才能獲致全面的效果。就像附小，即使像我到任的第二年那樣，申請諸多研究專案同時展開課程研究，卻仍有部分教師作壁上觀，好像事不關己似的。

我施展推力的策略有二，其一是教師資訊能力基本素養檢測，其二是教師專業能力評鑑。資訊能力為教師專業能力中的基本素養，這項能力在課程設計與教學活動設計時，顯得特別重要。就像打仗一樣，手握利器的士兵敢於衝鋒陷陣，而手無寸鐵的士兵，則必然裹足不前且四處閃躲。要士兵拿起武器，有的士兵還不一定肯，因為一旦拿起來，就表示接下來必須花時間、體力，不斷練習才能上手。所以需要有個機制，讓他非拿不可，且無處閃躲。

我在接掌校務之初，就召集資訊小組會議，建立了附小教師資訊能力基本素養的指標，總共分成五級：第一級是教學基本資訊能力，第二級是行政基本資訊能力，第三級是資訊教師基本能力，第四級是學校網管基本能力，第五級程式設計及電腦系統管理基本能力。於民國九〇年十月初公布指標，印給每位教師人手一份，預定十二月底實施檢測。

部分教師抗拒檢測是意料中的事，不過我執行的意志十分堅定，儘管出現些許波折，仍然要求資訊組貫徹執行。結果通過第一級檢測的教師達百分之七十二，跟我檢測前的評估十分接近。對於檢測未通過的教師，我請資訊小組成員提供協助，每天下班後至晚上九點，輪流值班，幫助自願利用課餘時間到資訊教室學習的教師。另外安排資訊能力較優的實習教師，到檢測未通過的教師班上實習，讓雙方互惠互助，實習教師一方面學習教學技巧，一方面教他的實習指導教師學習使用電腦。

事有湊巧，附小自辦資訊能力基本素養檢測完不久，就接到教育部資訊小組的公文，表明四月中要到附小抽測教師資訊基本能力，這一訊息讓原本態度消極的教師緊張了起來，主動到資訊教室尋求協助的人多了起來。部裡抽測的結果，附小被抽中的教師，百分之百通過檢測，甚至於還有三位教師學科與術科兩部分都得滿分，教育部特別要求學校獎勵這三位教師呢！

一個人若能不斷反省檢討自己，就會促使自我不斷成長。為了幫助附小的教師反省檢討自身的專業表現，關鍵的機制就是建立教師專業能力評鑑制度。教育部對大學教師進行評鑑已經行之有年，但是對中小學教師評鑑，卻只聞樓梯響，規劃多年但遲遲未見施行，不過相信終究會實施的。

在我的規劃中，附小教師專業評鑑大約分成四個階段，從評鑑文獻資料的蒐集，教師專業能力指標的建立，以及檢核表的設計，這些事前的準備工作，我希望在一年內由教師們動手完成。接著第二階段就實施專業自評，第三階段規劃設計同儕互評模式，並實施專業互評，最後階段是接受專家學者的檢驗，從行政到教學，全面接受評鑑。

推動教師專業評鑑遠比想像中的困難，教師們以「不作為」來抗拒，我希望他們動手蒐集專業評鑑的相關文獻，他們不動手，然後雙手一攤說找不到。我找來十幾篇論文，請各個領域教師群透過領域會議，從文獻中找到適合附小教師的專業指標，七本領域會議的紀錄簿完全沒記載。我給大家兩百項我找到的評鑑指標，請教師們在領域會議中刪去他們認為不重要的指標，結果只刪去一項而已。

我不曾氣餒，也不會退卻，因為許多研究文獻告訴我們，台灣學校教師的文化類型是非智的，所以早就預料到會出現這些抵制行為，因此我預先替他們刪到剩下一百項指標，而且分成八個面向，編製成一份教師專業能力自評檢核量表，利用教職員工朝會時，發給每一位教師，並教他們怎樣做自評，怎樣來解釋自評的結果。對於我的執著，許多教師都搖頭，表示拿我沒辦法，真的服了。

我知道，即使我做到這一地步，一定還有許多教師根本沒做自評。不過讓我覺得安慰的，是有好幾位教師，在學期末的校務會議中，分享做了自評之後的心得，尤其教師群中的意見領袖朱婉艷老師，坦言他從未像現在這樣了解自己，執教數十年之後的今天，他才了解自己在某些方面還需努力，所以非常感謝校長提供的這一份自評的檢核表。

專業自評花了兩年的時間，之後接著要推專業能力的同儕互評，我乾脆從文獻中找來三種同儕互評的模式，讓全體教師投票選出一種大家願意接受的模式，第一年先採自願模式，第二年採抽籤模式，預計分三年完成同儕互評。結果大家選擇「檔案互評」的評鑑模式，或許是朱婉艷老師發言的影響吧，第一年就有二十幾位教師自願接受同儕互評，遠遠超出我的想像。

為了幫助這些自願接受同儕互評的教師，整理他們的教學檔案，我特別找來過去帶過的學生當中，學習檔案或教育實習檔案整理得特別好的檔案，拿來給這些教師們參考，並把我和陳惠萍、陳海雄一起完成的「教學檔案」專題研究報告書，也一併提供給他們參考。同時我把腳步放緩，讓這些教師有足夠的時間整理他們的檔案資料，延後一個學期再進行同儕互評。

在我四年任期中，教師專業能力評鑑未竟全功，不過我發現更多的教師開始建立自己的教學檔案，尤其許多參與專案研究的教師，他們建立的「我的專業成長檔案」，內容豐富超乎想像。在在顯示，有一股「推力」正在發揮作用，促使附小的教師群跨出腳步，邁向另一個高峰。

滿足教學之需求的硬體建設

之一——旭日樓

附小是一所百年老校，學校建築欠缺整體規劃，歷經幾個不同年代的增建，夾雜了各個不同風格的建築物，以致學校用地雖然廣達三公頃多，小學部加幼稚園才只有四十一班的學生，卻已使校園顯得相當擁擠，錯落各處的建築物也顯得淩亂，還造成校園中存在許多安全死角，使校園管理問題叢生，不利於學生在校的學習與生活，亟需進行環境的改造。

前一任甘夢龍校長爭取到八千多萬的經費，要興建教育實習大樓，不過在遴選建築師的時候，程序上出現瑕疵，鬧得滿城風雨，第一次遴選結果被迫取消，直到校長交接前舉辦第二次遴選，才選出負責設計監造的建築師，因此，甘校長任內來不及完成新建工程的招標作業，只得交給我來完成。

工程招標之前，我請總務處通知獲選的葉建築師，為我簡報他的設計，結果我發現整棟建築設計，有許多地方須調整與變更，首先是教學觀摩教室，讓參觀者與被觀摩的師生同處一室，這樣對於學生的干擾太大，因此，我要求變更設計，將參觀者與被參觀者以單視鏡隔開，意即參觀者可以看到被參觀者，而被參觀者看不到參觀者。參觀者除了透過單視鏡直接的觀察，還可觀察經由三部攝影機拍攝傳到銀幕的上課畫面，指導教授還可立即解說被參觀教師的教學行為，以及學生的學習反應，卻不至於干擾到上課中的師生。

除了作為教學觀摩之用外，我還希望把它建構成為教學實驗教室，進行教學實驗研究時，教室天花板內隱藏的三台攝影機同時放下來，黑板兩側的攝影機對著不同的學生，教室後面正中央的攝影機對著教學者，可以同時收集到教學過程中，教師的教學行為以及學生的學習反應，教學結束後在控制室的電腦立即可以燒製光碟片，供作教學研究團隊事後分析的資料。

其次，我對於雨水回收與中水回收等系統，也認為必須變更設計，我希望新建大樓的地下，要設計成一個小型的水庫，以儲存雨水和中水，中水有兩部分，包括游泳池排放水以及洗臉台使用過的水，這些水經過曝氣與紫外線殺菌，可再利用為馬桶沖洗以及植物澆灌，而不是單純的中水回收再利用系統（原設計只回收洗臉台用過的水，作為馬桶沖洗用水）。

第三，我認為資源班教室的設計也有問題，有兩個普通教室大小的空間，被隔成六間小小的資源教室，這樣空間利用過於缺乏經濟效益，無法兼做其他的用途，我希望把它變更成活動式的隔間，必要時它可以合併成為一間，或是隔成兩間，或是分隔成六間，使這個空間可以做最大化的利用。

葉建築師聽完我的意見，覺得十分佩服，他認為台灣的學校建築中，還沒看過我所提到的這三種設計，所以雖有困難，但是他願意全力配合去做變更設計。畢竟是成大建築系畢業再留美的建築工程碩士，歷經三次的修改，終於非常接近我所期待的樣子，於是定了案，請總務處趕工製作標單，定於民國九〇年十二月十二日公開招標，水電工程部分於上午十點開標，土木工程部分於下午兩點半開標。

為了訂定合理的底價，以期順利決標，所以我請師院營繕組的同仁幫忙四處訪價。同時，為了能順利開標，還請總務處行文給台南市警察局，請他們幫忙在開標的時間點，加強在附小周邊的巡邏勤務，防杜類似某附小在工程招標時，被黑道以砂石車圍堵校門的情事發生。

或許與整個產業景氣低迷有關，所以水電工程和土木工程，都各有五家廠商投標，加上我訂的底價十分合理，水電工程開標的結果，只有一家廠商競標的價格高出我的底價，有四家廠商開出的價格低於我的底價，所以很順利的完成決標的程序。上午有了好的結果，下午的土木工程開標也十分順利，五家投標的廠商中，只有兩家高出底價，有三家廠商競標的價格低於底價，也順利的決標。

教育大樓新建工程標案順利決標，這才是辛苦歷程的開始，為了確保施工品質，三級監造的第一級是學校本身，我與總務處所有同仁都非工程出身，要監督施工品質是力不從心的，所以特別從學生家長會中，找來一位現職建築師的吳崇彥副會長，加入學校工程監造小組的成員，並且禮聘成大建築系黃斌教授擔任工程顧問，以備一旦工程進行中發生承包商與建築師、或承包商與學校監造小組、或學校監造小組與建築師之間有所爭議時，需要請黃斌顧問來仲裁。

校園中有重大工程在施工，師生的安全問題擺在第一順位，所以工程車輛與施工人員的進出動線，必須與師生在校園中的動線，以工程圍籬完全隔離，為此，特別在朝陽樓與幼稚園大樓之間，架設一座空橋，作為師生從教學區進出運動場的通道。

為了滿足學生對於工程施作的好奇心，我特別商請學生家長徐郁富建築師夫婦（夫人張瑞玲女士也是建築師），為整個工程做紀錄，包括工地上舊建築物的拆除、工程地基的開挖、到新建大樓的誕生，每個過程都拍下影像，並在鄰近工地的圖書館三樓走廊，於每週五中午休息時間，為學生們開講，這個講座非常叫座，每一次開講都吸引數十位到上百位學生，自動報名前來聆聽。

工程協調會議每兩週開一次會，以協商施工過程中發現的相關問題。每次我都親自主持，並請承包廠商先發言，其次是設計監造的葉建築師事務所，包括現場監工和葉建築師本人，然後是學校監造小組成員，最後由我做成結論或裁示。在歷次的工程協調會中，吳崇彥副會長不斷質疑葉建築師的設計，我原以為副會長善盡職責，認真監督，所以總是給予充分的發言空間，後來才知道吳副會長也競逐本工程的設計監造，不幸落敗，有假公濟私、挾怨報復之嫌。因此在後續的會議中，我把討論的重點拉到承包商有無按圖施工上面，對於設計上的瑕疵則不多做討論，才化解會議中的尷尬場面。

葉建築師開業不久，工作團隊的人力十分單薄，派駐現場的監工，常常更換人手，對此，我非常在意，因為這樣子無法監督周全，也就無法確保工程施作的品質。為此，葉建築師也深感抱歉，承諾會找到優秀負責的現場監工。聽說他從其他建築師事務所挖角，找來一位相當資深的建築技術士，派到附小工地駐守，希望如此可讓學校放心。

沒想到這位監工是老油條，找到承包商施工的一些小瑕疵，就拿來要脅承包商，一會兒要工地經理到酒店幫忙買單，一會兒又要工地經理幫忙換高階手機，以此作為不將瑕疵載入監工日記的條件。承包商吳董事長為此求見我，告訴我他們的困擾。這不是「請鬼拿藥單」嗎？於是請吳董事長將代付的帳單交給我，我要追究這件事。

於是我再次要求葉建築師更換現場監工，嚴正的向他表示，如果不處理好現場監工的人事問題，我會將他和搞鬼的監工一併移送法辦。葉建築師為這件事再一次道歉，並且不惜重金禮聘一位優秀的建築技師來擔任現場監工。我也再次提醒葉建築師，至少必須每週親自查閱一次監工日記，查閱之後務必在監工日記上簽名，並且於每次工程協調會議時帶到會場，作為協調各項爭議時的佐證資料。

在現場監工的人事問題解決之後，工程進度就順利的往前推進，中間有幾次因設計觀點的不同，葉建築師與吳副會長之間爭執不下，最後都由黃斌教授來仲裁，順利化解了歧見。不過在進行到游泳池的工程時，土木工程承包商吳董事長又再次來訪，他認為游泳池應該最少有六個水道，葉建築師的設計只有四個水道，是非常罕見的設計，他建議與其只建四個水道，還不如不建。當初葉建築師向我簡報工程設計時，並未提及有幾個水道，而我一時疏忽竟然也沒有發現，於是請總務處立即聯絡葉建築師前來說明。

葉建築師只設計四個水道的理由有二，其一是游泳池預定地面積受限，如要設計成六個水道，地基上有兩棵百年的金龜樹必須砍除，他認為不妥；其二是教育部給的預算額度只夠建四個水道，所以他在設計之初，只好以縮減游泳池的建築體，才能將游泳池納入這一次的建築計畫中。

吳董事長還是堅持四個水道不妥，這個四水道的游泳池，會成為台灣學校建築的笑話。他希望學校能變更設計，改成六個水道的游泳池。吳董事長大氣的說，如果政府給的預算額度不足，他願意概括承受，由他來捐贈給學校，他實在不願意承造一個只有四個水道的游泳池。

既然如此，我只好請葉建築師變更工程設計，改成六個水道的游泳池，至於地基上的兩棵百年以上的金龜樹，則請總務處雇工移植，改種到操場南邊的空地上。總務處將工程變更設計送請教育部審查，感謝教育部同意挪用標餘款來支應變更設計後的工程費用，免去了一場校園建築的烏龍事件。

工程變更設計的議價會議，訂於民國九十一年十二月十六日上午十點整在校長室召開，承包商由工地經理代表出席，三次出價都高出底價甚多，無疑就是流標，我一看大勢不妙，趕緊請經理打電話給他們董事長，由我向董事長報告，我以全部標餘款作為底價，請董事長照底價承包，我將電話交給經理，果然工地經理不再堅持他所開的價，接受以底價決標。我知道中間價差將近五百萬，吳董事長果然一諾千金，由他個人成立的「財團法人笨港文教基金會」捐贈不足的工程款，所以我也特別在工程落成啟用的典禮上，致贈感謝牌，向全校師生公開表揚吳董事長的善舉。

新大樓於民國九十二年四月十五日完工之後（最後複驗日為九十二年八月十八日），由全校師生共同票選，命名為「旭日樓」。而旭日樓的啟用典禮，則與九二年校慶慶祝大會合併在十二月十八日舉行，把慶祝大會地點由朝陽樓大禮堂改到旭日樓前廣場，而慶祝大會的舉辦時間，也前所未有的由傳統在早上九點改到下午四點半，從傍晚到入夜，晚會的表演節目則在夢幻般的親水區演出，讓全校師生與家長情緒都沸騰起來。

我把教育實習大樓打造成具有三大創新功能的指標性建築，最具代表性的就是包括一大兩小三個單元的教學觀摩教室，大單元是指中間為教學教室，兩側各配屬一間觀摩用的階梯教室，以及一小間控制室所組成；小單元是指一間教室搭配一間觀摩用的階梯教室，以及一小間控制室組成。

為求觀摩者不直接進入教學空間，卻可清楚觀察教學者與學習者的動態，就必須借重視聽器材的輔助，包括影音收錄、播放、操控以及燒錄等系統設備。因此請總務處開列需求清單，邀請視聽設備廠商於九十二年二月十二日，到校參與視聽設備規劃會議，作為視聽設備採購的事前準備。我要讓這三個單元的建築，成為全國獨一無二的教學觀摩，以及教學實驗研究功能兼具的空間。

其次，資源班教室是創新的多元功能性建築，也是教育實習大樓十分具有特色的地方。把所有活動隔板推開，就會出現兩間教室連在一起的寬闊空間，下雨天是除了大禮堂之外最大的室內活動場所；也可以一分為二，變成兩間普通的教室；兩間教室再分隔變為為六間小型空間，適合做小團體諮商與小班教學的場所，可以滿足多樣的教學需求。

第三項創新設計是整座大樓底下，變成一座小型的水庫，儲存雨水，以及回收的中水（包括洗臉台用過的水、游泳池過濾系統排放的水、用過定期更換的水），這些儲存的水經過曝氣處理以及紫外線照射，用來打造一個親水空間，以及作為沖洗馬桶和植物澆灌的用水。我還請紅樹林保護協會的團隊，製作一個傳統的木造龍骨水車，安放在親水區，讓學童們體驗操作。曝氣系統的水幕和水霧，以及流水聲和燈光投射，讓整個親水區變成一座夢幻般的舞台，不論在白天下課時間，或是晚會的表演，這裡都是孩子們的最愛。

根據研究處實習組的統計，每個學期一百個上課日，要提供總共一百一十四場次的教學觀摩，平均每天至少一場以上，過去參觀教學者擠滿教室，教室外走廊窗口也站滿參觀者，對上課中的學生影響非常大，不是出現「人來瘋」的反應，就是四處張望來參觀的人，處於完全分心的狀態，學習效果不言可喻。而新大樓完工啟用之後，完全解決了參觀教學者對學生學習的影響這個問題，有效改善學習的環境。

除了校外要求來附小觀摩教學之外，每年在附小實習的三、四十位實習教師，於其實習指導教授到校考評教學成績時，我們也安排在這三個單元的教室中進行，事後錄製的教學過程光碟片，提供指導教授指導實習教師改進教學缺失的具體參考。而實習教師在事後觀看自己的教學影片，更有利於調整與改進自己的教學語言、教學決定，以及一些自己忽略的習慣性小動作，讓自己的專業成長更快速。

新大樓啟用之後，對於課程研發與教學實驗研究，帶來了前所未有的幫助，行動研究夥伴與教學者，可透過教學過程的影像紀錄，充分討論課程設計所有的問題，為課程與教學設計的調整與修正，提供具體的參考佐證，也因此使得課程研發的品質，不斷向上提升。所以在歷次的研究成果發表會上，與會者對於我們所提供的影像數據讚賞有加，紛紛詢問我們是怎麼辦到的。當大家知道附小擁有如此完善的教學實驗室時，更是羨慕不已。

教育實習大樓附帶的游泳池新建工程，就是附小創校百餘年來第一遭，我本身就喜歡游泳，加上在師院員生社擔任經理期間，每年暑假都利用師院的游泳池，開辦短期的游泳訓練班，每一個暑假都能創造十幾萬的盈餘，所以附小游泳池的興建，雖然會計李主任一再提醒我，游泳池的水電費與管理的人事費必須自籌，不能動支政府預算，但我還是老神在在，一點也不擔心，我相信可以把附小的游泳池作有效的經營。

在附小游泳池開始營運前夕，立委王幸男先生推薦洪義雄先生來應徵管理員一職，面談的結果，發現洪先生是台南市游泳協會現任的總幹事，又擁有國家級的教練資格，正是我求之不得的專才，加上他所要求的待遇並不很高，所以心裡已經準備任用他。於是和他聊了我對未來游泳池經營的理念，例如學校成立游泳隊、舉辦全市性的游泳賽、寒暑假辦理短期游泳訓練班等，他都一一表示願意全力配合。於是我請訓導處體育組籌組游泳池管理委員會，並正式聘任洪義雄先生擔任游泳池的管理員。

洪先生果然沒有辜負我的期待，不但很快的選拔選手成立附小游泳隊，而且搭配林曉怡老師訓練選手，很快就有了亮眼的成績表現，在民生盃全國分齡游泳錦標賽中，獲獎連連。再利用暑假期間

旭日樓親水區是小朋友的最愛

開辦短期游泳訓練班，班班人滿為患，一個暑期的收入，支付一整年的水電費和人事費都綽綽有餘。同時於民國九十三年七月十六日舉辦第一屆附小盃游泳邀請賽，全市共有十二所小學組隊參賽，盛況空前。

之二——朝陽樓木地板

朝陽樓是附小的大禮堂，一樓有兩間音樂教室、一間韻律教室、一間保健室，二樓是集會場所，兼作籃球場、羽球場以及各類藝文展演場所，所以平時使用率極高。九一年底，喜愛打羽球的家長會吳崇彥副會長告訴我，朝陽樓二樓的木地板，損壞情況相當嚴重，老師們與家長們打羽球時，經常會因踩到高低不平的木地板而摔倒。

我找來總務主任陳茂松陪同會勘，果然發現靠近舞台周邊兩三米處，木地板呈現凹凸不平的狀況，我求教於專業的建築師吳副會長，木地板何以會如此？他表示朝陽樓的木地板為山毛櫸材質，本不該出現這種狀況，除非受潮，導致木板因潮濕而膨脹，才會造成隆起。但二樓有水的地方都在室外，屋頂也不曾發生漏雨，又如何造成木板受潮呢？

還是專家厲害，很快找到罪魁禍首——舞台兩側各有一台大型冷氣機，凝結水的排水管堵塞，水就滲入地板，已有大片木地板都腐爛了，因冷氣機隱藏在重重的舞台布幕之後，平時沒有人會到那邊去，以致腐爛的地板一直沒被發現，造成滲水的破壞面積不斷擴大。這種狀況必須儘快解決，於是一

旭日樓啟用典禮中致贈感謝狀給承包商吳董事長

方面委請吳副會長設計整修改善工程，一方面找來會計主任李姝娟籌錢，吳副會長估計約需三百萬左右的費用，李主任告訴我學校的預算還可以勻支，於是立即請總務處上網公告招標，開標日期就訂在九十二年一月二十四日上午十點。

花了兩百四十幾萬的經費，經過三個月的施工整修，朝陽樓木地板已經煥然一新，不再有高低不平的現象，每天放學之後，又再度聚集了許多喜歡打球的教師與家長，在這裡揮汗競技，互比高下。學生的聚會以及各項藝文展演活動，也紛紛再次回到朝陽樓舉行。

之三——夢想家兒童美術館

二年級的教師群向我反應，他們在黎明樓地下室上課，蚊蟲非常多，空氣也不好，希望學校能設法改善他們的環境。所以在新建的教育實習大樓中，早就規劃好一樓作為二年級的教室。不過空出來的地下室空間該如何運用呢？我向教師們徵詢意見，結果只有美勞科的教師群有興趣，希望二年級空出來的六間教室，可以改造成美勞教學專區。

我希望教師們的決定是深思熟慮的結果，而不是臨時起意的。所以我原則上同意改造成美勞教學專區，但是請教師群充分討論，再向我說明這六間教室要如何配置，我才能委託建築師規劃設計改造工程。美勞教師群態度十分積極，很快提出空間使用規劃，包括：一間放置電窯以及材料儲存，一間作為教師群的教學準備室，兩間作為美勞教室，另兩間改造成教學成果展出空間。

我認為教師們的規劃十分理想，於是委託徐郁富建築師進行改造工程設計，提出設計草案，作為學校遴選建築師的依據。總務處於八月三日上午九點開標，結果由徐建築師得標，於是請他積極進行細部規劃設計。

對於美勞教學成果展出空間，我希望那是一個多功能的展出空間，不但可以展出平面的一般畫作，還可以展出立體的作品，而且作品展示台需模組化，可以滿足高低大小不同的展品的展出需求，觀賞者的動線也能作出不同的變化。為達成這個目標，我請徐建築師務必與美勞教師群充分溝通，因為這是一個以展出學童美勞作品為主的空間，而觀賞者也是以學童為主，所以它必須有別於一般的美術館，如果少了童趣，那就毫無特色了。

美勞教師群與徐建築師了解了我的構想，都激起了高昂的鬥志，誓言要創造出一個令人驚艷、充滿創意與童趣的展場。有了教師群的承諾，接下來我的責任就是找錢。我和會計李主任詳談，希望舊教學空間的改造，可以納入學校的年度預算。李主任告訴我只要在預算科目間作一些額度的調整，以及在經常門和資本門之間預留一些彈性，在必要時可以流用，應該就不用另外申請專案補助。

由於這是利用學校預算來執行的工程，所以在改造計畫定案之後，很快就可以上網公告招標事宜，並訂於九十三年八月十一日上午九點半開標，決標金額四百餘萬。在改造工程施工期間，公開向全校師生徵求命名，得票數最多的是「夢想家兒童美術館」，工程於九十三年十一月三日驗收。

完工啟用時，全校師生驚呼連連，這座位於黎明樓地下室的「夢想家兒童美術館」具備許多特色，包括：(1) 入口大門，將原教室大門挖開兩倍大，而且是不對稱圓弧斜開的大拉門；(2) 櫥窗，原教室的窗戶被改造成展示櫥窗，以展示各檔期的主題；(3) 隔間大門，原來兩間教室中間的隔牆，中間挖開一個歪斜的拱門，讓兩間教室變成一個空間，其餘牆面上還挖幾個大小、高低不一的「窺視孔」，果然吸引每個進美術館的孩子，好奇的趴在窺視孔上看著隔壁；(4) 展示牆，掛畫的牆板是活動的，用以導引參觀動線，並增加掛畫的牆面面積；(5) 模組化的立體作品展示台，營造出許多不同的層次感，讓個子小的兒童也能貼近觀賞各項作品；(6) 塗鴉牆，館外走廊階梯上，豎立一面由一大片毛玻璃構成的塗鴉牆，每個學童都可以在這片牆上任意塗鴉，需要畫筆和顏料都可以隨時到美勞教學準備室索取，每個塗鴉作品都可以保存三天，孩子們非常愛這面牆。

從幼稚園到小學部，每個學期都安排有學生學習成果展，這類的展出，不是選拔優秀作品展出，而是所有學生的作品一起展出，展出作品一律裱框，展後家長可以買回孩子的畫框，也可以把畫框還給學校。在展出時，指導教師必須把教學設計呈現在展出作品之前，家長以及參觀者可以看到教師們怎麼指導學生學習的，以及不同學生在同一個主題的不同表現，學生們則可以觀摩其他同學的學習成果，藉以砥礪自己。所以這是很不一樣的成果展，不是單純的作品展，而是可以藉此讓參觀者觸及師生們深層的學習歷程。

之四——幼稚園廚房

九二學年度開學不久，我到附設幼稚園與教師們座談，我主動詢問幼稚園的廚房為何設在玄關旁這個位置？而且空間不到半間教室那麼大，除了烹調區，還得有地方切洗處理各項食材，以及煮熟之後食物的分裝配送，光要存放那些鍋具以及食物的容器，就需要有很大的空間，這麼多東西如何塞進那麼小的空間？人在裡頭又如何進行各項工作？這個廚房每天要供應那麼多孩子一頓午餐，還有上下午各一次點心，這是怎麼辦到的？

教師們雙手一攤，都說當初改建時的設計就是這樣。讓我覺得奇怪的是，所有學校建築設計，不都是要根據實際需求來規劃的嗎？依我的判斷，當初根本沒有設計廚房，是房子蓋好之後，發現少了廚房，只好將就找一個空間把廚房塞進去。我不知道是否如此，在場的教師們沒人知道何以如此。

於是我請幼稚園黃麗雲主任，以及總務處陳茂松主任陪同，在幼稚園附近找尋空地，希望為幼稚園新建廚房，以解決當下的窘境。我們找到介於幼稚園教室的最南側、教職員宿舍以及司令台之間的一大片空地，要增建一座廚房還綽綽有餘，我看過許多學校營養午餐的廚房建築，因此，心目中自有理想的廚房藍圖。

我請家長會副會長吳崇彥建築師來談新建廚房一事，新廚房必須有生鮮食材處理區、食物烹調區、食物分裝配送區，以及食餘處理區和食物容器洗滌區，不同區域的動線應該加以區隔，避免食安問題發生的任何可能性。由於「SARS」病毒感染事件的效應，我認為這是新建廚房時，必須妥善規劃的。其次，我認為點心在教室裡吃，問題不大，午餐在教室中吃問題比較多，所以想將廢棄不用的水療池改造成餐廳，讓孩子們有較舒適的用餐空間，也減少教師們清理用餐後教室的辛勞。

吳副會長初估新建的經費將超過五百萬，和行政團隊深入考量的結果，覺得必須專案向教育部申請補助，如果由學校預算來勻支，恐怕會排擠其他業務的執行。於是將新建幼稚園廚房的計畫，專案報部申請補助。剛好在學校同仁的喜宴中，與立法委員賴清德先生同桌，於是請賴委員協助爭取經費補助。賴委員毫不推辭，並且請總務處將計畫案直接交給他帶到部裡掛號，免去公文旅行曠日費時。

感謝賴委員的鼎力協助，教育部很快來函通知，同意全額專款補助。於是學校在九三年三月十一日上午九點，辦理幼稚園廚房新建工程設計監造招標，結果由吳建築師得標，因為事先已經深入溝通過，所以委託他來規劃設計應該可以更順利，不過我還是指定幾所小學的營養午餐廚房，請吳建築師前往參觀考察，作為細部設計時的參考。

幼稚園廚房新建工程招標，就訂在九三年七月八日九點半開標，結果總工程費以五百三十萬元決標。動工後工程進行順利，費時將近一年，於九四年五月二日完成驗收啟用。總算趕在卸任之前，完成幼稚園的環境改造，提供給師生一個舒適健康的生活與學習空間。

之五——校史室

校史室在拂曉樓二樓，正對著樓梯口，地點是不錯，只不過空間小了些，和一樓的玄關一樣大，裡面牆上掛著歷任校長的玉照，以及對面牆上掛著學生家長會長的玉照，除此之外實在看不到和學校歷史有關的東西。更糟的是像是儲藏室一樣，裡頭堆滿了各種獎盃、獎牌，以及許許多多的雜物。

我認為校史室極其重要，應該列為接待外賓的第一站，是學校的門面，更是學校精神的象徵，所以必須妥善整理與管理。因此，我要求文書組著手整理校史檔案，條列百多年來歷年學校重要事件，包括學校的創立、校名的更迭、校徽校歌校旗校服等文物、歷任校長的姓名與任期、歷任學生家長會長的姓名與任期、各時期學校建築的興建與拆除、學校規模（班級數、學生人數、教職員工人數等）的變遷等。

其次，我也請各處室協助，在我接掌校務之後，各處室的大事記由各處室整理，於每學年度最後一次行政會議提出，經會議討論後確定列入校史大事或予以刪除。然後交給文書組彙整，以呈現在校史室中。並且在校長、家長會長之外，新建學校建築也要一併呈現照片。

為了重新塑造學校的精神堡壘，我特別央請學生家長徐郁富建築師夫婦幫忙設計，從校史室的入口大門，以至校史室內圖文資料的呈現方式，希望能像時光隧道一般，進入校史室繞一圈，就能對附小的歷史獲得清晰的意象。我更希望新的校史室除了接待外賓之外，每位新生入學時，都能和家長一起被引導到校史室走一趟，以了解他們即將就讀的學校是怎樣的一所學校；同時每年應屆畢業生也都能帶到校史室一趟，牢記母校的點點滴滴，踏出校門之後能發揚光大附小的精神。

感謝徐建築師夫婦的協助，以及總務處同仁的辛勞，將校史室整頓得讓人耳目一新，讓校史室有如時空隧道一般，隱隱散發出百年老校的無比光輝。

之六——迎曦樓與春暉樓更新計畫

附小是一所百年老校，校園內有許多老舊建築，像新建的旭日樓，就是拆除日據時期所建的百年舊禮堂，以及數間不堪使用改作堆積雜物的老舊教室。而還在使用卻破損不堪，遇雨便漏的春暉樓。我請總務處將春暉樓與迎曦樓的建築檔案調出，才發現這兩棟樓是先後分七次蓋成的，標準的「老揹少」建築，這種建築也是在九二一地震時倒塌最多的學校建築。

春暉樓是社會領域專科教室，不但遇雨即漏，而且長出非常誇張的壁癌，就像藍灰色的木耳，掛滿許多教室的牆壁。我利用下雨時間去巡視，發現許多教室的教學用電視，被沿電路管線漏下的雨水淋得溼答答。雨停之後，我請總務主任和家長會副會長吳崇彥建築師，陪同爬到春暉樓的樓頂去勘查，吳建築師告訴我所有防水層都已經風化崩壞，長期漏水的結果屋頂鋼筋可能會鏽蝕，甚至於損及結構的安全。

迎曦樓是電腦教室及自然領域的專科教室，雖然沒有嚴重的漏水問題，因為同屬老揹少建築，歷經大地震之後，結構有無受損不得而知。在行政會議中討論的結果，責成總務處委託建築技師工會，進行這兩棟大樓的結構安全鑑定，視鑑定結果再作後續的處理。

建築技師工會接受委託，於民國九一年八月六日派員學校鑽探取樣，包括樓地板以及主要樑柱，並做各種必要的測量與勘查。鑑定報告於該年九月十六日寄到學校，結果是兩棟大樓的建築體都有微幅傾斜，樑與柱的結構都有受損，尤其是春暉樓屋頂受損嚴重，若繼續使用，恐有安全上的疑慮。

基於師生安全至上的考量，我在行政會議上作了兩項決定：一是春暉樓立即停止使用，社會領域請任課教師利用原班級教室上課；二是請總務處將鑑定結果呈報審計部，請求准予將春暉樓與迎曦樓報廢拆除。結果審計部於九一年十月二十八日核定，准將這兩棟樓拆除。於是立即展開校內溝通，包括學年會議、領域會議、行政會議以及校務會議，都將新建大樓的教學需求列入討論議題。

未來拆除兩棟大樓重建之時，除了原有的社會領域、自然領域以及電腦教學的專科教室之外，還有什麼教學需求，或原有的專科教室有什麼需要新增的教學設備，甚至於對新建大樓的建築風格等問題，希望利用這次機會給予解決。所有教學需求，都必須在委託規劃設計之前形成共識，才能提供給受委託的建築師完整的資訊。

在凝聚校內共識的同時，我們彙整建築技師工會鑑定的結果，向教育部提出了將兩棟專科教學大樓拆除重建的計畫，並請教育部先行補助委託規劃設計的經費。經過長時間密集討論，校內對於新建大樓的教學需求，已經有了具體的共識，這些共識列入九一學年度上學期期末的校務會議紀錄中。

教育部對於附小的重建計畫有了初步的回應，要我於九二年三月二十一日到教育部，報告迎曦、春暉樓的改建計畫。賴清德立委主動陪我上台北，教育部秘書處要我和賴立委直接到范政務次長辦公室，范正次要親自聽我說明。我簡要說明這兩棟大樓在教學上的必要性，請求部裡能給予補助。范政次指定一位機要秘書記錄下來，並要他專責協調部裡各單位，給予附小必要的協助。

民國九三年三月八日教育部國教司長官蒞校訪視，實地勘察春暉、迎曦兩棟大樓，了解實際使用狀況，以及春暉樓停用之後，社會領域的教師在普通教室上課的相關問題。視察完畢之後，指示學校要進一步評估，未來學校發展所受到的少子化影響，會不會有減班的問題，再具體的反映在改建大樓的量體規劃上。

三月底接到教育部的公文，要求我在四月九日到教育部國教司，向長官們簡報學校評估的結果，讓部裡據以評估改建工程所需要的經費。看來教育部已準備同意附小兩棟危樓的改建案，所以我也邀請吳副會長以及徐郁富等兩位建築師，一同聽取資訊小組、社會領域、自然領域等教師群的意見，以及教務處對於少子化可能影響招生問題的評估，加上地下停車場，為學校預作規劃新建工程的規模，據以提出預算經費額度，請他們各提一份計畫，讓我帶到教育部為長官們做簡報。

九三年七月底，教育部撥下兩百七十萬的經費，作為學校委託建築師規劃設計之用。我請總務處上網公告，公開遴選規劃設計新建大樓的建築師。五位遴選委員除了我以外，其餘四位全部外聘，我從行政院公共工程委員會網路公告的名單中，挑選在中南部服務的專家學者，但避開地緣關係最密切的成功大學，由我逐一親自徵詢意願，由我親自寄發聘書，在九三年九月十七日遴選會議前，沒有其他人知道誰是這一次的遴選委員，就是希望能公正客觀的為學校遴選一位最優秀的建築師。

遴選結果由曾永信建築師，獲得最多遴選委員的青睞，得分排名第一，承接教育實習大樓設計監造的葉建築師排第二，吳崇彥副會長排名第三。遴選結果剛出爐，在場旁聽的學生家長會長吳杰先生突然抓狂，要求我廢止遴選結果，重新辦理遴選作業。我要他給個理由，他一下子說遴選程序有問題，一下子說遴選委員資格有問題，卻又說不出問題在哪裡。我當然不會接受這種說不出理由的無理要求，隨即請總務處上網公告遴選結果。

沒想到吳會長到處說學校是黑箱作業，建築師的遴選過程疑點重重，甚至於向教育部投訴，說學校在遴選建築師的作業有問題，要求教育部廢止遴選結果，重新辦理建築師遴選作業。所有的學生家長會的委員，甚至於全體學生家長，都收到吳會長寄發的電子信件，搞得天翻地覆。

我想，他鬧得太不像話，不處理不行了，於是我召開了一次臨時家長委員會議，請吳杰會長具體說明他的理由，他質疑的依據，然後再由我向家長委員說明整個遴選過程，以及遴選結果。我也一一反駁吳會長的每一項指控，請他適可而止，我除了向教育部回報整個遴選過程及結果，我表示還準備將吳會長的所作所為移送地檢署偵辦，藉以還學校清白。

絕大多數委員認為學校辦理遴選作業十分周延而客觀，他們支持學校所作的決定，同時也請我別將會長移送法辦。很快的教育部回函表示學校遴選作業，一切程序符合法令規定，並無瑕疵，所有遴選委員資格也無問題，遴選結果並無不妥，可以上網公告，並繼續執行後續作業。有了教育部的認可，加上家長會多數委員也相信學校，所以我也不再計較，沒將吳杰先生移送地檢署，一場風波就此平息。

接到教育部同意繼續進行後續作業之後，學校訂在九三年九月三十日，與遴選第一順位的曾永信建築師議價，結果第一次開價，就以低於底價的二百四十萬元順利決標。完成簽約手續之後，曾建築師劍及履及的展開規劃設計的前置作業，於十月九日開始，和學校鄰近的社區居民座談，和學生家長座談，和學校教師座談，很快的在年底就完成專科教學大樓的工程設計，並將工程計畫送進台南市政府審查。

台南市政府定在九四年二月二十四日召開都市設計審查會議，審查附小的專科教學大樓工程設計案。會議中要求將原設計的垃圾集中場，從樹林街與大埔街交叉路口移走，原址改成許添財市長倡導的「好望角」，我們將垃圾場移到校園的東南角，靠近開山路與法華街口附近，審查委員同意這個位址，但也同時要求美化這個角落，變成另一個「好望角」。學校可以接受，曾建築師也認為沒有問題，於是專科教學大樓順利通過市府的審查，因此，全案就報請教育部審查。

教育部來函通知，要我和受委託的曾建築師，於九四年四月二十六日到教育部，報告專科教學大樓工程規劃設計。雖然根據學校的評估，即使少子化的問題日益嚴重，但是附小在往後十年內仍不至於減班。長官們對此認為學校的評估過於樂觀，要求原設計的建築量體應予縮減。我則認為我的評估已經十分保守，因為即使台南市政府基於保護學區和附小重疊的鄰近學校，連年將學區內的學齡兒童減少兩成分配給附小，附小依舊年年額滿。幾經折衝，最後以去掉原設計中的一個中型活動教室，通過教育部的審查。奮鬥至此，離我的卸任日期已經只剩三個月了，我想這是送給接任者一份大禮吧，爭取改建到手，之後只有讓接任者繼續來完成了。

以溝通、對話型塑校園文化

我不知道有多少小學校長和我一樣，我四年校長任內，從來不在早上升旗典禮時，走到升旗台上對小朋友講話。因為附小的各處室主任，以及輪值的導護老師都非常認真，每次升旗時總是對小朋友千叮嚀萬囑咐，時間已經拉得夠長，如果我再上台「訓話」，肯定會有人昏倒，所以我從不在升旗典禮時講話。

我喜歡和小朋友對話，小朋友也喜歡和我對話，尤其是在沒有拘束輕鬆自在的情況下的對話。在校園中的任何角落，小朋友看到我都會跑過來和我握手，寒暄幾句，或是短暫的閒聊。我總是微笑著迎向他們，我關懷他們在校內的點點滴滴，關心他們在校園裡有沒有遇到什麼不愉快的事情。

我知道有許多小朋友不喜歡睡午覺，除了要求各處室安頓不睡覺的小朋友利用時間做些什麼，只要我在校內，我會邀請不睡午覺的小朋友喝茶聊天，或到樹屋上說說小故事，或在樹屋上純聊天，

我與附小孩子們的對話

許多小朋友期待我的邀約。

我在正式場合對小朋友講話，就是利用在每個學期的週會中，請訓導處安排四次，分別對高、中、低年級，以及幼稚園的小朋友各一次。小學部在朝陽樓大禮堂，幼稚園則在三角廣場。對小學部的孩子們，我和他們談立定志向、談抱負、談學習的方法、談生活的態度、談如何做自己的主人。我總是讓小朋友坐在地板上，我則從舞台上搬一張椅子下來，坐在他們前面，對他們侃侃而談。沒有疾言厲色，沒有嚴肅的訓話，小朋友喜歡稱我為「笑長」！

對幼稚園的小朋友，我喜歡和他們在三角廣場席地而坐，為他們講故事。我喜歡從世界偉人名人傳記中，摘取並改編故事，我的重點總是鎖定這些成功的人他們處事的態度，特別是一些小時候家裡很貧窮，環境很困苦的人，由於他們的努力不懈、他們的永不放棄，最後成就了大事，對人類、對社會做出很大的貢獻。

我不會越俎代庖，為小朋友上課。但是只要有機會，我會以對話的方式引導他們探索問題。例如自然與生活科技領域學習小組的小朋友，到校長室向我提出要在校園中蓋樹屋的請求，我告訴他們，請他們擬定一份完整的蓋樹屋的計畫，計畫完成之後，再訂一個時間，邀請我和各處室主任，到預定蓋樹屋的地方，向我們簡報蓋樹屋計畫，並且接受各處室主任和我的詢問，經過我們的認可，我就會同意在校園中蓋樹屋。

小朋友興致勃勃的回去，以為這一下樹屋蓋定了。隔了兩週，小朋友很周到的送來邀請卡，在指導老師王世杰主任的安排帶領下，邀請我和各處室主任到預定蓋樹屋的大榕樹下，架起一排壁報板，由小朋友輪流為我們做簡報。小朋友簡報完畢，我就請主任們就小朋友的計畫，和各該處室業務有關的部分加以評估，並指出這份計畫有無缺失，且要從行政的立場表示贊成或反對。

主任對於我突如其來的考試都愣住了，還是教務主任吳沂木的反應較快，他質疑蓋樹屋的用途，對全校小朋友而言，這座樹屋蓋好之後能讓大家在這裡做什麼？簡報中並未詳細規劃，必須對同學們的學習都有好處，他才會同意蓋樹屋。我請小朋友記下吳主任的意見，修正計畫，並在下一次簡報中提出説明。

訓導主任王黛黛則質疑樹屋的安全性，要蓋在那麼高的地方，如何確保安全是最大的考驗，簡報中的樹屋，蓋好之後安全性令人擔憂。果然是訓導主任，完全從行政權責的觀點，對樹屋計畫提出的質疑，一針見血。我也請樹屋小組記下王主任的意見，回去討論如何維護上樹屋小朋友的安全，並在下一次簡報中提出説明。

總務主任陳茂松關心老榕樹的安全，擔心在這棵百年老樹上頭蓋樹屋，簡報中並沒有詳細的施工計畫，會不會因施工的需要而鋸掉樹幹？會不會為了固定樹屋而在樹身釘好多釘子？除非能保證老樹的安全，否則他不同意蓋樹屋。我也請小朋友記下陳主任的意見，回去討論如何施工，才能避免對老榕樹造成太大的傷害。

輔導室主任梁仲容不表示意見，那就由我來質詢。我問小朋友：到過安平樹屋嗎？安平的樹屋算不算樹屋？這回是輪到小朋友愣住了。小朋友愣住了，在下面竊竊私語，卻沒有人想回答我，於是我轉向在場的主任們。主任們相顧而笑，卻也沒人想回答我。我走向小組長，笑著鼓勵她：「來，你説説看！」她靦腆地回答説：「應該算吧，大家都説那是樹屋呀！只是和我們想蓋的樹屋不一樣。」

我稱讚小朋友説得好，並且接著問：「安平樹屋與小朋友計畫要蓋的樹屋有什麼不一樣？」這回小朋友搶著回答了：安平樹屋蓋在地面上，我們想要把樹屋蓋在樹上。大家都同意這種説法，於是我再問：「安平樹屋誰蓋的？」這一問又有許多人不知道了。王世杰主任回答説：「是台灣製鹽總廠蓋的吧，那裡原來就是儲存鹽的倉庫啊！」我猛搖頭，大家都一頭霧水，難道不是？我說：「不對！不是製鹽總廠蓋的，而是樹蓋的！」大家笑成一團，卻也都頻頻點頭稱是。

我接著問：有誰知道蓋在樹上的樹屋的由來？小朋友沒人知道答案，於是我做了簡短的說明：人類居住在樹上起源甚早，可以回溯到史前的有巢氏，當今世上還有若干族群以樹屋為家，你們必須去找這些資料，作為你們蓋樹屋的參考依據。所以今天沒有答案，我無法告訴同學們我同意或不同意，因為今天幾位主任都指出你們的計畫還有不足的地方，我也要提出一項要求，未來蓋樹屋的時候，不可以有任何一根釘子釘在樹身上，所以，你們除了參考現有的樹屋建造的模式之外，還應請教專家，請教建築師，如何不用釘子卻可以安全無虞的將屋子蓋在樹上。這些問題都解決了，你們再到校長室向我簡報，到時候我會給你們肯定的答案，到底是同意還是不同意，加油啦！

我看小朋友的表情，有的握拳露出堅毅的神態，有的卻像洩了氣的皮球一般無奈。指導老師王主任集合了小組成員，告訴他們解決問題的方法，鼓勵大家面對挑戰，一定要把樹屋蓋起來。過了一個月，小朋友們帶著簡報資料來到校長室，每個小朋友輪流將自己負責的部分加以說明。我看到他們把大部分的問題都考慮到了，也試圖提出解決方案，十分欣慰。不過還沒這麼容易通過，我要求還得補送整個計畫的經費預算以及施工計畫，哪些人來參與建造工作？需要學校補助或支援的事項？都需要在建造樹屋的計畫書中清楚記載。

眼看我挑的問題減少了，小朋友們的信心提高了，我要教他們的，就是在解決問題的過程當中，除了自己的思考很重要之外，吸收別人的經驗也是很重要的。而別人的經驗有些存在於文獻中，有些則依賴別人的直接傳授，像老師的傳授或專家的傳授。我知道小組成員中，有小朋友的家長是建築師，小組就可以直接向他求教，以解決建築技術上的問題。

有專家的協助就是不一樣，小朋友最後提出來的計畫已接近完備，所以我就告訴小朋友們，這個建樹屋的計畫我同意了，並且學校同意補助所有建築材料的費用，以及指派木工專長的工友劉先生，指導並協助小組解決建造樹屋的所有技術問題。小朋友高興得直歡呼，就好像樹屋已經蓋好了似的。

一個短短的寒假中，在小組成員、學生家長、學校老師、工友等齊心協力之下，一座漂亮、堅固、安全的樹屋誕生了。新學期開學的第一週，我主持了樹屋啟用及命名儀式，小朋友將這座樹屋命名為「掌上明屋」！因為它建在百年老榕樹的粗大枝幹上，就像老榕樹伸手托住它似的，巧妙極了。

小朋友完成的樹屋，設計了兩個上樹屋的方式，一個是獨木梯，另一個是繩梯。獨木梯是仿造熱帶雨林中樹屋的進出模式改良而來，因為許多雨林中的原住民族，就只將一根光禿禿的樹幹斜靠在樹屋上，光著腳丫在樹幹上來去自如。小朋友所設計的獨木梯，則是在一根粗壯的原木上每隔一尺釘一根橫木條，作為腳踏及手扶之用，以確保上下樹屋的安全性。繩梯則由兩條粗大的棉繩構成，每隔一尺綁一根木條，繩梯懸空擺盪，要爬上去是難度蠻高的挑戰，不過卻十分刺激好玩，安全性也沒有問題。

我請訓導處安排在早上升旗典禮時，讓樹屋小組成員上司令台向全校師生介紹樹屋，告訴大家如何使用樹屋、如何上下樹屋，以及樹屋的管理使用辦法，從此以後，樹屋就成了下課時間附小學生聚集的熱點。

「附小高峰會」是我與學生幹部直接對話的窗口，「拂曉市政府」是經由民主程序，由全校學生直接選舉選出的拂曉市長，再由市長挑選幹部組成的學生自治團體，為了落實學生自治，我請訓導處安排所謂的「附小高峰會」，由學校一級行政主管與拂曉市政府每月定期開會，會中各處室主管會針對學校行事曆中的重要行事，提出希望市政府各相關局處配合的部分；而市政府各單位也可以提出自主性的活動計畫，請求學校相關行政單位予以支持或協助。

我總是留在最後才發言，除了對會議中的討論事項作出裁決外，我會不斷地鼓勵這些學生幹部多思考：同學們渴望的學習需求是什麼？哪些是同學們想學而學校沒有提供的？學校設施還有什麼不足的地方？學校的活動或規定，有沒有哪些會造成同學們的困擾或不便的？有沒有發現在生活上或學習上，需要學校給予特別協助的同學？透過這些提點，希望提升這些學生幹部的視野高度，以培養優秀的領導人才。

除了直接對話之外，我也常將想對孩子們說的話，撰寫成短文，登在輔導室主編的《迎曦》，以及研究處主編的《拂曉》等刊物上。例如〈成功的路上向前行〉這篇文章，我告訴孩子們天底下沒有不勞而獲的事情，但是只有努力也不一定會成功，在邁向成功之路前，必先弄清楚自己這一生中，要追求的究竟是什麼（這件事情沒有任何一個人可以替你做決定，你也不能去抄襲別人的），然後再決定你要踏出的每一步。

〈學會當自己的主人〉這篇短文，告訴小朋友自己身邊的事情，要能自己搞定，不要依賴父母親太深，讓自己變成什麼事情都不會做的人。所以從書包的整理開始，明天該帶哪些書？該帶哪些文具？該穿制服還是便服？什麼時間該寫那些功課？什麼時間可以看電視？什麼時間該睡覺？一個人若從小就能自己當家作主，當自己生活的主人，當自己時間的主人，當自己學習的主人，長大之後在社會上也一定能獨立自主。

我與附小教師們的對話

我與附小的老師們有許多對話的管道，大體說來可以分成兩大類，即：正式場合的對話與非正式場合的對話。正式場合的對話包括在各種會議中的對話、我對附小教師的專題演講、在學術討論會中的對話；非正式場合的對話包括在教師聯誼活動中的對話、餐敘中的對話、邀請教師群喝咖啡、喝茶時的對話。

我主持的會議包括與行政主管兩週一次的行政會議、兩個月一次的擴大行政會報，與全體教師每週一次的教職員朝會、每學期一次的校務會議，以及與特定教師群的會議，包括各項專題研究會議、和必要時才參與的各學習領域會議，以及各學年會議。

在主持行政主管會議時，我總是讓各單位主管先做業務報告，然後詢問各業務主辦單位有無需要其他單位協助，最後由我作成結論或裁決。在行政會議中最常見的爭論就是不同單位之間的推諉，一件公文由文書組依行政組織分工執掌表判定給某一單位承辦，卻經常被退件，讓總務處文書組一個頭兩個大。這是因為學校行政組織分工執掌表是數十年前訂定的，沿用至今未曾修改，許多新增業務都不在執掌表列中，只好由文書組逕行判讀，指定給某一單位承辦。也因為見仁見智，各自有不同解讀，於是衍生相互推諉的現象。

遇有上述狀況，我總是請總務主任於行政會議中加以判讀，然後有不同意見者可以抒發己見，若意見過於分歧，我會請每個主管去做判讀，再存異求同，以多數意見為共識，作為最後的裁決。

我不會在行政會議中下指導棋，告訴各單位主管他們活動或業務該怎麼做，而是請各單位在推動業務或舉辦活動之前，一定要擬妥計畫，並預估在執行過程中可能的困難，然後在會議中請求協助。不論是經費、人力或設備上，我總會想盡辦法加以解決，作為各單位倚靠，從來不會兩手一攤，把所有責任推給部屬。

在教職員朝會中，在各處室主任的業務報告之後，我會詢問教師們有沒有需要各單位進一步說明之處，然後我會利用有限的時間，鼓勵老師們勇敢向自己挑戰，舉凡教師資訊能力基本素養檢測、教師專業評鑑等等，這些有助於教師專業能力的提升，卻是許多教師抗拒碰觸的問題，苦口婆心，不厭其煩的告訴教師們，這些事情不但對教師們專業成長好處多多，而且也是時勢所趨，在未來的日子裡是無可逃避的。

在校務會議中，除了討論各項議題之外，我也向教師們徵求臨時動議的相關提案，只要針對學校行政措施需要改進的、或學校教學設施該改善的、各處室沒想到的但卻有利於學生的或有利於教師的，我都會給予高度的重視。我要傳達的訊息是：學校是大家的，不是校長一個人的，所以學校中的所有成員都該關心學校，讓學校更好。

在各項專題研究的討論會中，我會化身為「吳教授」，提示研究的重點，教導研究的方法，修正研究報告中的問題，來確保研究的品質。至於在研究成果的發表會上，我會鼓勵研究團隊的成員，勇於分享研究的成果，在受到質疑或批判時，我再挺身而出為我們的研究辯護，以減輕研究團隊的心理壓力。

參加學習領域會議，我是有選擇性的參與，例如我選擇出席數學領域會議，是因為在我上任之初，教育學院洪碧霞院長告訴我：附小的孩子什麼都強，就是數學不行。她希望我能扭轉附小孩子們的數學學習成就。所以我在數學領域會議中，引領話題，希望老師們一起探討孩子們學習數學的相關問題，包括數學課程、教學、學習困難等議題，而促成了「附小教師數學教學研討會」的舉辦，在教師群數學教學能力大幅提升之後，附小的學童是直接受益者，最終在台南市「小學基本學力檢測」中，附小的學童大放異彩，包括數學在內的四項學力檢測（國語、寫作、英語、數學），附小學生每科的平均成績都超越台南市全體學童的高標，當學力檢測成績公布之後，附小的學生家長們爭相走告，大家都肯定附小老師們的努力，洪院長也不止一次豎起大拇指表示讚許。

不同年段教師群的會議，我是應邀參加的，其中中年級年段會議，因為三年級要提早進入九年一貫課程，教師群課程研發的壓力不小，所以當他們邀請我參加年段會議，我義不容辭，多次參加會議，共同面對新課程研發與新教材編輯的挑戰，陪大家度過一次又一次的難關。其次，我還應邀幼稚園教師群的會議，因為眼看小學部的新課程實施如火如荼的展開，幼稚園的教師群也想研發新課程，以呼應小學部的課程改革。我陪幼稚園教師群連續六週密集討論，建構了附小幼稚園新課程的架構，至於教材的研發編輯，那是這群教師們的強項，已經不需要我操心了。

而在附小四年中，我也曾多次對他們演講，講題包括：新世紀教師的挑戰與對策、心理評量工具的認識與應用——國小學童學習方法效率量表、課程本位的擺盪、學校本位課程的想法與做法、教學設計理念與實務等，也單獨為幼稚園的教師群辦一次——動作教育遊具的教學應用研習。

因為我發現多年前我和陳英三教授引進動作教育的理論，並舉辦全國性的教師研習，同時帶進來許多應用在動作教育的教學遊具，附小買進相當多遊具，卻閒置在幼稚園三樓的活動室，從未加以利用，著實可惜。所以我針對附小所有的遊具，編了一份應用這些遊具的教材，請女兒世鈺配上動作插畫，由我帶老師們的子女實際操作，再由每位老師接手練習。研習之後，我請老師們儘量將這些教材納入他們的活動課程內，尤其是袋鼠班這些早期療育的孩子們，這些遊具的應用，對他們的動作發展幫助極大。從此，三樓活動室的教學活動排得密密麻麻的，小朋友對這些遊具更是樂此不疲，百玩不厭。

在非正式的場合中，那種無拘無束的情境下，我喜歡與老師們閒話家常，例如參加教師自強活動，我會主動加入教師們的閒聊，聊玩的、聊吃的、聊各種八卦的、聊社會新聞的……；還有在餐敘的場合中，我會和鄰座的老師閒聊，關心他們的家庭、關心他們的孩子，我也會主動談我家的孩子，因為三個孩子也都是附小畢業的；在非正式的場合中，還有一種「半正式」的對話模式，就是由我主動邀請特定教師群，到校長室前的露台喝咖啡，或在這裡泡茶，這時不是和教師們閒話家常，而是談公事，談發生在校園中的一些事。

例如有家長跑到校長室來抱怨她的孩子受到不好的對待、或抱怨老師處理孩子的問題家長無法接受……，這時我不會單獨邀請被抱怨的老師來喝咖啡，而是邀請同學年或同領域的一群教師來喝咖啡。我會適時抛出家長所抱怨的問題，然後聽聽老師們對這個問題的看法，或是這個問題如果發生在他的班上，那麼他會如何來處理？透過這種模式，通常可以圓滿的解決家長所抱怨的問題。

也會有一群老師會主動跑來和我喝咖啡，通常是這一群教師所關心的某些事情，在和相關處室行政主管反映，卻又得不到他們想要的結果時，他們會想要找我談。例如資源班的教師群，在處理資源班某些學生問題上，以及在填寫「IEP」的格式上，和輔導主任的觀點不同，而深覺業務的執行十分困擾，希望從我這裡可以得到答案。這個時候我會從專業的角度來談問題，而不介入教師群和行政主管情緒的糾結裡。當然事後我會邀請輔導主任談相關的問題，希望她能和同事們理性溝通，解決問題。

我與學生家長們的對話

所謂「水能載舟，亦能覆舟」，一所學校的學生家長會，可以對學校提供許多協助，也會把學校搞得雞犬不寧。在我評鑑高雄市八十四所國小的過程當中，就發現了許多案例，連處事處處講究八面玲瓏的甘夢龍校長，在任期的最後也跟幾位家長會的委員鬧到水火不容，還在媒體上被大幅報導，因此，我對家長會是深具戒心，必須謹慎應對。

所以我在上任之前，就曾詳細詢問陳茂松主任，從而得知甘夢龍校長與家長委員間的問題，沒有別的，就是錢的問題。甘校長向家長會募得一百多萬元，希望成立一個基金會，用以幫助家境清寒的學生，以及獎勵在各領域表現優秀的學生，用意至為良善。卻因為對於基金管理的方式理念不同，甘校長認為錢既然捐給了學校，就由學校成立管理委員會，全權處理基金的發放。但有幾位家長委員持不同看法，認為錢是學生家長所捐，基金管理委員會成員當中必須有家長會的代表，同時在基金發放的過程當中也必須有家長會核章。雙方各自堅持，毫無妥協的餘地，弄到最後雙方都狼狽不堪。

因此，我一上任就邀請家長會楊明憲會長以及常務委員來校長室，處理家長會的捐款問題。我明白的向家長會表達我的立場，我校長任期四年內，如果學校業務推展上有任何需求，學校一定會提出計畫申請政府的補助，而不會向家長伸手募款，如果家長會好意要捐款給學校，請將款項直接用在學童身上，或用來舉辦親職講座等，包括前任校長任內的一百多萬捐款，以及學校代收的家長會費，和未來家長會的任何捐款，都請家長會自行管理支配。

所有家長委員幾乎一致的請我收回成命，不過我態度堅決，無可商量。我向家長委員表示，大家選我來當校長，我就必須一肩挑起重擔，籌措學校發展所需的經費，如果還要向家長伸手要錢，增加家長額外的負擔，那麼要我這個校長何用。

我與附小家長們的對話

楊明憲會長表示，如果家長會自行管理所有款項，就必須聘專人來管理，這樣一來，大筆的人事費用會耗掉捐款的大部分，所以希望依過去模式，由學校訓導處支援人力，代管帳務。這一部分我是可以妥協的，不過代管帳務是受託教師與家長會之間的私人關係，他不代表學校，學校行政體系也不會介入其中。我和家長會就這樣約定，從此免去了無數的煩惱。

每一次的家長委員會議以及全體家長會議，我一定率全體行政主管列席，詳細向家長會說明學校的每一項業務。而且在必要時，我也會主動召集臨時家長會或家長委員會。例如學校決定三年級學生要提早接受九年一貫課程，我就先召集家長委員會議，完整說明學校的決定，以及如此決定的好處在哪裡，要冒的風險在哪裡，以尋求家長委員會的支持；接著召集三年級全體家長，舉辦新課程說明會，會後還辦理民意調查，以掌握學生家長對新課程實施的支持度。

特別像學校在遴選專科教學大樓的設計監造建築師時，當時的家長會長吳杰先生，或許他是想為副會長吳崇彥建築師護航，只不過衝過了頭，無端掀起萬丈波瀾。我也是召開臨時家長委員會議，將整個過程說明清楚，表示學校處事的嚴謹與無私，為的就是透過客觀公正的程序，為學校找到最佳的建築師。結果絕大多數的家長委員都表態支持學校，因而漫天風雨得以平息。

據我所知，家長委員會每年都會募得兩百多萬的經費，在我任內，這些經費都用來辦兒童節慶祝大會，贈送每個學童一份厚重的禮物；每學期都舉辦十次的親職講座，聘請各類專家學者主講，幫助學生家長成長；每年的教師節和校慶都會宴請全校教職員工聚餐；每屆的畢業典禮之前一天晚上，都會舉辦師生餐會以表謝師；每年校慶運動會家長會都會組隊和教職員工競賽。還會購買餐券放在訓導處，以接濟家境清寒的學童。每學期舉辦一次兩天一夜的旅行，進行學生家長間的聯誼活動。

家長委員會的對口單位是訓導處，是爸爸們的舞台，家長委員清一色由爸爸們擔任。學校裡還有一個媽媽們的舞台——親子輔導團，對口單位是輔導室，清一色由媽媽們組成。參與親子輔導團的媽媽裡，很多是有錢、有閒、又專業的，她們協助輔導室進行許多兒童輔導的相關業務，包括閱讀指導、說故事、課後安親的陪伴……。她們還成立了一個「菜籃子基金」，每學期都募得幾十萬元，要來幫助學校。

所謂「菜籃子」基金，是由家長委員會蘇文志副會長的夫人發起的，蘇媽媽不但是親子輔導團的重要成員，還提著菜籃子帶頭募款，蘇媽媽說：其實募款很簡單，只要找幾位「董娘」、「醫師娘」開口，一下子菜籃子就滿啦！

有一次我參加親子輔導團的團聚，媽媽們問我學校還欠缺什麼，我感嘆的脱口而出：圖書！我發現附小圖書室館藏的兒童讀物太少，而每年學校預算中用來購買圖書的經費，只有區區十五萬元。我發現之後請會計主任增編圖書預算，他說頂多可以增加十萬元而已。附小圖書室藏書有三大不足：一是兒童可閱讀的英語圖書嚴重不足，二是閱聽的影音非文圖資非常欠缺，三是教師教學與研究用的參考書籍幾乎沒有。

我開玩笑說，我已經升上教授了，不必再讀書，所以我要將我數十年來教學與研究用的藏書，全部捐給附小，提供教師們教學與研究的參考。兒童可閱讀的英文圖書，剛好有林涵妮老師申請留職停薪赴英留學，我請他幫忙收購每學期末各學校移除多餘或老舊版本，擺在校門口拍賣的兒童讀物，如果機緣巧合，可以買到許多便宜的好書。其他部分我也會想辦法解決。

結果第二天，蘇媽媽就和親子輔導團的許多位成員來到校長室，告訴我她們成立了菜籃子基金，要捐錢給學校購買圖書。對於媽媽們的行動力，我感佩不已。不過我告訴她們：錢不要捐給學校，學校採購受限於《採購法》的種種限制，既缺效率，又無法保證品質。還是請媽媽們直接採購圖書，再將圖書捐給學校，私人採購既可以殺價，又可以挑最好的。更何況我已請家長會不要直接捐錢給學校，若我接受菜籃子基金的捐贈，難免招惹非議。

媽媽們覺得我說的是實情，於是當下立即推薦兩位媽媽負責書籍採購工作，我提醒媽媽們，誠品書局經理的孩子也在附小就讀，可以找誠品書局要兒童英文圖書的書單，挑好要採購的部分，再去殺價。採購代表之一的親子輔導團曾妍娟團長，她是留學哈佛的碩士，請她負責採購，無疑是最佳人選。

菜籃子基金建立了捐書模式，每學期持續進行，家長委員會聽到了消息，決定每次撥二十萬元贊助菜籃子基金，讓附小圖書室的英文兒童讀物快速增加，三個學期過去，就把誠品與金石堂進口的英文兒童讀物買光光了。接著就是購買影音光碟，附小圖書室本就有很好的影音播放設備，卻一直欠缺軟體，得到菜籃子基金的支持，教學用播放光碟快速增加，我也在圖書室設置了一間閱聽教室，可以讓老師們帶學生到這裡上課。舉凡迪士尼的童話動漫影片、國家地理頻道的自然生態光碟片、人文地理的光碟片、動物星球的自然生態光碟片、發現頻道的自然生態光碟片、台灣各國家公園的紀錄光碟片……，全部蒐羅在附小圖書室中。

〈念念附小 1461〉

這是我離開附小之前，發表在《拂曉》上的一篇短文，以回顧我在附小校長四年任期內，我的許多想法與做法。全文摘錄如下：

人生有許多偶然。即使做了詳盡的生涯規劃，但是在生涯旅程中，無法預料的事情總會出現，雖是偶然，卻常令人生出現轉折，甚至整個改變了原本的生涯藍圖。

我生涯規劃是從民國六十三年上大學的時候擬定的，大學四年的學習均按照既定計畫，沒有太大的修正，使我對自己的生涯藍圖充滿信心和期待。沒想到才畢業就出現狀況，原本設定畢業後到國中服務的計畫，卻因母校耿相曾校長的厚愛，要我回母校當助教，於是整個職場生涯藍圖都得重新描繪。一次偶然的機會回母校拜會校長，竟然改變了一生的工作。

四年前甘夢龍校長任滿之後，附小第一次必須透過遴選方式推選校長。甘校長在台南師院校務會議中慷慨陳詞，為附小校長推薦截止日期將屆，卻遲遲沒有推薦人選出現而心急。就在那次校務會議結束之後，二十幾位參加校務會議的教授代表同時湧進總務長辦公室，並且當場展開連署，極力遊說我參加附小校長遴選。這種情況讓我錯愕不已，因為總務長的工作才剛上手，七股校區的規劃又是何等重大的使命，附小校長這份工作從未出現在我的生涯藍圖中，同仁的熱情，讓我陷入痛苦的天人交戰中。在聲聲催促下，我做了生平第一次最沒有主見的決定，簽下了被推薦同意書。

就在這樣的偶然中來到了附小，一千四百六十一個日子，在職場生涯中再一次來個大轉彎。我從不後悔自己的決定，放棄國中回到母校南師服務沒後悔過，放棄總務長來接附小校長也沒後悔過。

小學教育原本就是我熟悉的領域，我較陌生的只是附小的教師文化，幸好還有一群亦生亦友的同仁提供充分的資訊，讓我很快的了解這個大家庭，愉快的在這工作、生活了一千四百多個日子。

我努力改善教學環境，希望能滿足老師們的教學需求，讓孩子學得更充實、更快樂。結果我們有煥然一新的朝陽樓地板，寬廣平整的球場廣場，百年來首度擁有的游泳池，避免干擾教學品質的觀摩教室，由地下轉到地上嶄新舒適的二年級教室，不再侷限於一隅的資源班教室，既富創意又很夢幻的兒童美術館，不再擁擠離散的處室辦公室，幼稚園寬敞明亮的廚房與餐廳，增添上千冊的兒童英文圖書與教師參考用書，全面更新的教室電腦、電腦教室兒童學習用電腦以及行政電腦，隨時增添的教材提示機與單槍投影機。但是這些努力還不夠，因為四年來念茲在茲的專科教學大樓，改建工程至今猶未實現。

我積極的在教師文化中注入一些新的因子，希望在維繫傳統的附小文化的同時，也能有所創新，讓百年老店得以歷久彌新，永續經營。例如倡導課程與教學的行動研究，希望由點逐步擴展，最後能蔚為風氣。連續兩年提出「發展小學綜合活動領域課程與教學活動設計」研究計畫，獲得教育部三百萬研究經費補助，十幾位同參與研究；「建構科技融入主題探究之創意教學模式」的研究計畫，探討科技融入自然、音樂、視覺藝術等領域主題探究的教學模式，共有五位老師參與；以上是以教務處為核心的研究團隊。其次是以研究處為核心的研究團隊，所進行的專題研究計畫，包括申請教育部「九年一貫課程深耕計畫」，連續三年以發展本校自然與生活科技領域、藝術與人文領域、綜合活動領域課程，共有十幾位教師參與；另外申請教育部電算中心「網路學習教師工作坊」的研究，提出「城鄉網路學習教師工作坊」的研究計畫，連續進行三年的研究，發展包括自然與生活科技領域、藝術與人文領域、語文領域、社會領域等網路課程，共有二十幾位教師參與；同時連續兩年提出「永續校園改善工程計畫」，一方面局部改善學校環境，同時也配合研發社會領域、自然與生活領域學校本位課程，參與教師十餘人。透過行動研究以促進專業發展，提升教師對教育問題的敏感度，以及解決問題的能力。同時也在團隊合作研究中，促使教師文化產生微妙變化，讓教師彼此間更樂於相互切磋，更樂於向同儕學習，也更樂於彼此分享經驗。

提供機會促進專業對話與分享，是我為教師文化注入的另一個因子。包括與專家學者的對話（與臺南大學、嘉義大學、臺灣師範大學、教育研究院的教授等）邀約來訪，或外出參訪，與他校教師同儕間的專業對話，前者如台南市的青草國小、嘉義大學附小等，後者如澎湖縣的各校代表、嘉義縣隙頂國小、南投縣延平國小、高雄市港和國小、高雄縣龍肚國小等，用以拓展教師的教育視野，增進教師對外在教育環境的了解，以掌握教育發展的趨勢和時代脈動，避免被學校圍牆這道藩籬所囿限。

發展充實課程，提供師生寬廣舞台，是形塑附小文化的又一因子。自然領域每學期均規劃系列的戶外學習活動，包括動物生態、植物生態、特殊地質地理景觀、天文氣象、科學講座等；數學領域設計了生活數學、數學競賽等活動；語文領域則規劃了書香走廊（閱讀）、詩心詩園（寫作）、新青蛙王子（童話創作）、世界風情畫（劇本創作）等；社會領域則培訓「古蹟小小解說員」。

至於一次性的主題活動課程，更是多采多姿，像藝術與人文領域推出的魔法音樂會、魔法運動會、青蛙王子歌舞劇、駭客任務、彩色party、世界真奇妙、畫中人物走出來等；各學習領域推出的科學園遊會、領域園遊會、兒童博覽會等，展現了教師的專業張力，更拓展了兒童的學習視野。

專業評鑑，促使內省，則是化學作用較強的一個因子，我將它定位為「促進專業成長的動力機制」。因為它有刺激性，所以必須放緩腳步來推動，先從資訊基本素養檢測開始，繼之提供資訊，形成議題，促成討論，研提評鑑指標，再進行自我評鑑，然後進行同儕小組評鑑，為接受外來的評鑑做好準備工作。過程中儘管少數同仁覺得過於麻辣刺激而排斥，這種現象猶如高雄市推動校務評鑑之初一樣，因為把握不到方向而惶恐，但是當了解之後隨即坦然面對。學校評鑑為高雄市國民教育帶來快速的進步，教師專業評鑑必然也會為附小添加進步的動能。

在附小同仁歡送中告別附小

組織再造乃為適應環境變遷所必然。學校行政組織行之數十年未變，而這數十年間台灣社會變遷快速，學校之間競爭日益激烈，原有行政組織運作格外顯得步履蹣跚，難以因應。組織微調緩不濟急，大幅更動必然傷筋動骨，必須十分審慎推動。如今改造藍圖已具雛形，先期配套工作也已就緒，如何精簡行政人力以挹注於課程與教學的研發，進一步提升附小的競爭力，則有賴於繼任者的努力了。

雖然來到附小是一個偶然，也故作瀟灑狀的離開附小，但這一千四百六十一個日子，卻是我生命歷程中彌足珍貴的一段，這裡有我四年心血澆注的痕跡，有為教育無私奉獻，令人崇敬的同事，更有難以忘懷的萬千歡樂童顏，對我來說，其價值又何止百萬（雖然一任校長讓我少領了百萬，但我從這裡得到的珍貴體驗，其價值無疑更高）！

卸下重擔舒緩身心

為了擺脫人情的牽絆，我申請休假一年，藉此婉拒黃政傑校長與附小家長會的盛情慰留，讓我得以如願不再續任附小校長。卸下雙肩重擔之後，一方面要放空自己，讓緊繃四年的身心可以獲得舒緩，同時也想稍微彌補一下諸多虧欠的內人，原本約定好民國九十一年她申請退休的同時，我就申請休假陪他雲遊四海。哪知計畫趕不上變化，她申請退休獲准了，我卻跑去當附小校長，一當四年，當年的承諾一直未能實現，如今履行承諾的機會來了，於是好好的規劃這一年的旅遊行程。

到日本參觀「愛知博覽會」

民國九十四年七月底卸下校長職務，九月初就邀約南師同窗，

1. 地主日本豐田館是最熱門的展館　2. 幼治和芬蘭館的導覽人員合影　1|2

揪團到日本看博覽會，同行的有朱永泰夫婦、黃昆村夫婦、蘇和忠和鄭峰明及沈註等同學。愛知博覽會的主題是愛地球，各國的展館貼近這個主題，展出人們以高科技、高行動力來舒緩地球所面臨的種種環境壓力，十分有意義。

日本豐田汽車廠展示汽車的回收與資源再利用，當下已然可以回收百分之八十五，並訂下十年目標，要朝回收全車的百分之九十五邁進。希望台灣也可以跟上日本的腳步，為台灣的環境盡一分心力。

奧之細道賞楓去

九月才到日本看博覽會，十月又邀約老同事，揪團到日本賞楓，走的是有名的奧之細道。

下榻的湖畔旅館，十分古老，遇上首波寒流，加上海拔甚高，所以氣溫急凍，入夜更冷，大家都趕快打開暖氣，偏偏老日本的陳英三教授，卻不知如何打開燒煤油的骨董暖氣，又不找服務生幫忙，受凍了一整夜，第二天早上才找許武雄抱怨為什麼住這個爛旅館，當大家弄清楚怎麼一回事之後，都強忍住不敢笑出來。

奧之細道之所以迷人，除了奧入瀨溪的天然美景之外，乃是因日本人的用心維護，沿溪谷所闢的人行步道，除了維護行人安全與

1. 我在印度館前拍照留念　2. 巧遇颱風襲日，被風追著跑，朱永泰還捲褲管　1|2

1. 這是在奧入瀨溪的橋上拍的照片
2. 楓葉與幼治的夾克相映紅
3. 離開十和田湖途中看到山頂初雪
4. 另一個賞楓景點是香魚的故鄉，聽船夫唱山歌，
   品香魚美味，唯美的生態之旅
5. 抱返溪谷號稱新奧之細道
6. 溪水清澈景色絕美，楓葉未紅仍不減姿色

1|2
3|4
5|6

保護天然美景所需，絕少人工設施，因之數百年來美景依舊，永久續存，萬代共享。

而號稱「新奧之細道」的抱返溪谷，美景天成，沿途的規劃與設施，一如奧之細道一般，較脆弱的地區一定設有保護設施，一來保護行人的安全，二來則是保護天然美景不被破壞。我想未來如有騷人墨客倘佯其間，孕育出迷人篇章，則必定像奧之細道一般，有說不完的故事，吸引世世代代的人接踵而來，沉浸在天然美景與醇厚人文氣息之中。

十月下旬雖已過中秋，楓葉並未全紅

到桂林過年

桂林山水甲天下，心裡早就嚮往，這次利用休假期間，正好可以到這裡一攬勝景。選在九五年一月下旬出發，也想體驗一下大陸的春節年味。

搭船欣賞美景別有一番風味，群山羅列猶如巨石之林，賞心悅目之極，所有的相機都出籠了，喀嚓之聲不絕於耳。

特殊石灰岩地質造就了桂林山水之奇，陽朔也一樣，巨大的鐘乳石洞，歷經千萬年的孕育，幻化出千萬種鐘乳石的造型，投射以特殊燈光，美如仙境。品嘗了陽朔的百菇宴，逛了陽朔一條街，享用了香醇的桂花酒，今年的春節過得甚是愉快！

1. 群山倒影如夢似幻
2. 恍如置身仙境
3. 陽朔山水甲桂林，駱駝山奇景恰如其名
4. 象鼻山景觀台可以俯瞰桂林市景
5. 看完秀場表演之後，幼治與部分演員合影留念

1 | 2
3 | 4
5

情定布拉格

遊興正濃，體力也還能負荷，於是三月底四月初就來一趟歐洲之旅，選定的國家是捷克與奧地利，希望體驗一下不同的文化。到歐洲旅遊還是頭一遭，雖然從歷史文獻中對歐洲文化有基本的了解，但卻一直欠缺直接的體驗，所以對這次行程有極大的期待。

捷克人是十分不一樣的民族，歷史上的記載，數百年來曾歷經外族侵入，但每次捷克人均開大門迎敵，放棄抵抗。從民族主義的觀點來看，捷克人簡直懦弱到極點。倒從結果論來看，這種做法避免人民大量死於戰亂，國土免於炮火的洗禮，數百年來歷史建築完好如初，相較於義大利、法國、德國境內的歷史建築，幾經戰火摧殘，如今僅剩斷垣殘壁，得失之間值得細細思量！

以最近百年內來說，先後被蘇俄和德國占領的捷克，自然也引進這兩大工業國的工

1. 中世紀黑死病紀念廣場周邊全是巴洛克式建築
2. 捷克市鎮紅瓦白牆建築賞心悅目　3. 悠閒的戶外咖啡座極其愜意
4. 捷克總統府前留影　5. 造訪蘇俄大文豪索忍尼辛的故居

1|2|3
4|5

業與科學技術，甚至整廠的機器設施，所以戰後獨立的捷克，各項工業生產的量與質，幾乎立即與世界接軌，經濟發展也穩定上升。從這方面看來，具有獨特民族性格的捷克，你說她好呢？不好呢？

捷克總統府與國會大廈比鄰而立，共有一個廣場，像這樣一個重要的政治中心，並未見戒備森嚴，一般行人都可以隨意靠近，街頭藝人也在這裡盡情表演，因為行人眾多，收到的打賞也很可觀。

蘇俄大文豪索忍尼辛以一篇〈布拉格之春〉，獲得諾貝爾文學獎殊榮，這次的行程也安排造訪其撰寫〈布拉格之春〉時的居所，仰慕者井然有序的魚貫而入，只見起居室相當簡陋，書桌和座椅也很樸素，與一般家庭的設施無異，在這樣的環境中，卻能誕生曠世巨著，作者平凡中顯其偉大，令人欽敬。

耗時數十年才興建完成的大教堂，矗立在布拉格已數百年，在征戰頻仍的歐洲，卻未遭炮火洗禮實在不容易。這張照片是攝影家李先生的傑作，為了拍攝教堂的尖頂，李先生幾乎是趴在地面上取景。

看到維也納市中心竟然有一家「台灣飯店」，除了驚訝之外，還有滿滿的親切感。好幾天沒有吃到熟悉的食物了，台灣飯店的京都排骨好道地，不覺多吃了一碗飯。

「白水屋」是世界創意建築的經典，成了維也納的著名地標，全球各地的建築師，都要到這裡朝聖。除了這棟公寓之外，正對面還有一個市場，建築內沒有平整的地面，沒有相同高度、大小的門窗，沒有挺直的樑柱，完全顛覆人類對建築物的認知，可是它卻又安全無虞。原設計理念來自於模仿大自然的環境，野外大地不都高高低低的，人類對於這種不平整地面的適應遠遠早於平整地面數十萬年，所以回到不平整地面，居住者很快就會適應的。

在歐洲而言，奧地利與捷克不是科技與工業最發達的國家，也不是經濟文化的中心，但是就這一些而言台灣是瞠乎其後。我們走在多瑙河上一座有四百多年歷史的石橋上，看到橋下滾滾洪流，聽說多瑙河每年春雪融化，都會讓水位高漲。當天洪流把遊艇碼頭都淹了，害我們少了搭船遊多瑙河的行程。

1. 精美的櫥窗格外吸引人駐足
2. 櫥窗展示極富創意
3. 我常被精美的櫥窗擺設所吸引
4. 溫泉區的長廊十分宏偉
5. 進入飯店餐廳前幼治與門口的人偶合影
6. 宏偉的教堂已矗立數百年

1 | 2
3 | 4
5 | 6

1. 奧地利古王府十分壯闊　2. 潔白大理石雕成人面獅身像的美胸沾滿汗汙
3. 維也納市中心竟然有一家台灣飯店　4. 背景是維也納地標建築「白水屋」
5. 白水屋裡連樓梯的階梯都是不平整的

1|2
3|4|5

不過這座石橋竟然能在洪流不斷的多瑙河上屹立四百多年，這在台灣是難以想像的，前不久高屏大橋、里港大橋被洪流沖垮橋墩，導致橋面崩落河中的驚悚畫面，在台灣不斷上演，能撐上一百年不垮的橋樑，在台灣簡直是天方夜譚，更別說四百年了。

詩境華東七日遊

抓住一年休假期間的末段，趕在六月中又安排了一次大陸旅遊行程，目的地是江蘇浙江一帶，語云：上有天堂，下有蘇杭。風光明媚的華東地區，值得一遊再遊。

南京號稱龍蟠虎踞的石頭城，歷史上有許多朝代選擇在這裡建都，就連民國初建，也選擇南京為首都。這次華東之行，以南京作為

1. 首站南京，這個六朝金粉的皇都
2. 太湖面積遼闊，陰天瞭望有朦朧之美
3. 南京頗多有名的林園，以及湖光山色的自然之美（太湖）
4. 第二站蘇州，搭畫舫遊烏鎮古鎮
5. 姑蘇城外寒山寺，也是必遊景點

1 | 2
3
4 | 5

1. 太湖山水是美不勝收
2. 小時候在台灣才看得到的三輪車
3. 繁華大都會上海
4. 秀場表演是大陸推展觀光的策略之一，演出者眾多，聲光及布景極盡華麗

1
2 | 3
4

第一站，當然會安排到中山陵憑弔一番。

太湖號稱中國第二大淡水湖，面積遼闊，可是近年來中國為了追求經濟發展，鼓勵人民在太湖大肆擴充各類養殖，包括珍珠、大閘蟹等，以致湖水優養化，各種藻類大量增生，使得湖水臭味難聞，出現了環境與生態的極大危機。

這次的華東七日遊，從南京開始，到上海結束，行程十分悠閒。中國地大人多，近十年經濟快速成長，已是世界僅次於美國的第二大經濟體，最具指標意義的都市，莫過於上海。從民國八十四年第一次到上海起，到這一次我已第四度來上海，每一次都看到上海不同的面貌，從老市區的都市更新，到浦東新市區的開發，蛻變之快，讓人目不暇給。對照最近十年的台南市容，一成不變，了無新機，著實令人感慨萬千。

或許一年內五度出國旅遊太過密集，幼治直呼太累了，從此每次提到要出國旅遊，她總是推三阻四，不輕易答應一起出國玩。

陽春教授生活平淡而愉悅

結束一年的休假，重新回到教職，婉拒黃秀霜校長行政職務的邀約，只想在職業生涯的最後階段，當個陽春教授，讓生活回歸平淡，並且開始思考退休之後的日子要怎麼過。

沒有行政職務的案牘勞神，生活中可以自由支配的時間變多了，一週教授的基本授課時數只有八節，即使超滿鐘點，頂多也只有十二節課，平均排在三天上課，一週就可以休息四天，偶而接接演講、或評鑑、評審的工作，讓自己不至於一下變得太閒，生活步調的調適順當，心情自然愉悅。

澎湖縣的課程與教學碩士班，當年是由我大力促成的，所以系辦希望我為他們開課，同時希望我多收些研究生，以解決這個班學生的修業問題。因此，除了學校原來的十二節課之外，每個月還得撥出兩天前往澎湖上課，把它當作是到馬公渡假，心情就格外輕鬆！

這段時間是我指導研究生人數最多的時期，多到系裡還在系務會議中訂出限制條款，規定每位教授一年指導的研究生不得超過五名，同仁戲稱這是「吳教授條款」，因為的確有若干教授門可羅雀，沒有研究生願意拜在門下，透過限制條款，多少有幾位手腳較慢的研究生，在多數教授指導的研究生已經額滿之下，只得無奈的投到某些教授名下，事實上這樣做是傷害學生的受教權的，連指導研究生這種工作也要求「雨露均霑」，實在太不可思議了！如果拿掉「指導費」，不知道還會不會訂定限制條款呢？

由於師資培育的多元化，政府又不作任何管控，於是師資供過於求的問題日趨嚴重，製造了無數的「流浪教師」，讓許多優秀青年對於各大學的師資培育系所，望之卻步，像台南師範學院的教育學系，原本的最低錄取分數高達四百五十多分，自民國八十七年師資培育多元化實施之後，即逐年下降，到九十五學年度已經跌破三百分，九十七學年度更直逼兩百分邊緣，高居師資培育前茅的臺南大學都如此慘澹，其他一般大學的師培班就更不用說了，許多私立大學的師資培育班相繼關門，不過傷害已經造成。師資素質日益低落，台灣的基礎教育也隨之不斷向下沉淪。

眼看台灣的教育根基腐蝕，個人卻又無力可回天，不禁興起不如歸去的念頭，開始認真思考退休這件事。退休之後時間多了，這些時間可以拿來做些什麼事情？除了教育工作之外，有哪些事情是自己想做卻又還沒做的？我不斷的問自己，答案是環境與生態保育工作。在這一塊，可以讓我在離開學校之後，轉換工作情境，投身於社會教育的工作。哈！教育，我始終無法忘情於教育。

民國九十七年教師節，我從事教育工作屆滿四十年，政府依往例要表揚工作滿四十年的所謂「資深優良教師」，不管優不優，工作滿四十年的確是十分資深的，這個年頭要在教育界浸滿四十年的人，已經十分少見了。學校人事室通知我，教師節當天要北上陽明山中山樓，接受總統表揚。我想這是個人堅守崗位爭來的榮譽，所以我告訴人事室我會出席。

人事室陸陸續續提供給我出席教師節表揚大會的訊息，包括當天餐會的席次，以及表揚大會的程序，這一切都沒有問題，問題出在後續的安排：包括陪同出席的家屬不能同桌吃飯，以及與總統拍照時握手與拍照的規定，感覺好像這個榮譽是總統的恩賜，而不是個人努力的結果。總之，對於這樣的規劃讓我心裡很不舒坦，於是請人事室同仁轉達教育部，屆時我不會去出席表揚大會了。巧合的是教師節前夕遇上颱風警報，表揚大會延期，隔天新聞報導中山樓被颱風肆虐，傳出災情。因為決定不出席，所以延到什麼時候表揚也就不在意了，事後人事室轉來總統與教育部長的贈品，都是琉璃工藝品，不知出自何人之手，並無特殊之處，就收在藝品櫥裡擺著。

民國九十七年遭逢世界金融海嘯，全球經濟景氣低迷，百業蕭條，失業率不斷攀高，台灣也無法避開衝擊。既然如此，我就提出退休的申請，算是創造一個就業機會吧，反正退休金是固定的，也足夠維持我和幼治兩個老人生活的開銷，所以就在民國九十八年二月退休，為自己四十年的職業生涯畫下句點。

漸離式的退休生涯規劃

許多位臺南大學的同事，可能欠缺退休生活的規劃，所以退休之後沒多久就離開了人世。但是有更多的前輩，退休後有更多的時間從事自己喜愛的活動，而擁有多采多姿的退休生活，讓人稱羨。

職場生活總是比較固定的，每天或每週在固定的時間有固定的工作，生活有方向，也有目標，退休之後則不然。所以退休前如果沒有規劃，每天睜開眼睛之後不知道要幹什麼，既無目標待完成，也會茫茫然失去方向，因而會產生極大的失落感。

所以我採取漸離式的規劃，一方面繼續在臺南大學兼課，同時也應聘到首府大學教育研究所兼課，這樣教學時數不會一下子減少太多，再來又回到台南市紅樹林保護協會接掌會務，給自己新的生活目標，這樣空閒時間就不會增加太多，生活的步調不會有大幅度的改變，一切安適而自然。

如此維持三年，退休三年後逐年減少授課時數，多出來的時間用來承接台江國家公園管理處委託的研究案，以及籌劃紅樹林保護協會的各項活動。讓自己還是有點忙，又不會太忙。

退休六年後，我完全結束了在學校兼課的工作，生活重心除了紅樹林保護協會的會務之外，和弟弟們商量輪流經營父親留下的魚塭。這是三十幾年來兄弟分家之後，我一直讓兩個弟弟經營魚塭，如今我想退休之後的人生後期，能回歸到田園生活，重回童年養魚種菜的生活模式，可以怡然而自得。

謝謝弟弟們讓我如願以償，工作室前的這一口一分多地的魚塭，讓我老來「做工藝」消磨時間，重溫養魚的樂趣。剛好之前台江國家公園管理處委託的研究案，是有關台江地區養殖產業的調查研究，讓我有機會接觸多位養殖業界的達人，分享了他們經營養殖的寶貴經驗。所以要嘗試養殖工作，基本上沒有任何疑慮，甚至於可以按照自己的理想，規劃實驗性的「生態養殖法」，來過老魚的生活吧！

教育與我

國家圖書館出版品預行編目(CIP)資料

教育與我 / 吳新華著 . -- 初版 . -- 高雄市 : 高雄復文圖書出版社 , 2023.05
面； 公分
ISBN 978-986-376-255-3(平裝)

1.CST: 吳新華 2.CST: 傳記

783.3886 112004281

作者 · 吳新華
發行人 · 蘇清足
出版者 · 高雄復文圖書出版社
地址 · 802019 高雄市苓雅區五福一路 57 號 2 樓之 2
TEL · 07-2265267
FAX · 07-2233073
劃撥帳號 · 41299514
臺北分公司 · 100003 臺北市中正區重慶南路一段 57 號 10 樓之 12
TEL · 02-29229075
FAX · 02-29220464
法律顧問 · 林廷隆律師
TEL · 02-29658212
ISBN · 978-986-376-255-3 初版一刷 2023 年 5 月
定價 · 400 元

行政院新聞局出版事業登記證局版台業字第 1804 號

http://www.liwen.com.tw E-mail:liwen@liwen.com.tw